긴 여정을 더불어 항해 중인
나의 아내에게

박용민의 지중해 오디세이

초판1쇄 | 2012년 4월 30일
지은이 | 박용민
디자인 | 김여진

펴낸곳 | 도서출판 바람구두
주소 | 121-842 서울시 마포구 동교로 155-3
전화 | 02-335-6452
블로그 | blog.naver.com/gardo67
이메일 | gardo@paran.com

ISBN-13 | 978-89-93404-10-4 (03900)

_ 바람구두를 출판사 이름으로 쓸 수 있도록 흔쾌히 동의해주신
  '바람구두연방의 문화망명지' 운영자께 감사드립니다.
_ 잘못 만들어진 책은 구입하신 서점에서 바꾸어 드립니다.

# 박용민의
# 지중해
# 오디세이

글·그림 박용민

바람구두

차례

책머리에 본 것 이상의 기억을 위하여 · 6

# 오디세이, 그 고의적 방랑    10

오디세이, 그 고의적 방랑 · 12

# 유럽, 지중해의 윗동네    18

## 영국이라는 이름의 대국

런던, 나의 첫 외국 경험 · 21 | 옥스포드, 꿈꾸는 첨탑들의 도시 · 24 | 첫 자동차 여행: 바스, 솔즈버리, 사우샘프턴 · 27 | 옥스포드에서 아버지가 되다 · 31 | 영국 의회는 뜨거웠다 · 37 | 춥고, 축축하고, 어둡고, 맛없는 · 40 | 웨일스, 잉글랜드도 영국도 아닌 · 43 | 도로에서 만나는 문명 · 49 | 호수지방과 스코틀랜드 · 53 | 나의 두 번째 영국 도시, 케임브리지 · 62

## 섬에서 대륙으로

영국과 유럽대륙, 1993~1994 · 69 | 하나 된 베를린 · 72 | 유럽 수학여행, 벨기에-독일-스위스-프랑스 · 77 | 프랑스의 담청빛 남해안 · 88 | 동생을 데리고 서유럽 일주 · 95

## 안달루시아와 태양의 해안

달콤한 흙냄새를 머금은 · 119

## 미뤄둔 행선지, 이탈리아

로마, 베네치아, 나폴리, 카프리, 피렌체 · 141

# 중동, 지중해의 아랫동네　　　　　　　　　172

레반트에서 마그레브까지 · 174

## 거룩한 땅, 이스라엘과 팔레스타인
중동평화, 그 험난한 화해의 길 · 179

## 나일강을 거슬러 오르며
9/11 직후의 이집트를 가다 · 225

## 오만에서의 2년
무더위의 결정판 · 242 | 처용과 신밧드의 고향 · 246 | 산의 누드 · 254 | 오만의 사람들 · 264 | 사막의 소리 · 273

## 빠르게 변하는 아랍에미리트
머나먼 돼지고기 · 279 | 두바이의 수직성장 · 282 | 아랍에미리트의 다른 도시들 · 288

## 전쟁 직후의 이라크
바빌론으로의 첫 여정 · 295 | 쿠르디스탄을 가다 · 299 | 술레마니아의 산악 · 304

**책꼬리에** 미래의 여행자들에게 · 308

책 머 리 에
▲▲▲▲▲

# 본 것 이상의 기억을 위하여

첫 번째 여행기 『별난 외교관의 여행법』(2009, 바람구두)을 출간하고 나서 깨달은 사실이 있다. 나의 기억을 활자화하는 것은 다른 누구보다 나 자신에게 유익한 경험이라는 사실이다. 미처 예상치 못한 일이다. 하긴, 중요한 깨달음이란 거의 언제나 예상치 못한 지점으로부터 온다. 예상치 못했기 때문에 중요한 것인지도 모른다.

난생 처음 책을 내면서, 나는 이를테면 '내 마음에 남긴 발자국'이라든지, '낯선 곳이 말을 걸 때' 같은 서정적인 제목을 원했다. 그러나 출판사 바람구두의 편집자는 내 소망을 꺾었다. 나의 신분인 '외교관'을, 그것도 '별나다'는 께름칙한 수식어와 더불어 책의 제호로 삼았던 것이다. 그 바람에, 나는 원고를 정리하면서 내가 쓴 글을 나의 신분에 더 밝게 비춰볼 수 있는 새로운 시각을 얻었다. 이 또한 예기치 못한 일이다.

이 두 가지의 예상치 못했던 발견이 나를 부추겼다. 해외로 돌아다녔던 나의 여정을 거꾸로 톺아 가면서 다시 정리해 보자. 순서대로 보자면, 나는 1993년 가을부터 영국에서 2년간 공부를 했고, 서울에서 근무하다가 주유엔

대표부로 발령을 받아 뉴욕과 뉴저지를 오가며 3년을 지냈으며, 걸프 지역에 위치한 오만에서도 2년간 살았다. 몇 년 후, 다시 미국 동부지역에 1년 머물다가 인도네시아에서 2년을 살았고, 서울에서 과장직을 마친 후에는 일본으로 왔다. 머무는 동안, 이 나라들과 그 인근지역을 틈틈이 여행했다.

인간은 자기 경험의 노예다. 정도의 차이는 있겠지만, 스스로 겪은 것과 전해 들어 알게 된 것을 똑같은 무게로 취급할 수 있는 사람은 없다. 스스로 경험한 시행착오를 잘 기억하는 일은 생존을 위해서도 중요했을 것이므로, 자기 경험에 깊이 의존하는 인간의 습관은 진화 과정에서 유전자에 깊이 새겨진 습관일 공산이 크다. 그러므로 살아가면서 가급적 많은 사람을 만나고 두루 낯선 곳을 방문함으로써 경험의 폭을 넓히는 일은 중요하다. 그렇게 겪은 경험을 잘 기억하는 일도 중요하다. 부지런히 여행을 다니고 그 기록을 책으로 묶어내는 것은 그런 생각의 발로였다.

이번에는 다른 지역은 제외하고 유럽과 중동의 여행기만을 한데 묶었다. 시기적으로 보면, 대략 1993년부터 2004년까지의 10여년 사이에 유럽과 중근동 지역에서 살거나 여행하며 기록한 내용의 재구성이다. 꽤나 많은 곳을 돌아다닌 것 같지만, 따지고 보면 전성기 로마제국의 손바닥 위에서 오락가락한 여행이었던 셈이다. 나의 두 아들이 한 배에서 나왔으면서도 서로 그토록 다른 것처럼, 한때나마 하나의 위대한 제국에 소속되어 있었다는 기억이 무색할 만큼 오늘날의 유럽과 중동은 이질적이다. 한편, 제 아무리 다르게 행동해도 가만 보면 형제는 한 배에서 나온 티가 나게끔 되어 있는 법. 유럽과 중동은 지중해 문화의 유산을 서로 다른 방식으로 품고 있기도 하다.

이 여행기는 아직 20대이던 시절에 시작해 마흔을 바라볼 무렵까지의 행적이므로, 나의 정신이 다소나마 성장한 궤적이기도 하다. 이 책에는 유럽을 주유하던 학생의 일기와 중동을 경험한 외교관의 회고가 하나로 묶여 있다. 한 사람의 관광객이 점차 여행자로 변모해가는 과정을 담게 된 셈이다. 여행 다니며 일지를 쓸 당시에는 그것이 독자들에게 널리 읽히리라는 의식이 없었기 때문에, 지금에 와서는 일지의 구성을 허물어 다시 쓰고 싶은 유혹이 적지 않았다. 하지만 논문이 아닌 여행기를 펴내기로 한 이상, '날것'이 주는 느낌을 잃어버린다면 오히려 소탐대실이 될 것 같아서 일지 형식도 그대로 살렸다.

벌써 오래 전의 여행이므로, 안내서로서의 쓸모는 적으리라. 그러나 진실의 어떤 국면은 돌이켜 볼 때 비로소 그 윤곽을 드러낸다. 유럽과 중동 두 지역에 대한 어떤 응집력 있는 인상을 독자에게 남길 수 있다면 나는 그런 대로의 성공으로 치부할 작정이다. 영국의 문인이자 정치가였던 벤자민 디즈레일리Benjamin Disraeli는 "다른 모든 위대한 여행자와 마찬가지로, 나는 기억하는 것보다 많은 것을 보았고, 본 것보다 많은 것을 기억한다(Like all great travellers, I have seen more than I remember, and remember more than I have seen)"는 말을 남겼다. 비록 '위대한 여행가'와는 거리가 멀지만, 나도 이 책에 내가 본 것 이상의 기억을 담아보려 했다. 그 기억이 독자에게 즐거운 교감을 불러일으킨다면 기쁘겠다.

『지중해 오디세이』라는 이 책의 제호 역시 바람구두 출판사가 점지해 주었다. 로버트 카플란Robert Kaplan의 명저 『Mediterranean Winter』의 국내 번역서와 같은 제목이 되는 셈이라서 사양했지만, 더 나은 제목을 생각해 내지 못한 죄로 이번에도, 결국, 내가 졌다. 이 책은 예전에 적어두었던 글을 동경의 출퇴근길에 지하철 안에서 스마트 폰으로 다듬은 것이다. 그러니 혹 업무를 소홀히 한 것 아니냐는 걱정은 접어주셔도 좋겠다. 먼 여정을 동행해 준 사랑하는 가족들과, 상업성이 크지 않은 책을 흔쾌히 출판해 준 바람구두의 박 사장께 감사의 뜻을 전한다. 과람한 추천사를 흔쾌히 써주신 소설가 최인호 선생께도 머리 숙여 감사드린다. 아니, 추천사보다도, 고통도 축제가 될 수 있다는 사실을 몸소 보여주신 그의 가르침에.

2011년 세밑, 동경에서
박용민

이때 칸이 이렇게 물었다.
"자네의 과거를 다시 경험하기 위해 여행하는 것인가?"
이 질문은 이렇게 바꿀 수도 있을 것이다.
"자네는 자네의 미래를 다시 찾기 위해 여행하는 것인가?"
마르코가 대답했다.
"다른 곳은 현실과 반대의 모습이 보이는 거울입니다. 여행자는 자신이 갖지 못했고 앞으로도 가질 수 없는 수많은 것들을 발견함으로써 자기가 가지고 있는 것이 얼마 되지 않는다는 것을 인식하게 됩니다."

이탈로 칼비노 Italo Cavino 저 『보이지 않는 도시들』 Le Città Invisibili 중에서

# 오디세이, 그 고의적 방랑

# 오디세이, 그 고의적 방랑

　이집트에서 가나안Canaan까지는 느릿느릿 걸어도 몇 달이면 도달할 수 있을 정도의 거리에 불과하다. 그런데 유대 백성을 이끌고 이집트를 탈출한 모세는 시나이Sinai 광야를 사십년 동안 헤매었다. 왜일까? 신심이 깊은 이들은, 유대 백성들이 사막에서 야훼를 원망한 죄과를 치르느라 그리 되었다고 할 것이다. 사회개조론을 믿는 정치학자라면, 이집트인의 치하에서 노예의식에 찌든 세대를 사막에서 소진하고 새로운 정착지에서는 새로운 세대가 주인이 되도록 모세가 특단의 리더십을 발휘한 결과라고 말할지도 모른다. 미국의 어느 여성 코미디언이 "모든 남자들이 그렇듯, 모세 역시 길을 잃어도 물어볼 줄을 몰라서" 그랬을 거라고 농을 하는 걸 본 적도 있다. 정답은 하나님만 아시겠지만, 혹시 모세는 타고난 방랑자였던 건 아닐까?

　트로이에서 그리스까지는 뱃길로 며칠 거리에 불과하다. 10년간의 피의 살육전을 마무리한 트로이의 목마 작전은 그리스의 꾀돌이 오디세우스Odysseus에게서 나온 아이디어였다. 전쟁이 끝난 후 그는 트로이를 떠나 자신의 왕국 이타카Ithaca로 항해를 시작하는데, 이 여행이 또 그만 10년이나 걸린다. 칼립소Calypso의 섬에서는 아예 7년간이나 주저앉아 그녀의 사랑을 만끽하며 지내기도 한다. 신화에는 칼립소가 재물과 권력, 심지어 영생으로 유혹했음에도 집으로 돌아가려는 오디세우스의 마음을 돌리지 못했다고 기록되어 있다. 그런데 가만 있자, 무려 7년이라면 그는 바람 한 번 제대로 피운 셈이 아닌가. 고향에서 그의 아내 페넬로페Penelope는 수많은 구혼자들의 청을 물리치느라 물레를 감았다 풀었다 고생이 이만저만 아니었는데 말이다.

모세처럼, 오디세우스도 신의 분노를 변명으로 삼는다. 목마로 트로이를 패배시킨 탓에 포세이돈의 노여움을 사서 바다에서 길을 잃고 헤맸다는 것이다. 오디세우스가 미녀의 유혹에 빠져 세월을 낭비했다고 비난하는 건 공평하지 못할지도 모른다. 그는 키클롭스Cyclops와의 싸움이나, 스킬라Scylla와 카립디스Charybdis 같은 온갖 괴물들로부터도 시련을 당했으니까. 잔꾀의 천재이면서도 자신에게 닥쳐오는 큰 시련을 피하지 못하는 오디세우스의 모습은 흡사 성서 속의 야곱Jacob 같은 인물을 연상시킬 정도다. 그러니, 그의 여행은 벽癖이 아니라 살煞이었던 건지도 모른다.

모세와 오디세우스의 공통점을 찾자면, 그들이 여행자였다는 점이다. 그들의 삶은 방랑으로 점철되어 있다. 마음속에 길이 들어앉아버린 방랑자들은 한 군데 정착해서 살아갈 수 없다. 호메로스Homeros가 장엄한 어조로 노래한 『오디세이』는 10년이나 걸려야만 할 필연적인 이유가 없는 방랑의 항해였다. 해신 포세이돈의 분노를 우리식으로 표현하자면, 역마살役馬煞이라는 단어가 꼭 들어맞겠다는 게 내 짐작이다. 목적지인 이타카만 용케 빼놓고서 동서남북으로 종횡무진 지중해를 가로지른 그의 여정을 바라보노라면, 그의 귀가가 늦어진 것은 일종의 미필적 고의였으리라 싶다. 그러나 대시인 호메로스가 인정

/13

했듯이, 그게 어디 그의 잘못이랴. 길은 급류의 거센 파도와도 같아서, 한 번 길 위로 휩쓸린 여행자는 길을 벗어나기가 그토록 어려운 법이다.

어릴 적에, 나는 내가 평생을 떠돌아다니는 것을 업으로 삼고, 어딘가에 머물러 살 때조차 여행을 떠나고 싶어 엉덩이를 들썩이는 어른이 될 줄은 꿈에도 생각지 못했다. 첫 한두 번의 해외이사는 죽을 맛이었고, 해외여행은 고생길이기만 하더니, 이제는 거꾸로 만약 한 곳에만 꼼짝없이 머물러 지내야 한다면 과연 어찌 견뎌낼지 자신이 없는 지경에 이르렀다. 만일 다음번 임지로부터 나의 귀국이 오래 지연된다면, 그것은 나의 미필적 고의에 의한 것일

지도 모른다.

　　스물여덟 살이 되던 1993년, 나는 영국행 비행기에 올랐다. 임신 8개월의 만삭이던 아내는 자신의 건강과 관련된 모든 책임을 스스로 지겠다는 서약서를 쓰고서 타야 했다. 나에게도, 아내에게도 첫 국제선 탑승 경험이었다. 나는 그 이태 전인 1991년에 외무부에 취직했다. 외무부는 고맙게도, 내게 2년간의 해외연수 기회를 주었다. 1년은 옥스포드에서, 다음 1년은 케임브리지에서 지냈다. 영국으로부터 귀국하던 1995년에 우리 식구는 셋으로 늘어나 있었고, 아내는 또다시 임신 8개월의 몸이어서 서약서를 쓰고서야 서울행 비행

기를 탈 수 있었다.

그 후로 세월이 제법 흐른 뒤인 2001년, 우리 네 식구는 3년째 살던 뉴욕을 떠나 중동지역으로 거주지를 옮겼다. 이번에는 오만이라는 걸프지역의 산유국이 우리 삶의 터전이었다. 이곳에서 2년간 사는 동안 우리 식구들은 오만 국내의 여러 곳과 아랍 에미리트, 이집트, 그리고 이탈리아를 여행했다. 오만 근무를 마치고 다시 서울에 돌아온 것은 2003년 봄이 되어서였다.

유럽과 중동은 지중해를 사이에 두고 서로를 바라본다. 예로부터 그 두 세계의 충돌은 세계사의 물꼬를 다른 방향으로 틀 수 있는 파괴력을 지녔다. 내가 이 두 지역을 경험한 10년간은 탈냉전 시대가 이윽고 '9/11 이후post-9/11 시대'로 접어드는 기간이었다. '탈냉전 시대'라는 명칭은 그 시대가 '무엇이다'는 정의를 잃어버리고 '무엇이 아니다'는 정의에 의존하던 기간이었음을 가리킨다. 진정한 자기만의 이름이 없던 그 시대에 새로운 이름을 붙여준 것이 세계화 현상이었다. 세상은 더 좁아졌고, 20세기가 마침내 끝났다. 사람들은 세기말의 불안감과 새 시대에 대한 낙관이 뒤섞인, 혼란스러운 시대전망을 나누었다. 그러다가 상승곡선을 그리던 세계경제와 더불어, 국제정치에 있어서도 낙관적인 전망들이 대세를 이루려던 중이었다. 성급한 이들은 세계화 현상이 지구촌을 좀 더 화목하게 만들 것이라는 부푼 기대를 품었다. 2001년 9월, 테러리스트들이 여객기로 들이받아 무너뜨린 건 맨해튼에 서 있던 두 채의 고층건물만이 아니었던 셈이다.

대략 소련이 붕괴하던 1991년부터, 세계무역센터가 붕괴하던 2001년 사이에 인류가 경험한 사건들이 오늘날 국제사회가 겪고 있는 혼란과 좌절의 모양새를 정해 주었다. 이러한 인과관계는 그로부터 다시 10년이 흐른 지금 돌이켜보면 한층 더 뚜렷해 보인다.

"세상의 길은 하나야. 그건 거대한 강과도 같아서, 모든 이들의 대문 앞에서 발원하여 모든 샛길들의 지류를 거쳐 흐르지. 프로도야, 문을 나서는 것은 위험한 일을 벌이는 거란다. 길 위에 일단 발을 내딛은 뒤에는 신중하게 걸어가지 않으면 어디로 휩쓸려 가게 될지 아무도 모르는 일이야."

빌보가 프로도에게, J R R 톨킨 저 『반지의 제왕』

# 유럽, 지중해의 윗동네

## 영국이라는 이름의 대국

London / Oxford / Bath / Salisbury / Southampton / Northern Wales
Lake District / Scotland / Cambridge

## 런던, 나의 첫 외국 경험

1993년 9월 18일, 런던에 도착했다. 히드로Heathrow 국제공항 청사는 처음 밟아보는 외국 땅이었다. 매우 컸지만 낡고 붐비던 히드로. 이 공항은 마치, "비행기를 타는 일 따위는 버스를 타는 것만큼이나 대수롭지 않은 일이야"라고 말하는 듯한 분위기였다. 표지판이고 바닥이고 눈에 띄는 모든 것이 '소박하고 능숙한' 분위기를 풀풀 풍겼다. 알고 보니 영국이라는 나라 전체가 그랬다. '소박하고 능숙한' 척하는 것이 자부심을 표현하는 영국인 특유의 방식임을 깨달은 것은 한참이 지나서였다.

런던에서 연극사를 공부하던 고교동창 장원재 박사가(물론 그때는 아직 박사가 아니었다) 공항에서 우리를 맞았다. 공항 밖으로 나오자, 완전연소되지 않은 가솔린 같은 낯선 냄새가 옅게 느껴졌다. 잠깐 동안만 느낀 건데도 그 내음은 내 기억 깊은 곳에 자리를 잡았나보다. 지금도 난 '영국'이라는 말을 들으면 대번에 그 매캐한 냄새부터 떠올린다. 마치 『잃어버린 시간을 찾아서』의 프루스트에게 마들렌 냄새가 모든 기억을 불러온 사소하고도 강력한 실마리였듯.

낯선 냄새만큼 생생하게 지속되는 기억은 없다. 지금껏 많은 나라의 공항에 내려 봤지만, 눈을 감고 생각해 보면 그곳에 도착했을 때 처음 맡은 낯선 대기의 냄새는 생생하게 떠오른다. (별다른 냄새를 느끼지 못했던 건 동경 하네다 공항에서뿐이었다.) 이 냄새들을 글로 표현할 방법이 있다면 재미있겠지만, 불행히도 그건 내 능력 밖의 일이다. 오랜만에 다시 방문하는 어떤 나라에서 기억하던 냄새를 다시 느끼게 되면 짙은 노스탈지아를 느끼곤 한다. 이것은 나의 방랑벽이 계발해낸 독특한 소질일까? 아니면 인류가 무리 지어 방랑하던 진화과정에서 낯익은 곳을 알아차리는 일의 중요성 때문에 유전자에 새겨진 인류공통의 프로그램일까?

자동차들이 우리나라와는 반대방향으로 주행하고 있었다. 왼손으로 기어를 조작하는 친구가 신기해 보였다. 차도를 건널 때 오른쪽 먼저 쳐다보는 것이 익숙해질 때까지는 당분간 조심해야 한다고, 그가 일러 주었다. 장 박사가 예약해준 숙소는 그리니치Greenwich 공원 근처의 민박집B&B이었다. 런던의 B&B에서 우리 내외는 여러 모로 낯선 경험을 했다. 서비스업에 종사하는 외국인의 친절을 경험한 것이 처음이기도 했지만, 집주인들은 상상보다도 훨씬 친절했다. 이들 덕분에, 첫 해외 생활을 암담하게 여기고 있던 마음이 한결 가벼워질 정도였다. 숙소의 온갖 집기들도 낯설었다. 스위치건 손잡이건 잠금장치건 수도꼭지건 기능을 갖춘 모든 장치들은 90년대의 서울에서는 더 이상 찾아볼 수 없을 만큼 구식이었다. 마치 박물관 안에서 하룻밤을 보내는 것 같았다. 빠르게 변하는 것이 미덕인 나라에서 온 나는 치기 어린 우월감과, 그보다는 말로 설명하기가 좀 어려운 열등감을 동시에 느꼈다. 물론 소파도 침대도 침구도, 거기서 나는 싫지 않은 향기도 낯설었다. 깊은 잠을 잘 수는 없었다. 시차時差 때문일 거라고 생각하기로 했다.

B&BBed&Breakfast라는 이름에서 알 수 있듯 숙소에서는 아침이 나왔다. 잉

글리시 브랙퍼스트English Breakfast는 소시지와 햄(또는 베이컨), 으깬 감자, 계란, 삶은 콩, 구운 버섯과 구운 토마토 따위로 구성되는데, 맛도 있고 푸짐했다. 미리 말해두지만, 영국에 사는 2년 동안 먹어본 영국 음식 가운데서 맛있는 건 이것뿐이었다. (나보다 조금 관대한 여행자라면, 영국식 생선튀김Fish&Chips을 별미로 꼽을지 모르겠으나, 우리나라 벼룩신문 같은 정보지에 싸서 내주는 그건 '식사 음식'이라기보다는 땀 흘리는 노동현장에서 허겁지겁 먹을 때 어울릴 '새참'에 가까웠다.)

그리니치 공원 근처에는 경도의 시작점이자 세계 시간의 표준점인 천문대가 있었다. 그 어마어마한 역할과는 어울리지 않게, 이 천문대도 '소박하고 대수롭지 않은' 외관이었다. 근처의 도크dry dock에는 범선 커티삭Cutty Sark이 전시되어 있었다. 1869년에 건조되어 차와 면화를 운반하는 동방무역에 투입되었던 배. 위스키 병 노란색 레이블의 그림으로만 보았던 그 배가 거기 있었다. 2007년 이 배는 보수작업 도중 화재로 큰 피해를 입었다. 작업 중 배 안에 켜놓았던 진공청소기를 끄지 않아 주말 내내 혼자 돌던 모터가 과열되어 일어난 불이었다고 한다. 오대양의 풍랑과 맞서 용맹하게 항행하던 범선이 진공청소기에 타버리다니, 허망하지 않은가.

런던을 떠나기 전, 장 박사는 우리에게 인도 커리curry와 차이나타운의 북경오리를 대접해 주었다. 두 가지 다 처음 맛보는 별미였다. 오래지 않아 서울에도 인도 음식점들이 생겨났고, 세월이 흐른 뒤 북경에서 북경오리 요리를 먹어보기도 했다. 그러나 여전히 내 혀에 새겨진 맛의 기억은 친구 집 기숙사에 펼쳐놓고 먹은 커리와 런던 뒷골목의 중국집을 그리워하고 있다.

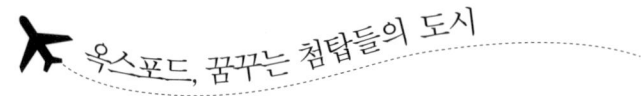
## 옥스포드, 꿈꾸는 첨탑들의 도시

이틀을 런던에서 머문 우리 내외는 장 박사의 차를 얻어 타고 옥스포드 Oxford로 왔다. 두 시간 반쯤 달려 옥스포드 시내로 들어설 때 차창 밖으로 본 풍경의 경이로움을 나는 잊지 못한다. 첨탑을 가진 중세의 건물들이 즐비한 거리와, 그 사이를 자전거로 누비는 학생들. 우리는 대학사무실로 가서 기숙사의 열쇠를 받았다. 영국인들이 '플랫flat'이라고 부르는 저층 아파트의 2층이었다. 깔끔했고, 너무 좁지도 않았다. 나와 아내는 이렇게 관광객의 행색을 하고 찾아온 도시에서 일 년간의 생활을 시작했다. 옥스포드의 별명은 '꿈꾸는 첨탑들의 도시'The City of Dreaming Spires다. 여러 개의 유서 깊은 컬리지college들이 한데 모여 옥스포드 대학Oxford University을 이룬다. 컬리지의 크기와 역사는 제각각인데, 내가 배정된 유니버시티 컬리지는 확인된 역사가 무려 1249년까지 거슬러 올라간다. 미국의 클린턴 대통령이 젊은 시절 옥스포드에 유학할 때 소속되었던 컬리지가 바로 여기였다.

학생들은 시험 때와 컬리지 만찬 때 검은 가운을 입도록 되어 있다. 시험 날이면 거리는 가운을 나부끼며 자전거를 타는 학생들로 가득하다. 시내에는 두 개의 시장이 있는데, 하나는 '열린 시장'Open Market이고, 다른 하나는 '덮인 시장'Covered Market이다. 커버드 마켓은 건물 속에 있고, 오픈 마켓은 아침마다 장이 섰다가 저녁에 철시하는 야외시장이다. 정육점은 커버드 마켓에 있고, 꽃가게는 오픈 마켓에 있는 식이다.

로마가 영국 남부를 지배하던 당시에 옥스포드는 도자기 재료를 조달하는 장소에 불과했다. 이곳에 그럴듯한 도시가 생겨난 것은 데인족의 침입 이후부터였고, 바야흐로 중세를 맞이하여 학문의 도시로 활짝 꽃을 피운 것이다. 아직까지도 옥스포드는 중세의 분위기를 물씬 풍긴다. 시내의 퍼브Pub라는 주점에서는 문 닫을 시간이 되면 주인이 손에 든 종을 딸랑딸랑 울리며 손님들 사이로 뭐라고 주절주절 외치며 돌아다닌다. 그가 외쳐대는 말은 라틴어다.

여름이 되면 옥스포드는 밝은 태양빛 아래 만개한다. 학생들은 시내를 가로지르는 처웰Cherwell 강에서 '펀트'punt라는 배를 타고 천천히 강물을 거스르며 햇살을 즐긴다. 펀트에 몸을 싣고 강물 위에 떠있노라면, 시간이 홀연 느리게

흘러간다. 펀트는 얼핏 보면 베네치아의 곤돌라와 흡사해 보이지만, 노를 저어 가는 곤돌라와는 달리 긴 막대기로 강바닥을 찍어 밀면서 간다. 여름의 야외음악회에서는 주민들이 풀밭에 담요를 깔고 누워 포도주를 마시며 관현악단의 연주를 즐긴다. 원곡에 대포 소리가 동원되었다는 차이코프스키의 〈1812 서곡〉을 강변에 누워 불꽃놀이와 함께 감상하던 즐거움은 글로 옮기기가 어렵다.

옥스포드 시내에서 가장 인기가 있는 건축물을 세 개만 꼽자면, 크라이스트처치Christ Church 컬리지와 래드클리프 카메라Radcliffe Camera, 그리고 성처녀 메리 교회Church of Saint Mary the Virgin를 들 수 있다. 크라이스트처치 컬리지는 옥스포드에서 가장 웅장하고 아름다운 건물과 정원을 거느린다. 영화 〈해리포터〉에 등장하는 호그와트 마법학교의 대강당은 크라이스트처치의 학생식당을 베낀 것이다. 보들리언Bodleian 도서관의 일부인 래드클리프 카메라는 그 독특한 외관으로 주목을 끌기 때문에 〈Shadowlands〉(1993), 〈The Saint〉(1997), 〈An Education〉(2009) 등 옥스포드를 배경으로 사용하는 영화에는 반드시 등장한다. 이 건물에서 사각모를 쓰고 졸업식을 했을 때, 내 마음은 잘 구워진 빵처럼 부풀어 올랐다. 성처녀 메리 교회는 옥스포드의 '꿈꾸는 첨탑들' 중 최고의 높이를 자랑한다. 좁은 나선형 계단을 숨이 찰 만큼 올라가면 돌로 만든 괴물 장식 가고일gargoyle이 발아래 보이고 눈앞에는 영화 세트장 같은 시내 풍경이 파노라마로 펼쳐진다.

옥스포드! 살아 숨 쉬는 그 중세의 도시가 나의 첫 해외생활 무대가 되어 준 것을 나는 지금껏 감사하고 있다.

# 첫 자동차 여행: 바스, 솔즈버리, 사우샘프턴

1993년 11월, 영국에 도착한 지 달포쯤 지난 후 중고 자동차를 구입했다. 자동차도 생긴 마당에 시운전을 하지 않을쏜가. 11월 5일, 우리 내외는 함께 연수를 나온 윤성덕 학형과 함께 2박3일 일정으로 집을 나섰다. 지도책을 들여다보며 차를 몰아 해 질 무렵 바스Bath 시내에 도착했고, 펄트니Pulteney 호텔에 방을 두 개 얻었다. 호텔이라곤 하지만 불과 열여덟 개의 객실과 영국 특유의 오밀조밀한 정원을 갖춘 조지언 양식의 주택이었다. 호텔 주인 로이드Lloyd 씨가 우리를 객실로 안내하면서 아침식사 시간을 알려주었다. 마침 불꽃놀이가 시작되는 참이었다. 1605년 11월 5일 국왕 제임스 1세의 종교정책에 불만을 품은 가톨릭 교도들이 의사당 폭파를 시도했다. 사건은 미수로 끝나고 행동대장인 가이 폭스Guy Fawkes는 교수대의 이슬로 사라졌다. 그로부터 388년이 흐른 뒤에도 이 날은 '가이 폭스의 날'로 불리면서 불꽃놀이로 기념되고 있다.

이 날이 되면 어린이들은 가이 폭스 헝겊인형을 옆에 앉혀두고, '가이에게 한 푼을'Penny for Guy이라고 쓴 팻말을 들고 불꽃놀이 비용을 구걸한다. 이 인형들은 밤이 되면 불꽃놀이와 함께 태워진다. 재미난 점은, 당초 폭스의 범행이 실패한 것을 축하하기 위해 생겨났던 불꽃놀이건만, 그것을 기념하는 사람의 종교나 정치적 신념에 따라서는 가이 폭스를 영웅시하며 기리는 불온한 행사가 되기도 한다는 사실이다. 느닷없는 불꽃놀이에 어리둥절했던 우리가 이 날의 의미를 이해하기 어려웠던 것이 영어실력 탓만은 아니었다. 우리가 만났던 바스의 주민은 구교도였거나 정부에 불만이 많은 사람이었던 모양인지, 400년 전 폭발음모의 실패를 못내 아쉬워하는 어조로 행사의 취지를 설명해 주었던 것이다.

이튿날, 우리는 로마 목욕탕 박물관Roman Bath Museum으로 갔다. 바스라는 도시의 이름은 잉글랜드 남부를 지배하던 로마 군단이 이곳에 지어놓은 공중목욕탕에서 유래한 것이다. 로마는 하드리아누스의 방벽Hadrian's Wall 이남의 잉글랜드와 웨일스 일대를 약 200년간 지배했다. 춥고 습한 영국에 주둔하던 로마 군단병들에게 바스의 목욕탕은 고향에 대한 그리움을 달래주는 고마운 시설이었을 것이다. 박물관의 야외욕조에는 지금도 모락모락 김이 오르는 노천탕이 있다. 영문학을 전공한 윤형이 영문학 작품에서 바스 출신 여성은 품행이 단정치 못한 인물로 묘사되는 경우가 많다고 알려주었다. 부당한 정형화에 해당하겠지만, 몸을 씻는다는 것은 어느 시대나 관능적인 행위임에는 틀림없나 보다.

이 고장에서 유명하다는 식당 샐리 런즈Sally Lunn's에 가서 간식 삼아 빵을 먹었다. 효모로 부풀린 샐리 런 빵Sally Lunn's Bun은 가로로 잘라서 버터나 크림을 발라 먹는 빵이었다. 빵에서 레몬 향기가 살짝 풍겼다. 17세기에 영국으로 이주한 프랑스 위그노들이 만들기 시작한 빵이라는데, '샐리 런'이라는 이름도 그래서 '해와 달'soleil lune을 의미하는 불어에서 유래한 것이라고 했다. 차를 타고 시내 중심가를 벗어나니 수십 채의 3층 집을 초승달 모양으로 연결해 지은 로열 크레슨트Royal Crescent가 있었다. 18세기 후반에 지어진 집들이 태양을 상징하는 둥그런 잔디밭 너머로 기다란 호를 그리며 늘어서 있었다. 해와 달 모양의 빵을 먹고, 해와 달을 상징하는 건물을 구경한 것이었다.

겨울철 영국의 해는 무척 짧다. 점심시간 무렵 서둘러 솔즈버리Salisbury를 향해 출발했다. 바스에서 솔즈버리로 가는 도로변에 선사시대 유적인 스톤헨지Stone Henge가 있다. 관광객이 조금은 있지 않을까 했었는데 해가 뉘엿뉘엿 저무는 벌판 위로 둥글게 모여 선 바위들 주변은 적막했다. 바위 뒤편에서 금세 망토를 덮어쓴 드루이드 사제들이 튀어나와 인신공양 제사라도 시작할 것만 같은, 으스스한 분위기였다. 스톤헨지는 신석기 시대에 고인돌처럼 시신을 매장할 목적으로 만들어졌을 것으로 추정된다. 아더 왕 시절 마법사 멀린이 전장에서 죽은 용사들을 매장하기 위해 아일랜드에서 가져온 바위를 둥글게 세웠다는 전설도 전해 온다. 어찌 되었건 이곳은 망자들의 영토인 셈이다. 세 명의 한국인이 멋쩍게 서서, 어쩐지 환영받지 못한다는 느낌을 받은 것은 당연했다.

솔즈버리에 도착했을 때는 이미 날이 저물었다. 대성당 안을 구경하기엔 너무 늦은 시간이었다. 13세기에 지어진 고딕 양식의 대성당을, 우리는 겉으로만 한 바퀴 돌며 구경했다. 하늘을 뾰족하게 찌르는 장엄한 첨탑과는 대조적으로, 빗방울을 뿌리기 시작하는 날씨는 을씨년스러웠다. 다시 가본 적이 없으므로, 솔즈버리 대성당은 어둠 속에 우뚝 선 실루엣으로만 기억 속에 남아 있다. 우리는 다시 솔즈버리를 떠나 늦은 밤 사우샘프턴Southampton에 도착했고, B&B에서 다시 하루를 묵었다.

　　이튿날 아침, 바닷가로 가서 대서양의 차가운 파도와 처음으로 만났다. 바닷가에 즐비한 상점 중 한 곳에 들어가, 낚시의 달인인 서울의 동생에게 보내줄 모자를 하나 샀다. 챙 달린 모자 꼭대기에 헝겊으로 만든 큼직한 배스 인형 한 마리가 넉살 좋게 올라타고 있었다. 우리 셋은 각자 다른 생선을 골라 점심식사를 했다. 내가 먹은 것은 혀넙치 구이였다.

# 옥스포드에서 아버지가 되다

영국의 의료 시스템을 경험해 보면, 영국인들의 인내심을 존경하게 된다. 영국은 국가 재정으로 전 국민에게 무료로 의료 서비스를 제공하는 NHS National Health Service 제도를 운영한다. 자국민뿐 아니라, 6개월 이상 체류자격을 가진 모든 사람에게 의료서비스가 무상으로 제공된다. 극도로 사회주의적인 의료제도인 셈이다. 이런 제도에는 사회주의 경제체제가 가졌던 문제점들이 그대로 따라오기 마련이다. 첫째, 병원 이용자들이 세금으로 운영되는 서비스에 무임승차하려는 문제다. 이 문제를 해결하지 못하면, 무상의료 서비스는 자기 건강을 조심스럽게 돌보는 사람들의 소득을 아픈 사람과 자기 건강을 지나치게 걱정하는 사람들에게 이전하는 부작용을 낳는다. 둘째, 의료 서비스를 공급하는 사람들의 의욕을 낮추고 의료 서비스의 질이 낮아진다.

거칠게 말하면, 영국은 두 번째 문제로 첫 번째 문제를 해결하는 쪽에 가깝다. 병원에 가는 일을 성가시고 힘든 일로 만들어, 의료서비스를 남용하려는 사람들의 욕심을 다스린다고 할까. 영국에서 의료서비스를 남용하지 못하도록 통제하는 일차적인 역할은 주치의에게 맡겨져 있다. 병이 나면 일단 자기가 등록된 지역에서 '일반의'General Practitioner: GP라는 주치의를 찾아가야 한다. 이 사람은 치과를 제외한 모든 과목을 진료하고 간단한 수술까지 직접 할 수 있는 의사다. 주치의의 허락이 없으면 큰 병원에서는 보험 대상 환자로 받아주지 않는다. GP들은 무척 보수적인 처방을 하기 때문에 편도선염 정도로는 항생제 처방을 받기조차 어렵다. 항생제 남용으로 병균의 내성을 기르는 것이 위험하다는 사실은 잘 알지만, 열이 펄펄 나는데도 찬물로 몸을 닦아내라는 처방을 받았을 때는 아무리 그래도 좀 심하다 싶었다. 이런 식으로 환자를 관리하니 설령 '건강염려증'hypocondriasis 환자라고 해도 무상의료제도를 남용하기는 어렵다.

그러면 의료의 질이라는 두 번째 문제는 그대로 남는가? 대답은 세 갈래다. 대답의 삼분지 일은 '그렇다'이다. GP의 보수적인 판정을 거치는 과정에서 응급환자들은 치료의 적기를 놓치기 쉽다. 특히 노인들의 급성질환의 경우, 영국은 그다지 안전한 곳이 아니다. 수술이라도 한 번 받을라치면 대기자 명단이 워낙 길어서 환자는 자기 명이 질기기를 기도해야 한다. 이 문제의 다른 삼분지 일은 시장에 맡겨 해결한다. 값비싼 사설 의료보험을 별도로 가입하거나, 비싼 치료비를 기꺼이 감당하겠다는 사람은 GP의 추천 없이 종합병원의 진료와 치료를 받을 수 있다. 이런 사람들의 비용까지 무상으로 지원했다가는 국가의 재정이 거덜 날 터이므로, 이것은 일견 부자들을 위한 제도 같지만 실상은 가난한 사람들을 보호하는 제도다. 의료제도의 허점을 보완하는 나머지 삼분지 일은 사람들의 건전한 사고방식이다. 얼른 눈에 띄지는 않지만, 이것이야말로 영국 사람들의 특성을 잘 반영하는, 가장 영국적인 해결책에 해당한다.

'공짜라면 양잿물도 마신다'는, 자조적인 농담조의 우리 속담과는 달리,

영국의 소비자들은 공짜라고 해서 의료제도를 마구잡이로 남용하지 않는다. 그러니까 GP의 통제가 통하는 것이다. 게다가, 의료 공급자들 쪽의 유인이 낮다고는 하지만 영국 의사들은 결코 환자를 함부로 대하지는 않는다. 내 경험에 한정된 이야기이기는 하지만, 내가 영국에서 경험한 가장 불친절한 의사조차도 조국에서 만나본 가장 친절한 의사보다 친절했다.

나는 잔병치레가 적잖은 편인데, 영국에서 병원에 가자니 적잖이 긴장되었다. 첫 외국생활이다 보니 제도와 방식이 낯설었다. 의사소통도 문제의 일부였다. 영어를 못하는 축은 아닌데도 병원에서 필요한 말은 어쩌면 그렇게 영어로 옮기기가 어려운지! 게다가 영국의 영어는 내가 그때껏 배워 온 미국식 영어와는 판이했다. 병원이 만만찮은 곳이라는 사실을 깨닫게 되자, 첫 아이를 여기서 낳겠다고 만삭의 아내를 데리고 나온 만용이 슬슬 후회되기 시작했다. 그러나 돌이키기에는 늦었다. 영국에 온 지 두 달쯤 지난 어느 날, 아내가 산통을 시작했다. 우리 둘뿐이었으므로, 나는 침착해야 했다. 아내를 차에 태우고 근처의 존 래드클리프 John Radcliffe 병원으로 갔다. 낯선 행성에 착륙한 겁 많은 외계인이 있다면, 병원에 들어서는 우리 표정이 그랬을 것이다. 우리 내외는 그 이후의 경험을 잊을 수가 없다.

병원의 간호사와 조산원 midwife, 의사들 모두 어쩌면 그토록 친절할 수 있단 말인가! 산모들을 하루에도 수십 명씩 대하면서 일일이 이만큼 따뜻하게 대해주는 것은 불가능하다고 여겨질 정도로, 이들은 우리 마음을 편안하게 만들어 주었다. 자기들은 매일 겪는 '업무'지만 산모와 가족들에게는 일생 단 한 번일지도 모르는 축복받은 시간이라는 사실을, 이들은 잘 안다는 듯 행동했다. 의사가 "아빠도 분만실에 들어오실 거죠?"라고 물었다. 뜻밖의 말이라 나도 모르게 고개를 저었다. 뒤에 서 있던 간호사가 사람 좋은 웃음을 지으며 "오우, 노. 그런 남편이 어딨어요?"라며 내 등을 떠밀어 분만실로 데려갔다. 아내의 진통 끝에 아들이 나왔다. 그 작은 아기는 눈을 뜨고 잠깐 주변을 두리번거리나 싶더니 이내 믿어지지 않을 만큼 큰 목소리로 울었다. 의사가 나더러 탯줄을 자르라며 가위를 내밀었다. 이번에는 정말로 힘차게 고개를 저었다. 내가 아버지가 된 것이다. 아무런 예고나 낌새도 없이, 낯선 한 가지 생각이 떠올랐다.

"이젠 내가 죽더라도, 또 다른 내가 살겠구나."

그것은 야릇하면서도 깊은 안도감이었다. 의사와 간호사들은 진심으로 기뻐해 주었다. 양가의 부모도 친지도 없었지만 우리 내외는 충분히 축복을 받는다는 느낌을 공유했다. 여기서 이야기가 끝이었으면 좋았을 뻔했다. 그런데, 회복실로 옮긴 아내는 점점 더 괴로워하더니 그만 혼수상태에 빠졌다. 출산 도중에 발생한 내출혈이었다. 아내는 수술실로 옮겨져 전신마취를 하고 수술을 받으며 네 팩의 피를 수혈 받았다. 아내가 수술실로 실려 간 후, 나는 회복실 침대에 걸터앉아 바구니 속에서 담요에 쌓인 채 꼬물거리는 아들을 바라보았다. 안아주어도 되는 것인지 알 수가 없었다. 심난한 밤을 뜬눈으로 보낸 이튿날 아침, 아내가 수술을 무사히 마치고 입원실로 돌아왔다. 창밖을 내다보니 온 세상이 하얀 눈밭이었다. 옥스포드에서는 좀처럼 볼 수 없다는 눈이 밤새 내린 모양이었다.

아내는 며칠간 더 입원했다가 퇴원했다. 영국의 의료제도에 대한 우려 섞인 험담으로 글을 시작했지만, 실상 우리는 큰 혜택을 입었다. 출산비나 치료비는 한 푼도 내지 않았고, 우리는 양가의 어머님들이 영국까지 오실 형편이 못되었던 것을 아쉬워할 필요가 없을 만큼 따뜻한 간호와, 위로와, 축하를 병원에서 받았다. 그래서 누군가가 통계와 도표를 들이대며 영국의 의료제도가 후진적이라고 말하면 나는 수긍을 하면서도 이렇게 말한다.

"알아요. 하지만 숫자로 말할 수 없는 부분도 있더군요."

퇴원하던 날, 산파는 모유 수유법을 한 시간도 넘게 꼼꼼히 알려주었다. 퇴원 후 처음 며칠간 쓰라며 기저귀와 분유 등을 넣은 '출산 꾸러미'까지 한 아름 안겨주었다. 병원 밖으로 나왔을 때, 내 손에는 영국에 도착하자마자 사두었다가 처음 임자를 만난 유아용 카시트Car Seat가 들려 있었고, 아내의 품에는 새로 생긴 식구가 안겨 있었다. 여기서부터 나의 유럽 여행기는 두 사람의 초보 부모와 한 명의 돌배기가 함께 겪는 모험담이다.

# 영국 의회는 뜨거웠다

1994년 2월 24일, 옥스포드 동급생들과 함께 영국의회를 견학했다. 먼저 상원House of Lords의원 휴게실을 구경했다. 상원의원 몇 명이 학생들을 반기며 말을 걸어왔다. 670여명의 종신직 귀족으로 이루어진 영국의 상원은 법안을 수정하거나 지연시킬 입법상의 권한을 가진다. 실질적인 정책토론과 법률 입안에 있어서는 하원House of Commons의 우위가 명확해서, 상원은 국내정국을 안정시키는 정도의 역할을 한다. 우리에게 말을 걸어온 상원의원 한 분은 한쪽 눈을 찡긋하며, "여기는 노인들만 가득한 지루한 곳이야. 사람들은 상원을 신들의 대기실Gods´ Waiting Room이라고 부르지"라고 말했다. 하원에서는 여야의 토론을 방청했다. 지루한 토론을 구경하게 될 거라고 짐작했는데 상상외로 흥미진진했다. 매주 목요일은 총리와 야당 당수가 참석하는 회의가 열린다. 차분하던 토론 분위기는 존 메이저John Major 총리가 등단하자 고조되었는데, 그 열기는 스포츠 경기장에서의 흥분을 방불케 할 만큼 뜨거웠다. 의회민주주의는 교과서 속에서 잠자는 낱말이 아니었다. 뜨겁게 살아 펄떡이는 말이었다.

의원은 질문 요지를 미리 서면으로 작성해 제출하는데, 발언권을 얻으면 그 질문서의 내용을 되풀이하는 대신 자기 질문서의 번호만을 언급했다. 총리에 대한 질문서의 형태는 모두 동일한 것이었는데, "모월 모일 총리의 일정에 대해 말씀해 달라"는 것이었다. 과거 특정 질문에 대해 총리가 자신의 소관이 아니라고 대답을 기피한 데서 생겨난 전통으로서, '총리의 일정'이라는 포괄적인 질문을 통해 어떠한 질문도 할 수 있도록 고안된 방편이라 한다. 실제로 이 질문을 받은 총리는 의례적인 논조로 짧은 대답을 먼저 했고, 의원은 후속 질문을 통해서 실제로 묻고 싶은 질의를 했다.

또 한 가지 특이한 점이 있었다. 질문하는 측이나 답변하는 측이나 상대방을 쳐다보며 말하기는 하지만, 상대를 향해서 말하지는 않는다는 점이었다. 그 내용이 무엇이든, 영국 의원의 발언내용은 '존경하는 의장님'에게 말하는 형식을 갖춰야 한다. 당시의 하원의장은 베티 부드로이드Betty Boothroyd라는 65세의 노동당 소속 여성의원이었다. 우리 학과장에 따르면, 영국 하원의장은 회의를 주재할 때 전통적으로 은발의 가발을 쓰는데, 그녀는 마침 탐스러운 은발의 소유자여서 가발을 쓰지 않는다고. 그날도 의원들은 의장, 즉 'Madam Speaker'에게 간접적으로 묻고 답하는 식으로 발언했다. 마치 옛날 우리 양반들이 뻔히 서로의 목소리를 들으면서도 "뵙자고 여쭈어라," "지금 아니 계시다고 여쭈어라" 하는 식으로 말했다던 이야기가 떠올랐다.

이런 토론 방식은 서로 대거리를 하면서 분위기가 지나치게 적대적으로 흐르는 것을 방지하기 위해 고안된 것이라고 한다. 이 특이한 방식 덕분에 영국 의회의 논쟁은 독특한 유머로 채색된다. 가령, "당신은 아무 것도 모르는 멍청이야. 그따위 수준 낮은 발언으로 의회를 모욕하려거든 당장 옷 벗어"라고 말하는 대신 "의장님, 야당의 존경하는 동료의원이 오늘은 최상의 정신건강 상태는 아닌 것으로 보이는바 슬프게도 그가 오해에 근거해 언급한 내용은 우리 하원의 집단적 지성에 대한 당황스러운 수치로 여겨질 뿐입니다. 저로서는 그가 자신의 지위에 대해 심각하게 재고하기를 희망할 따름입니다"라고 말하는 식이다. 발언자가 적확하고 재치 있는 반격을 하면 같은 당 소속 동료의원들은 일제히 찬사의 함성을 지르기도 하고, 상대방 발언이 도를 지나치면 일제히 "우우" 야유를 보내기도 한다. 그 응원과 야유가 어찌나 절도 있던지, 볼수록 빠져드는 묘미가 있었다.

절차를 존중하는 사람들이 아주 익숙한 품새로 자아내던 회의 장면은 그 절차의 딱딱함에도 불구하고 순항하는 한척의 돛단배 같아 보였다. 손발이 척척 맞게 효율적이면서도 분위기를 난삽하게 만들지 않는, 흡사 미리 연습된 마스게임 같은 집단적 야유와 응대. 점잖은 발언들 속에 들어 있는 솜씨 좋은 말의 뼈들. 세세한 현안들까지 두꺼운 자료를 앞뒤로 뒤져가며 대답하는 총리와 각료들. 전 과정이 방청객과 방송 앞에 노출된 회의. 오호라, 이런 걸 가리켜 의원내각제라고 하는 것이로군. 그동안 나는, 국회의원이 총리와 장관이 되면 그것이 의원내각제인 줄 알았지 뭔가!

# ✈ 춥고, 축축하고, 어둡고, 맛없는

독자들께서 혹시라도 내가 영국이라면 뭐든지 좋아하는 이상한 사람이라고 생각할까봐 이 대목에서 영국에 대한 험담을 좀 하겠다. 나는 미처 몰랐다. 해가 지지 않는 제국의 중심이었던 런던이 그토록 길고 우울한 겨울을 가졌다는 사실을. 영국은 언뜻 생각하기보다 높은 위도에 자리 잡고 있어(런던은 홋카이도 북쪽의 사할린 섬 꼭대기쯤의 위도이다), 겨울이 되면 해를 구경하기가 어려울 지경이다. 늦잠꾸러기 백수처럼 엉금엉금 느지막히 떠오른 해는 오후 세 시가 좀 지나면 꼴딱 져버린다. 오후 다섯 시면 한밤처럼 캄캄하다. 대도시인 런던은 몰라도 옥스포드 같은 촌동네는 다섯 시에 상점들마저 일제히 문을 닫고 나면 을씨년스러운 밤이 참 길기도 하다.

어둡기만 하면 다행이지. 늦가을부터 이른 봄까지 내내 비가 내린다. 장맛비처럼 박력 있는 비가 아니다. 외투를 걸쳤으면 굳이 우산 없이도 걸어 다닐 정도의 비가 부슬부슬 끝도 없이 내린다. 우리처럼 대륙성 고기압이 영하의 혹한을 몰고 오지 않기 때문에, 영국 가정의 난방시설은 우리 기준으로 보면 부실하기 짝이 없다. 동북아에서 건너온 나는 겨울이라면 불조심을 해야 하는 건조한 계절로만 알았지, 축축한 겨울을 나는 법은 몰랐다. 어둡고 축축한 빙점 근처의 날씨는 쨍하게 건조한 영하의 날씨보다 훨씬 더 춥게 느껴졌다. 자고 깨면 몸이 한없이 무거웠다. 겨울방학에는 논문을 쓰느라 밤샘작업을 하고 낮 두어 시에 일어나는 바람에 짧은 태양을 노상 놓쳐 한 달 내내 전등불만 보며 지낸 적도 있었다. 우울하다 못해, 정신건강을 깊이 염려해야 하는 지경이 되었다. 사람의 기분이 태양에 그토록 크게 좌우되는지 처음 알았다.

　학창시절에 읽었던 셰익스피어의 소네트 Sonnet 중 "내 그대를 한여름 날에 비하리까?(Shall I compare thee to a summer's day?)"라는 싯구는 난해했다. 왜 사랑하는 연인을 덥고 찐득찐득한 여름날에 비한 걸까? 뭔가 심오한 비아냥이 숨은 표현일까? 그런데 웬걸, 영국에서 긴긴 겨울을 겪은 뒤 청명한 여름을 맞고 보니 그리운 연인을 만나는 반가움보다 더하면 더했지 모자라지는 않았다. 햇볕을 만나 웃통을 벗고 요란을 떠는 북유럽 사람을 만나시거든 손가락질하지 말고 이해해 주시기를.


　영국은 음식도 맛이 없다. 스토익 stoic 하다는 표현은 음식에다 쓸 말은 아니지만, 그 단어가 내가 영국 음식에 붙일 수 있는 가장 긍정적인 표현이다. 요리를 어떻게 해 놔도 맛있는 식재료가 둘 있으니, 그 하나는 감자요 그 둘은 계란이다. 그런데 영국 사람들은 감자를 가지고도 입맛이 떨어질 만큼 눅눅하고 퍽퍽한 튀김을 만들어내는 재능을 발휘한다. 영불해협을 건너 프랑스 쪽 항구에서 감자튀김을 사먹으며 물밀듯 닥치는 감동을 경험한 뒤에야, 나는 비로소 프렌치프라이 French fries 에 왜 그런 이름이 붙었는지를 이해하게 되었다.

　영국에도 맛있는 먹거리는 많다. 광동식 중국식당, 이탈리아 식당, 프랑스 식당, 베트남 식당, 인도 식당, 태국 식당 등등. 그러나 영국 전통 음식은 언

영국이라는 이름의 대국 /41

제나 나를 실망시켰다. 다른 나라를 정복하는 제국들이 제국이 되는 이유나 과정은 저마다 다르겠는데, 영국 사람들은 음식과 날씨 때문에 나라 밖으로 나갔던 게 아닐까? 물론 근거 없는 얘기다. 그러나 한겨울에 런던에서 비싼 값을 치르고 정통 영국식 로스트비프roast beef나 요크셔 푸딩Yorkshire pudding을 사먹어 보면, 당신도 문득 그런 궁금증을 가질 거다.

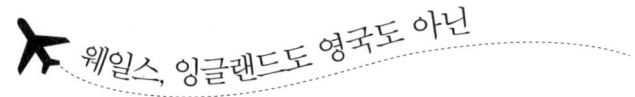
## 웨일스, 잉글랜드도 영국도 아닌

**1994년 5월 5일 목요일**

우리 세 식구는 동급생인 대만 친구 후이완Hui-Wan, 태국 친구 차바나르뜨 Chavanart 양과 함께 북웨일스Northern Wales를 여행하기로 했다. 오후수업은 함께 빠졌다. 우리는 모두 교실에서 스페인어 수업을 듣는 것보다 웨일스를 눈으로 보는 것이 더 중요한 공부라고 생각하는 동양인들이었다. 후이완과 차바나르뜨는 아직 돌도 지나지 않은 우리 아들을 두고, 앞 다투어 보모 역할을 자청했다.

봄이 왔건만 겨우내처럼 우중충하게 비가 내렸다. 도중에 슈르즈버리 Shrewsbury 좀 못가서 점심을 먹었다. 한참을 달리다 보니 웨일스 땅에 들어섰다는 사실을 알아차릴 수 있었다. 도로 표지판이 영어가 아닌 웨일스어로 쓰여 있었기 때문이다. 정지 표지판에는 'STOP' 대신에 'ARAF'라고 적혀 있었다. 그보다 반 년쯤 전인 1993년 10월 영국의회는 웨일스 지역 내에서 웨일스 어와 영어가 공문서상 동등한 자격을 가진다는 법률Welsh Language Act을 통과시켰었다.

첫 목적지인 콘위Conwy에 도착했을 때는 5시경이었다. 여자들을 너무 많이 데려왔다는 사실을 그제야 깨달았다. 세 여자가 의기투합해서 잠자리를 까다롭게 고르는 바람에 여러 숙소를 전전하느라 7시가 되어버렸다. 그 덕에 홀륭한 B&B를 고를 수는 있었다. 숙소의 이름은 'Llewellyn'이었다. 웨일스에 들어온 뒤로 L자 두개로 시작하는 지명이 자주 보였는데 그 정확한 발음이 궁금하던 터였다. 숙소의 주인으로부터, LL로 시작하는 웨일스 단어는 "혀를 R 발음할 때처럼 만들어서 H 소리를 내면 되고", 따라서 이 숙소의 이름은 '흘레웰런'이라는 사실을 배웠다. S와 H의 중간쯤 되는 그 기묘한 발음을 내가 여러 차례 따라한 뒤에야 주인장은 흡족한 표정을 지었다.

여장을 푼 뒤 어둑어둑한 성벽 위로 난 길을 산책했다. 바다 위로 튀어나와 도전적인 자세로 바다와 접한 성벽이었다. 콘위성은 북웨일스의 주요 성들 중 주변 경관과 가장 잘 어울리는 것으로 정평이 나 있다. 물론 자연경관과의 조화 같은 걸 목적으로 성이 지어졌을 리는 없다. 1287년에 완성된 콘위 성은 양쪽 끝의 망루 사이에 여덟 개의 육중한 성탑을 갖췄고, 북쪽 끝은 바다를 향해 뻗은 다리와 이어졌다. 700년 전 치열한 공방전을 벌였을 잉글랜드인과 웨일스인의 고함소리가 들려오는 것만 같았다. 웨일스와 스코틀랜드 사람들은 자신을 영국인Englishman이라고 부르면 아직도 언짢아한다. 심지어 브리티쉬British라는 명칭도 그닥 달가워하지 않는다. 오죽하면 월드컵에도 잉글랜드, 웨일스, 스코틀랜드, 북아일랜드가 각각 다른 팀으로 출전해 왔을까.

### 5월 6일 금요일

여관 주인은 웨일스 식 친절을 과시라도 하듯, 몸소 우리를 데리고 아침부터 콘위 시내를 한 바퀴 구경시켜 주었다. 우리는 햇빛 아래서 콘위 성을 다시 구경하며 그 아름다움을 찬탄했다. 그러나 그뿐이었다. 주인장께는 미안한 얘기지만, 성벽으로 둘러싸인 콘위 도심은 아담했고, 그 안에 볼만한 것은 없었다. 우리는 'Butterfly Jungle'이라는 나비농장과, 기네스북에 올라 있다는 세계에서 가장 작은 집The Smallest House 따위의 억지스러운 구경거리를 돌아보았을 뿐이다. 여관 주인에게 고맙다는 인사를 하고 헤어졌다.

다음 목적지는 예의 LL로 시작되는 도시 흘란두드노Llandudno. 영국 최고의 휴양지 중 하나라는데, 우중충한 날씨 덕분인지 휴양지 분위기는 느껴지지 않았다. 그레이트 옴Great Orme 언덕으로 갔다. 여행 책자에는 단지 바다를 내다보는 경치가 좋은 곳이라고만 되어 있었는데, 최근 오픈한 폐광 관광코스가 있었다. 유럽에서 가장 오래된 구리 광산으로서, 청동기시대에도 채광을 한 증거가 최근 발견되어 활발히 탐사가 진행 중이라고 했다. 안내를 맡은 가이드는 마을의 고고학자였다. 한사람이 겨우 기어들어갔다가 뒷걸음질로 한참 다시 기어 나와야 하는, 복잡한 갱도 속으로 들어가 보았다. 그 갱도는 청동기시대의 유적으로, 당시에는 5~7세 아동이 작업했으리라 추정된다는 설명이었다. 괜시리 슬펐다. 인류는 얼마나 긴긴 세월동안 얼마나 비효율적이고 비용이 큰 생산 활동에 인생을 소모해왔을까.

흘란두드노를 떠나 뱅고어Bangor를 지나쳤고, 멋들어진 메나이 교Menai Bridge를 통과해 해협을 건넜다. 앵글시 섬Anglsey Island의 초입에 자리 잡은 도시 보머리스Beaumaris에서 하루 묵어가기로 했다. 보머리스의 이름은 노르만 왕족이었던 에드워드1세가 이곳을 아름다운 습지Beaux Mairais라 부른 데서 유래한다는 설

명이 팜플렛에 적혀 있었다. 마을은 쥐죽은 듯 썰렁하고 날씨는 을씨년스러웠다. 여관방이 어찌나 추운지 주인한테서 히터를 빌렸는데, 워낙 작아서 큰 도움은 못되었다. 아내가 아들에게 젖병을 물리는 동안, 옥스포드에서 산 수첩 크기의 스케치북을 꺼내 첫 페이지에 창밖으로 보이는 해안풍경을 그려보았다. 해가 빠른 속도로 지고 있어서 그리면 그릴수록 시커먼 그림이 되어갔다.

**5월 7일 토요일**

다시 메나이 해협을 반대방향으로 건너기 직전에 흘란베어Llanfair P.G.라는 도시를 통과했다. 이 도시의 본명은 '흘란베어푸흘그윈기흘고게로흐워른드로부흘란티실리오고고고흐'Llanfairpwllgwyngyllgogerychwyrndrobwllllantysiliogogogoch이며, 짐작하다시피 세계에서 가장 긴 지명에 해당한다. 도시의 이름은 이야깃거리가 되겠지만, '흘란베어 어쩌구'의 시내풍경은 특별하달 게 없었다.

해협을 건넌 후 남서쪽으로 내려가 캐너번Caernarfon에 도착했다. 그곳에는 북웨일스에서 규모가 가장 큰 성이 있었다. 에드워드1세가 웨일스와의 전쟁 중에 여기서 태어난 아들을 'Prince of Wales'라고 부른 이후, 그것은 대대로 영국 왕실에서 왕세자를 부르는 공식명칭이 되었다. 1969년 찰스도 이 성에 와서 'Prince of Wales' 대관식을 가졌다. 생각할수록 묘한 전통이었다. 만약 통일신라가 왕세자를 '백제왕자'로 명명했었다면 어땠을까, 싱거운 궁금증이 잠시 일었다.

캐너번 성은 얼른 보아도 워릭 성처럼 통치의 장소가 아니라 최전방의 기지로 지어졌음이 확실했다. 1274년에 아버지인 헨리 3세 때부터 계속되던 국내의 정쟁을 극복하고 왕위에 오른 에드워드1세는 키가 무척 컸던지, 별명이 꺽다리Longshanks였다. 그의 또 다른 별명은 '스코트랜드인의 망치'Hammer of the Scots였다. 영화 〈Braveheart〉에서 멜 깁슨Mel Gibson이 연기했던 윌리엄 월레스William Wallace를 척살한 것도 그였다. 에드워드1세는 웨일스 인이나 스코틀랜드 인들에게는 철천지 원수일지 몰라도, 행정을 개혁하고 세제와 법제를 정비하고 국가안보를 강화한 유능한 국왕이었다. 그는 1276년부터 1283년까지 두 차례의 원정을 통해 웨일스를 영국에 완전히 복속시켰는데, 그 전쟁은 물론 향후 웨일스 통치를 위해 가장 중요한 전초기지가 되었던 곳이 바로 캐너번

성이었다.

돌아오는 길, 흘란버리스Llanberis 근처의 황량한 호수와, 웨일스에서 가장 높다는 스노던Snowdon산의 돌투성이 풍경, 베투써코이드Bewts-y-coed의 아름다운 시냇물과 우거진 수풀이 인상적이었다. 옥스포드에서 그리 멀지 않은 워릭Warwick까지 가서 하루를 묵기로 했다. 마침 토요일이어서 여관 구하기가 어려웠는데, 다행히 어느 여관의 친절한 주인 아주머니가 적극적으로 도와주신 덕분으로 파크 하우스Park House라는 B&B에 방을 잡았다.

### 5월 8일 일요일

웨일스를 벗어나서일까? 워릭에서 우리를 맞은 날씨는 화창하고 포근했다. 웨일스의 투박한 전쟁용 성곽들에 비하면 워릭 성은 동화 속의 성처럼 아름다웠다. 나들이 나온 가족들로 붐비는 게 어제까지와는 사뭇 다른 분위기였다. 워릭 성은 1068년 정복왕 윌리엄에 의해 처음 지어진 후 여러 차례 대대적인 개보수가 이루어져 말끔한 상태를 유지하고 있었다. 우리는 모처럼 따사로운 햇볕을 쏘이며 성의 구석구석을 구경했다. 늦었지만, 어김없이 봄은 다시 찾아온 것이었다.

## 도로에서 만나는 문명

영국 운전면허증은 유효기간이 없는 평생면허다. 영연방 국가들을 포함한 여러 나라에서도 별도 갱신절차 없이 그대로 통용된다. 나는 처음에는 영국이 아직까지 제국으로서의 영향력과 위신을 유지하기 때문이라고만 여겼다. 사정을 알고 보니, 영국에서 운전면허시험에 합격하면 세계 어디서도 그 사람을 다시 테스트할 필요가 없을 만큼, 영국의 면허시험은 까다롭다. 수동변속기로 면허시험에 단번에 합격했다고, 나는 옥스포드에 살고 있던 동포들로부터 박수를 받기까지 했다.

유학생들이 다 자동차를 구입하는 건 아니다. 런던처럼 주차하기 어려운 곳이라면 자동차 소유에 따르는 비용이 편익보다 클 수도 있다. 자동차를 장만하는 사람들은 대부분 우리나라에서 준비해 간 일 년 유효기간의 국제운전면허로 운전을 하면서 면허시험을 준비한다. 국제면허로 운전하는 초창기에는 조심들을 하기 때문에 오히려 사고는 적은 편이지만, 사소한 시행착오를 피하기는 어렵다.

처음 얼마간 나는 오해로 인해 영국인들에게 부당한 불쾌감을 품었었다. 교차로에서 큰길로 나오거나 차선을 바꿀라 치면, 다가오던 차들이 하나같이 상향전조등을 '쏴 대는' 것이었다. 서울에서도 뒤차로부터 '불을 맞으면' 상소

영국이라는 이름의 대국 /49

리를 들은 것만큼이나 마음이 상했기 때문에, 나는 영국 운전자들을 향해 속으로 욕을 해대며 운전했다. 그러다 나중에야 알았다. 영국에서 상향전조등 깜박임은 서울에서처럼 "너 내 앞에 들어오면 죽어"라든지 "나도 바쁜데 엇다 대고 껴들어"라는 의미가 아니라, "내가 당신 신호를 봤으니, 내 앞으로 들어와도 좋다"는 초대의 신호라는 사실을.

**까다롭기로 소문난 면허시험**

면허시험을 앞두고 나는 적지 않은 비용을 들여 한 달간 운전학원의 도로주행 연수를 받았다. 그것이 시험을 여러 번 치를 비용과 시간을 절약한 비결이다. 도로 연수 과정에서 알게 된 영국의 운전 규율은 새로운 세계였다. 시험에 합격하고 싶다면 한 손으로 핸들을 조작하는 일은 있을 수 없었다. 두 손을 사용하기만 하면 되는 것도 아니었다. 핸들을 잡은 두 손이 매번 열두 시 지점에서 만나야 하기 때문에, 한 번 핸들을 돌릴 수 있는 최대치는 90도를 넘을 수가 없었다. 자연히, 방향을 전환할 때는 속도를 줄여야 했다. 회전을 할 때, 후면경으로 뒤를 확인하기 전에 깜박이를 켜면 실점이었다. 뒤를 확인하지 않고 핸들 먼저 틀었다가는 그 자리에서 탈락이다.

좌회전(우리로 치면 우회전)을 할 때는 길의 모퉁이 지점을 돌 때 변속기어가 2단에 가 있어야 했다. 끼어들려는 앞차에게 양보를 하지 않는 것도 중대한 잘못이었다. 뒤에서 다가오는 구급차나 소방차에게 신속히 길을 터주지 않아도 탈락이다. 왕복 2차선의 좁은 길에서도 영국 자동차들은 비상 사이렌 소리가 뒤에서 들린다 싶으면 무조건 차를 멈추고, 인도 위로 기어 올라가는 한이 있더라도 길을 비켜준다. 비좁고 정체된 도로에서도 소방차나 구급차가 사이렌을 울리면 홍해를 가르는 모세의 기적과도 같이 순식간에 길이 트인다. 처음 그런 광경을 봤을 때는 신기하고 재미있기만 하더니, 여러 번 보니 서글픈 시샘이 북받쳤다. 저것이 문명국가의 모습인 것이다!

도로규칙 숙지 여부도 점수로 매겨진다. 학원 강사를 옆에 태우고 운전 연습을 하던 중에, 나는 신호가 없는 건널목의 정차선 앞에서 멋지게 정지했다. 그리고 길을 건너려고 기다리던 꼬마에게 미소 지으며 건너가도 좋다고 손짓을 했다. 강사가 말했다.

"(시험 중이었다면) 당신은 방금 떨어졌다."

"내가 뭘 잘못했는가?"

"건널목을 만나면 그냥 얌전히 정지하면 된다."

"내가 너무 급히 정지했단 말인가?"

"그게 아니다. 방금 저 아이에게 길을 건너라고 손짓하지 않았는가."

"매너가 좋은 것도 잘못인가?"

"당신의 손짓을 보고 보행자가 길을 건너다가 건널목을 무시하고 달리는 다른 차량에 치이면 거기에는 당신도 책임이 있다. 당신이 도로 전체를 통제하는 게 아니지 않은가."

런던 노동자 계층이 사용하는 코크니Cockney 사투리를 쓰는 나의 운전강사 데이빗David은 우락부락하게 생긴 덩치 큰 사내였다. 그런 남자가 할머니들처럼 얌전하게 운전하는 모습은 그 자체로도 볼만한 구경거리였다. 어쨌든 데이빗의 가르침 덕분에 나는 단번에 수동변속 운전면허를 땄고, 커다란 종이로 된 너덜너덜한 평생면허증은 지금도 내 지갑 속에 있다. 면허증보다 소중한 것이 영국의 도로에서 배웠던 운전 법도임은 두말하면 잔소리다.

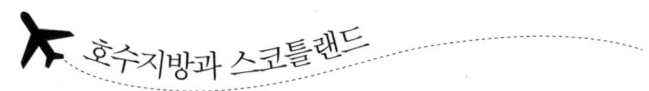 호수지방과 스코틀랜드

**1994년 7월 6일, 수요일**

대학에서 첫 방학을 맞은 막내 동생이 서울에서 왔다. 우리는 호수지방 Lake District과 스코틀랜드를 함께 여행하기로 했다. 여름답지 않게 비가 부슬부슬 오는 통에 상쾌한 맛은 없었지만, 장시간 운전에는 서늘한 편이 나았다. 옥스포드를 벗어난 뒤, 아내의 주장을 따라 스톡온트렌트Stoke-on-Trent에 들렀다. 이곳에는 웨지우드Wedgewood나 로열달튼Royal Daulton 같은 유명 도자기 회사 공장이 있었고, 공장에 딸린 가게에서는 하자가 있는 제품들을 싸게 판다. 세컨핸드 샵secondhand shop 또는 팩토리 샵factory shop이라고 부르는 이 가게들에서는, 백화점에서 "네가 능력 있거든 어디 날 한번 데려가 봐라" 하는 도도한 자세로 높은 가격표를 달고 있던 제품들이 얌전한 가격으로 판매된다. 이곳에 가면 일본인과 한국인 관광객들이 흠집 없는 성한 그릇을 찾느라 쭈그리고 앉아 북새통을 이룬다는 이야기를 미리 들었던 터라, 나는 그 서글픈 광경을 보기가 싫었다. 그러나 아내는 똑같은 이야기를 들었기 때문에 기필코 들러야겠다는 의지를 불태웠다. 이럴 때는 내가 지는 편이 가정의 평화를 도모하는 길이었다. 우리는 그릇 몇 개를 전리품으로 챙겨 고속도로로 접어들었다.

호수지방에 도착한 것은 저녁 6시경이었다. 호수지방이란 잉글랜드 북서부 컴브리아Cumbria 지방의 국립공원을 일컫는데, 1만년 전 빙하기에 형성된 수많은 빙하호가 울퉁불퉁한 산자락들 사이로 펼쳐져 있다. 큰 호수만 해도 십여 개에 달한다. 우리는 그중 가장 큰 윈더미어Windermere 호수를 끼고 있는 도시 윈더미어로 진입해 예약해둔 숙소에 도착했다. 빌라 롯지Villa Lodge의 주인 내외는 자기네 아침식사가 훌륭하니 기대해도 좋다고 말했다. 짐을 대강 푼 다음 인근의 이탈리아 식당에서 저녁을 먹었다. 습기를 머금은 쌀쌀한 저녁공기 속에서 민물 냄새가 느껴졌다.

**7월 7일, 목요일**

풍성한 영국식 아침식사Full English Breakfast는 주인 내외의 호언장담처럼 맛있었다. 우리는 자동차로 윈더미어호수를 시계방향으로 한 바퀴 돌면서 그라스미어Grasmere로 갔다. 얼룩덜룩한 회색 판석으로 지은 집들이 인상적이었다. 그라스미어에는 낭만주의 시인 윌리엄 워즈워드William Wordsworth가 생전에 살던 더브 코티지Dove Cottage와 워즈워드 기념관이 있다. 아름다운 곳에 사는 사람들은 아름다운 생각을 하나보다. 통영이 김춘수, 유치환, 윤이상 등 수많은 예인들을 배출한 것처럼, 호수지방은 워즈워드를 낳았을 뿐 아니라, 퍼시 쉘리Percy Shelley, 월터 스코트Walter Scott, 나다니얼 호돈Nathaniel Hawthorne, 토머스 카알라일Thomas Carlyle, 존 키츠John Keats, 알프레드 테니슨Alfred Tennyson, 베아트릭스 포터

Beatrix Potter와 같은 작가들의 거처였다. 워즈워드 기념관을 둘러본 다음 호수를 일주하는 유람선을 탔다. 윈더미어 호수는 넓고 아름다웠다.

**7월 8일, 금요일**

기운이 넘치는 대학생 동생과, 돌도 되지 않은 갓난쟁이를 동시에 배려한 일정을 잡기는 쉽지 않았다. 아내에게 아기를 데리고 숙소에서 좀 쉬라고 하고서 동생을 데리고 근처의 수영장에서 더위를 식혔다. 오후에는 다함께 컴브리아 반도 남단의 그랜지-오버-샌즈 Grange-over-Sands까지 드라이브를 갔다. 공용 주차장에 차를 세워두고 기찻길을 건너 모퉁이를 돌자, 거대한 갯벌이 나타났다. 동생과 둘이서 허우적대며 발목까지 빠지는 갯벌의 중간까지 가봤지만 게도 고동도 없었다. 흙투성이가 된 자동차로 윈더미어의 숙소로 돌아와 다시 짐을 꾸렸다.

**7월 9일, 토요일**

우리는 커다란 플라스틱 통에 김치를 챙겨 와서 끼니마다 잘 먹고 있는 중이다. 그걸 보관하는 것이 늘 숙제인데, 몇 번 해봤더니 이력이 나서 숙소 주인에게 냉장고에 밤새 보관해 달라며 김치 통을 내미는 일쯤은 익숙하게 되었다. 아침 일찌감치 주인장에게 맡겨 두었던 김치 통을 건네받고, 숙박비를 치른 뒤 북쪽을 향해 먼 길을 나섰다. 드디어 픽트족Picts의 땅 스코틀랜드로 진입한 것이다. 영화 〈Braveheart〉에 나온 것처럼, 이곳의 켈트족은 전투에 임할 때 얼굴에 물감으로 색칠을 했기 때문에 로마인으로부터 픽트족이라는 별명을 얻었다.

글라스고우Glasgow에 도착한 건 늦은 점심때쯤이었다. 여기서 유학 중인 대학 선배들을 만나 점심을 얻어먹고, 사흘 후쯤 재회를 기약하며 헤어졌다. 남북으로 길게 뻗은 로몬드 호수Loch Lomond의 북단에 자리 잡은 아로차르Arrochar에 도착했을 때는 7시가 좀 넘어 있었다. 이곳에는 이번 여행의 베이스캠프가 되어줄 코티지Cottage를 한 채 예약해 두었다. 무뚝뚝한 스코틀랜드 아가씨가 잠긴 문을 열어주고 간 뒤 찬찬히 둘러보니 호숫가에 바짝 다가서게 지어놓은 집이라서 지금지금한 민물 냄새도 짙고, 으슬으슬 한기도 돌았다. 아침부터 내리던 비는 여전히 그치지 않고, 낮게 드리운 구름 밑으로 호수는 옅은 안개를 뿜어내고 있었다. 좀 을씨년스럽기도 해서, 동생과 아내를 돌아보며 과장된 목소리로 물었다. "조용하고 널찍하니까 좋지?"

### 7월 10일, 일요일

아직도 간간이 가랑비가 뿌린다. 운기조식이 필요한 날이다. 온 식구가 번갈아가며 낮잠을 잤고, 나는 몇 군데 상점을 들러 식료품 쇼핑을 했다. 비 내리는 호숫가 마을의 길거리는 시간이 멎은 것처럼 인적이 드물었다.

**7월 11일, 월요일**

숙소를 나서 '아로차르 알프스'Arrochar Alps라는 산길을 지나는데, 자꾸 차를 멈추게 된다. 정말 스위스를 방불케 하는 경치가 마음을 사로잡았다. 도중에 로흐고일헤드Lochgoilhead로 진입해 유럽양모센터European Sheep & Wool Center를 구경했다. 양모제품 상점에서 머플러를 하나 샀고, '양모 쇼'Wool Show라는 것을 관람했다. 양의 종류와 생김새가 그토록 다양한지 처음 알았고, 양 한 마리에서 그렇게나 많은 털이 나오는지도 처음 알았다. 양을 꼼짝 못하도록 다리 사이에 끼우고 털을 깎아내는 사람의 기술도 대단해 보였다.

차를 더 북쪽으로 몰았다. 안내책자에서 '하이랜드의 험준한 산들' 운운하는 표현을 봤을 때는 엄살스러운 과장이라고 생각했다. 하이랜드에서 제일 높다는 벤 네비스Ben Nevis 산의 높이가 1,344미터에 불과하다는 것을 진작에 확인했기 때문이다. 그저 로우랜드Lowland에 비하면 하이랜드의 지형이 조금 더 고지대라는 정도의 얘기이겠거니 했다. (로우랜드란, 중세에 영어 사용이 일반화된 스코틀랜드의 남동부 지역을 가리킨다.) 그런데 막상 하이랜드를 가로질러보니 '험준하다'는 형용사가 이보다 잘 어울리는 풍경을 떠올리기란 어려웠다. 고도가 높기 때문이 아니라 황량했기 때문이다. 하이랜드의 산과 골짜기는 거칠고 쓸쓸하면서도, 연민을 자아내는 풍경은 아니었다. 그곳은 씩씩한 의연함이 깃든 땅이었다. 하이랜드의 땅이 주는 느낌은 그것이 이고 있는 하늘과도 무관치 않다. 한여름에 찾아왔음에도 불구하고, 내가 겪은 스코틀랜드의 날씨는 딱 두 가지였다. 비가 내리고 있거나, 비가 내리려고 하고 있거나.

그 이름도 익숙한 네스호Loch Ness에 드디어 당도했다. 흐린 날 저녁의 네스호는 기이한 풍경이었다. 우리 가족은 호숫가에 서서 한동안 탄성만 질러댔다. 눈앞에 펼쳐진 것은 거대한 검은 물이었다. 날이 어둡고 흐려서 검은 게 아니라 호수 자체가 칠흑같이 검었다. 검은 잉크가 골짜기를 가득히 채우고 있는 것 같았다. 손으로 물을 떠 보니 물이 검은 건 아니었다. 알고 보니, 바닥이 두터운 토탄peat층으로 이루어져 있어 까맣게 보이는 것이라 했다. 낮게 드리운 먹구름 아래로 검은 호수가 적막하게 누워 있었다. 느지막한 시간이어서 그런지 지나다니는 차도 없었다. 건너편 언덕 위에는 검은 돌로 지어진 건물이 한 채 있을 뿐이었다. 습기를 머금은 바람이 불자 목덜미에 소름이 돋았다. 하고많은 스코틀랜드의 호수들 중 여기서만 괴물 소문이 나는 데는 다 이유가 있었던 것이다. 괴물 '네시'Nessie의 이야기를 들어본 적이 없는 사람도 이 시커먼 호수 앞에 홀로 서면 칠흑 같은 물속에서 튀어나오는 괴물의 환영을 상상할 터였다.

아로차르의 숙소로 돌아오는 길은 어두웠다. 해 저무는 산길. 한여름인데도 군데군데 눈과 얼음이 땜통처럼 남아 있는 산과 황량한 벌판. 히스Heath 관목 무성한 바위들 사이로 호수가 있고, 굽이를 돌면 어느새 또 다른 호수가 나타나던 그 거칠고 야성적인 길.

**7월 12일, 화요일**

피로를 씻어내려고 종일 숙소에서 쉬었다. 이어령 저 『축소지향의 일본인, 그 이후』를 읽었다. 아기를 배 위에 올려놓고 낮잠도 잤다. 누가 누구를 재운 건지 구별하기 어려웠다.

**7월 13일, 수요일**

북해의 파도를 보려고 인버래리Inverary를 방문했다. 양어장과 그 근처의 아담한 성을 구경하고, 물이 깨끗해서 상수원으로 쓴다는 에크 호수Loch Eck 주위를 돌아 숙소에 귀환했다. 저녁에는 글라스고우의 대학선배들이 그곳의 특산물인 홍합과 게, 바다가재를 푸짐하게 사들고 숙소로 찾아왔다. 오는 길에 수산시장에 들러 사 왔다고 했다. 우리 가족만 기거하기에는 너무 넓다 싶던 숙소의 쓸쓸함이 싹 가셨다. 화기애애한 해산물 파티까지 열렸으니 금상첨화였다.

**7월 14일, 목요일**

스코틀랜드의 수도인 에딘버러Edinburgh를 안 보고 갈 수는 없는 노릇이었다. 아침 일찍 출발해 에딘버러 인근의 노스 퀸즈페리North Queensferry에 들러 'Deep Sea World'라는 수족관을 구경했다. 모처럼 꼬맹이를 위한 서비스였다. 돌도 지나지 않은 아들에게는 자동차 여행이 고단하기만 했을 텐데, 수족관에서는 눈을 반짝이며 좋아했다. 부디 낯선 모든 것에 호기심을 품는 사람으로 자라주렴.

이윽고 멋들어진 다리로 해협을 건너, 에딘버러로 입성했다. 안내책자에서 에딘버러에는 '신시가지New Town가 모범적인 계획도시로 건설되어 있다'는 이야기를 읽으며 일순간 분당이나 일산 같은 풍경을 상상했다. 알고 보니 신도시라는 것이 건설된 게 이미 18세기 때의 일이었다. 그러면 그렇지. 에딘버러 성은 바다를 절벽으로 면한 높은 언덕 위에 지어져 시내 어디서나 잘 보였다. 그리 넓지 않은 언덕의 꼭대기에 암갈색 암석으로 오밀조밀 지어진 성의 아름다움도 독특했다. 12세기에 지어진 이 성은 1707년 스코틀랜드가 영국에 합병될 때까지 스코틀랜드와 잉글랜드 사이의 투쟁과 복잡한 궁정사의 결과로 주인이 여러 번 바뀌었다. 성 위에서 에딘버러 시가지를 내려다보니 빅토리아 왕조 시절 대영제국의 영광을 그리는 어느 사극의 거대한 세트장 속으로 들어온 것 같은 느낌이었다.

**7월 15일, 금요일**

내일은 옥스포드까지 먼 길을 되돌아가야 하므로, 숙소에서 나가지 않고 쉬었다. 옥스포드로 귀환한 뒤에는 곧장 다시 짐을 싸서 유럽 대륙으로 자동차를 타고 떠날 예정이므로 체력을 안배할 필요가 있었다. 어른들은 여독을 견딘다손 치더라도, 만에 하나 아기가 무리해서 탈이라도 나면 큰일이다. 나의 맏아들은 제 아비의 직업과, 그 때문에 세상을 주유하며 자라게 될 자신의 장래를 알기라도 하는 것인지, 여행에 지치는 기색은 없어서 다행이다.

**7월 16일, 토요일**

아침 10시쯤 출발해 평양과 부산 사이보다 먼 544km의 거리를 단숨에 차를 몰아 귀가했다. 옥스포드에 도착한 것은 저녁 7시경이었다. 먼 여정을 마친 후 피곤한 몸으로, 익숙한 집의 현관으로 뛰어드는 순간의 달콤함도 여행의 중요한 일부분이다. 스코틀랜드의 산과 들, 그 차가운 호수의 물냄새는 이제 나의 기억의 일부가 - 그러므로 나의 일부가 - 되었다. 이 말은 거꾸로 써도 같은 뜻이 된다. 그러니까 나는 이제 스코틀랜드의 아주 작은 일부가 되기도 한 셈이다.

## ✈ 나의 두 번째 영국 도시, 케임브리지

1994년 7월말, 우리 세 식구는 렌터카 회사에서 빌린 소형트럭에 세간을 옮겨 싣고 옥스포드에서 케임브리지Cambridge로 이사를 했다. 이사업체의 도움을 받을 만큼 짐이 많지도 않았다. 때마침 놀러와 있던 막내 동생은 꼼짝없이 일꾼 노릇을 해야 했는데, 먹여주고 재워주고 여행을 데리고 다녀준 값을 톡톡히 받은 셈이었다. 그해 9월부터 1년간, 나는 케임브리지 대학교에서 국제관계를 공부하고 석사학위를 취득했다. 영국의 양대 명문 대학교를 경험할 수 있었던 것은 큰 행운이었다.

옥스포드와 케임브리지는 비슷하기도 했고, 비슷하기 때문에 더 다르기도 했다. 두 학교 모두 도시를 통과해 흐르는 강 위에서 학생들이 펀트punt라는 배를 즐겨 탄다. 옥스포드에서는 처웰Cherwell 강에서, 케임브리지는 캠Cam 강에서 펀팅을 즐기는 학생들을 볼 수 있다. 두 도시(또는 두 학교)의 펀트는 똑같이 생겼는데, 길고 좁다란 선체에는 한쪽 끝에만 덮개가 달려 있다. 그 덮개를 케임브리지에서는 데크Deck라고 부르고, 옥스포드에서는 복스Box라고 부른다. 케임브리지 학생들은 그 덮개 위에서 장대pole로 배를 모는데, 옥스포드 학생들은 그 반대편에서 몬다. 선수와 선미가 서로 반대인 것이다.

지도교수가 소수의 학생들을 별도로 지도하는 튜토리얼Tutorial 방식을 채용하고, 한 학년이 세 학기로 이루어져 있다는 점 등은 두 학교가 동일하지만, 사소한 차이들은 곧잘 두드러져 보인다. 옥스포드의 학기별 명칭은 각각 미클마스Michaelmas, 힐러리Hilary, 트리니티Trinity인데, 케임브리지에서는 미클마스, 렌트Lent, 이스터Easter라고 부른다. 교내의 정원을 옥스포드에서는 코트court라고 부르지만 케임브리지에서는 쿼드랭글quadrangle, 또는 쿼드quad라고 부른다. 박사학위를 케임브리지에서는 PhD로, 옥스포드에서는 D.Phil이라고 부르는 식이다. 나는 케임브리지에 와서 그곳의 방식에 익숙해질 때까지 가령 "트리니티 학기가 언제 시작하죠?" 같은 말실수로 적잖이 눈총을 받곤 했다.

도시의 생김새도 그렇다. 비슷한 시기에 지은 비슷하게 생긴 건물들이 아담한 도시를 가득 채우고 있으므로, 처음 보는 사람에게라면 두 도시는 흡사 쌍둥이처럼 보일 법도 하다. 영국인들도 이 두 도시(또는 학교)를 합쳐서 아예 옥스브리지Oxbridge라고 부르곤 한다. 그러나 옥스포드가 일직선으로 뻗은 간선도로들을 끼고 눈앞에 활짝 펼쳐진 모습인 반면, 케임브리지를 통과하는 도로들은 하나같이 구불구불하고 모퉁이를 돌 때마다 다른 광경이 튀어나오는 풍경을 끼고 있다. 옥스포드가 30%쯤 더 크기 때문에, 겉모습을 놓고 말하자면 일단 옥스포드는 우아하고, 케임브리지는 아기자기하다.

역사적으로 보면, 당초 13세기 초에 지역주민들과의 갈등 때문에 옥스포드에서 떠나온 학생들이 만든 학교가 케임브리지였다. 일반적으로 옥스포드 대학이 정치학과 인문학이 강한 반면 케임브리지 대학은 수학과 이공학이 강하다고 알려져 있다. 그런데 정작 두 대학의 관계자들은 그런 도식적인 이야기 앞에서는 너나 할 것 없이 펄쩍 뛴다. 옥스포드 대학이 유력한 정치가와 문인들을 좀 더 많이 배출했고 케임브리지 출신 노벨상 수상자가 좀 더 많기 때문에 생겨난 편견이라는 것이다. 아마도 옥스포드가 좀 더 귀족적인 분위기를 가진 것과도 무관하지 않을 터인데, 실제로 귀족 자제들의 숫자가 옥스포드 쪽에 더 많다고 하니, 편견이긴 하겠지만 근거 없는 편견은 아닌 셈이다.

나는 케임브리지에서 가장 유서 깊고 재원도 풍부한 세인트 존스 컬리지 St. John's College에 배정되었다. 부유한 컬리지라기에 기숙사에 대한 기대도 컸는데, 정작 배정받은 기혼자 숙소는 시내 중심가에서 거리도 멀고 낡고 옹색했다. 큰 아들은 이 집에서 첫 돌을 맞았다. 케임브리지 시내의 사진관에서 아들의 돌 사진을 찍었는데, 부자간에 같은 색 나비 넥타이와 더블 블레이저 재킷을 입고 함께 찍은 사진이 마음에 들었던지, 그 사진관은 이후로도 여러 해 동안 우리 사진을 큼지막이 확대한 채 길거리에서 보이는 진열장에 내걸어 두었다. 아내는 케임브리지에서 다시 아기를 가졌다.

영국 생활을 1년쯤 경험한 뒤라, 케임브리지에서의 생활은 옥스포드에서보다 익숙했다. 기저귀를 'diaper'라고 부르면 아무도 알아듣지 못한다는 사실에 놀랄 일도 없었고(영국에서는 'nappy'라고 한다), 쓰레기를 보면 'garbage'보다 'rubbish'가 입에서 먼저 튀어나오게 되었다. 엘리베이터를 'lift'라고, 지하철을 'tube'라고 부르는 것쯤은 그리 어려운 것도 아니었다. 그럼에도 불구하고, 영국식 영어는 중학교 때부터 배운 미국식 표현과는 너무도 달랐다. 내 딴엔 신경을 쓰면서 이야기를 하는데도, 영국 사람들은 내 영어를 들으면 "미국에 살다 왔니?"라고 묻곤 했다. 그런데 유학생활을 마친 후로 만나는 미국인

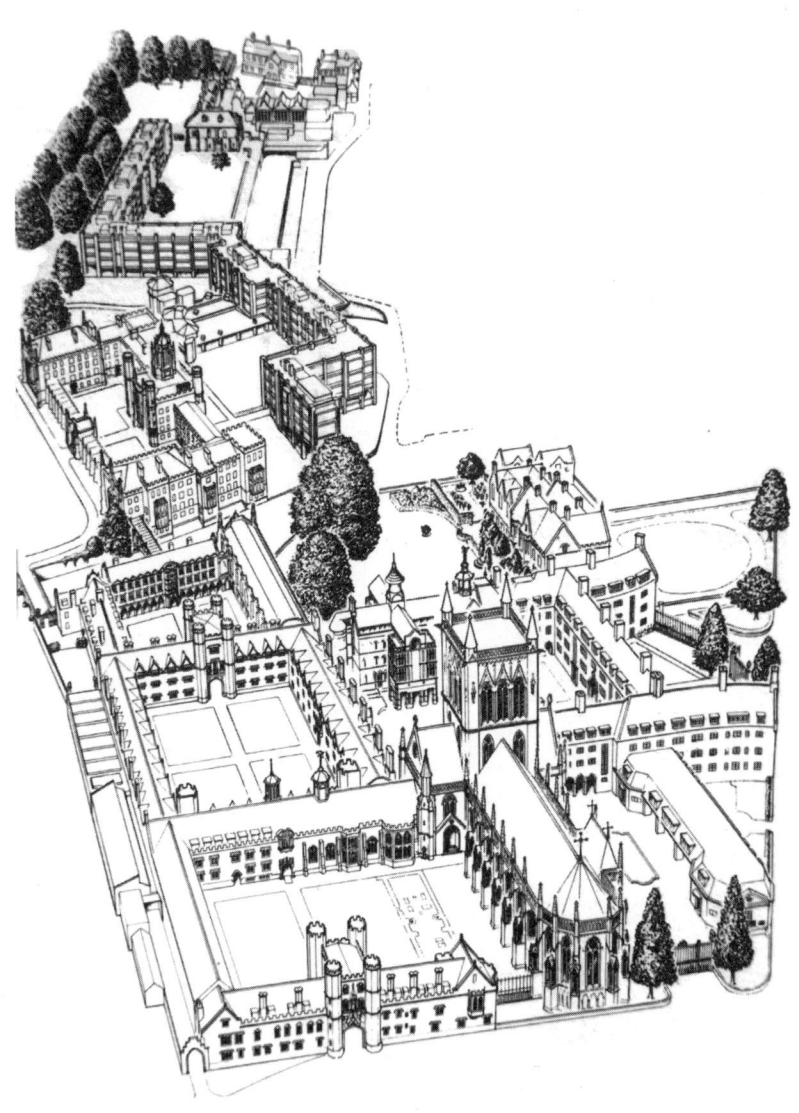

들 중의 상당수가 "너 영국에 살다 왔니?"라고 묻는 걸 보면, 나의 영어발음은 얼치기 국제 미아 신세가 되어버린 게 틀림없다.

아들을 등에 업은 채 자전거를 타고 누비던 케임브리지 시내는 아름다웠다. 옥스포드 대학의 건물들은 대부분 그 부근에서 생산된 사암砂岩으로 지어졌기 때문에 건물들의 색깔이 비슷하고 통일된 느낌이다. 케임브리지 대학은 근처에 대규모 암석 생산지가 없기 때문에 산지사방에서 가져온 제각각의 재료들로 나름대로 특징을 살린 건물을 지었다. 그래서 도시가 풍기는 느낌도 그만큼 다양하다. 시내 중심부의 성 메리 교회St. Mary the Great 종탑 위에 올라가면 시내를 한눈에 내려다볼 수 있다. 컬리지 건물들은 전부 독특한 아름다움을 뽐내는데, 그중에서도 가장 큰 대학들인 킹스King's 컬리지, 트리니티 컬리지, 세인트 존스 컬리지 세 곳의 건물과 정원이 관광객에게는 단연 인기다.

학위논문을 써야 했으므로, 케임브리지에서의 생활은 옥스포드에서의 첫해보다 긴장되고 고단했다. 그럼에도 불구하고, 나는 지금도 그 도시의 골목들을 떠올리면 어김없이 그리움에 젖는다. 비에 젖은 어두운 풍경조차 사랑스럽던 중세의 마을. 아들이 걸음마를 배우던 기숙사의 뒷마당.

▲▲▲▲▲
## 섬에서 대륙으로

Germany / Belgium / Swiss / France / Northern Italy / Luxembourg

# 영국과 유럽대륙, 1993~1994

내가 영국에 머물던 무렵, 유럽은 거대한 변화의 몸살을 앓고 있었다. 50여년간 냉전 질서를 상징하던 베를린의 장벽이 1989년에 붕괴되었고, 그 이듬해인 1990년 10월 3일에 독일이 통일되었다. 독일의 통일은 두 가지 중요한 현상을 상징한다. 그 하나는 공산주의라는 거대한 역사적 실험의 철저한 실패이고, 다른 하나는 모든 비효율의 장벽을 허물어버리는 세계화globalization의 거센 물결이다. 세계화는 과거보다 많은 경제적 기회를 창출했고, 인권과 민주주의 같은 인류 공동 가치의 전파를 도왔다. 반면에, 빈부격차의 증가라든지 테러리즘과 같은 새로운 위험의 증가에도 일조를 했다.

하지만 내가 유럽에 머물던 1993년 무렵에는 아직 세계화에 내포된 위험은 명확히 드러나지 않았고, 넘치는 희망과 기대감의 그늘 아래 막연한 불안감이 맴돌던 정도였다. 미국 학자 프랜시스 후쿠야마Francis Fukuyama는 1992년 『역사의 종언』The End of History and the Last Man이라는 기념비적인 저서를 통해 자유주의의 궁극적 승리를 선언했고, 수업이나 대화 도중에 이 책을 들먹이는 게 일종의 유행이었다.

이렇게 낙관적인 분위기 속에서, 유럽은 한 차원 더 높은 통합을 이룩하려는 출산의 고통 비슷한 것을 겪고 있었다. 그리고 1993년 11월, 마스트리히트 조약The Maastricht Treaty이 발효하면서 유럽연합European Union이 탄생했다. EU는 이후 꾸준히 참가국의 숫자도 늘고(2011년 현재 27개국), 공통 화폐인 유로Euro를 도입하며, 외교·안보 정책까지 공동으로 수립하는 초국가적 기구가 되었다. 하지만 영국의 경우는 좀 특이하다. 영국은 EU의 회원국임에도 유로를 자국화폐로 채택하지 않고 있으며, 앞으로도 그럴 계획이 없다.

영국인들은 옛날부터 자기들은 유럽의 일부가 아니라는 듯, 영불해협 건너편의 대륙을 '유럽'이라고 불렀다. 섬나라라서 생겨난 습관일 터인데, 19세기 말 '탈아입구'脫亞入歐를 주장하던 일본인들의 성정과도 상통하는 일면이 있는 것처럼 보인다. 영국 정부는 마스트리히트 조약 교섭 과정에서도 과도한 연방주의적 통합에 반대하면서, 유럽의 통합 움직임으로부터 한 발 빼는 듯한 입장이었다. 영국에서는 유럽 통합에 비관적인 사람들을 유럽회의론자Eurosceptic라고 불렀는데, 이런 사람들이 여당과 야당, 정부의 안팎에 골고루 포진하고 있었다. 유럽 통합을 지지하는 정치인이나 관리들은 친유럽주의자Europhile라고 불렸다. 언론은 정·관계 중요 인물의 소속을 따질 때 보수당과 노동당이라는 구분보다는 친유럽/반유럽의 구분에 더 민감하게 굴었다.

1990년부터 1997년까지 영국의 총리는 존 메이저John Major였다. 그는 철의 여인 마가렛 대처Margaret Thatcher를 이어 보수당 집권 18년의 후반부를 이끌었다. 그의 사임 후 보수당이 다시 총리를 배출하기까지는 13년을 기다려야 했다. 메이저 총리는 자신의 온화한 인상처럼 합의를 중시하는 정치를 추구했으므로 전임자 대처 총리의 강하고 독단적인 이미지와는 대조를 이루었다. 그러나 그가 이끌고 있던 영국은 순탄치 않은 변화의 계절을 맞고 있었다.

1992년 9월, 영국은 우리의 1997년 외환위기와 유사한 사건을 겪었다. 독일이 금리를 올리면서 영국내 외국 자본들이 더 높은 이자를 찾아 빠져나가기 시작했다. 당시 영국은 고정환율제를 채택하고 있었으므로, 외환보유액으로 자국화폐를 사들이는 것 외에 별다른 대응 수단이 없었다. 국제 투기세력은 환율이 오른 다음에 다시 사들여 그 차액만큼 이익을 올리려고 영국정부의 외환보유액이 소진될 때까지 파운드화를 팔았다. 결국 영국 정부는 고정환율을 포기하고 유럽환율메커니즘European Exchange Rate Mechanism으로부터 탈퇴할 수밖에 없었다. '검은 수요일'Black Wednesday이라고 일컬어지는 그해 9월16일까지 파운드화 환율은 무려 20%나 치솟았다.

그 후 보수당은 긴긴 내리막을 가야 했다. 외환위기의 경험은 영국인들에게 '유럽'에 대한 경계심과 보수당의 지도력에 대한 불신을 심어주었다. 1994년 6월, 보수당은 유럽의회선거에서 참패한다. 보수당으로서는 금세기 최악의 패배였는데, 노동당이 당수 존 스미스John Smith의 갑작스러운 사망으로 지도자를 잃은 상태였다는 점을 감안하면 더욱 충격적인 결과였다. 그해 7월, 노동당은 41세의 토니 블레어Tony Blair를 당수로 추대한다.

이상이 내가 영국에 살면서 보고 겪은 일들의 간략한 배경이다. 영국 사람들은 대체로 유럽 대륙과 관련된 것이라면 뭐든지 의심어린 눈초리로 바라보았지만, 그런 영국에도 거대한 통합의 바람은 불어오고 있었다. 1994년 5월에 개통된, 도버해협을 가로지르는 51km 길이의 터널The Channel Tunnel은 영국을 유럽 대륙에 조금 더 가까이 옮겨놓은 것이나 다름없었다. 나도 이 해협을 건너 유럽 대륙을 여행했다. 좀 더 넓은 세상을 보기 위해.

# 하나 된 베를린

1993년 겨울, 옥스포드에서 아들이 태어난 직후인 12월 4일부터 일주일간, 산후조리 도우미 아주머니께 아내와 아이를 부탁하고 독일에 다녀왔다. 수업의 일환으로 베를린에서 열린 세미나에 참석해야 했다. 베를린 시와 독일국제개발재단DSE이 주관한 세미나의 주제는 '통일독일의 대외정책'이었다. 갓 태어난 나의 아들처럼, 독일도 통일을 맞은 지 3년밖에 안 된 무렵이었다.

베를린 땅은 내가 처음 밟아보는 유럽대륙이었다. 공항의 분위기부터 영국과는 딴판이었다. 표지판도, 건물의 생김새도 간소했고 사무적이었다. 산문적인 느낌이랄까. 어두운 베를린 거리에는 네온사인조차 별로 눈에 띄지 않았고, 커다란 빌딩 몇 채만 그럴싸한 조명을 받고 있었다. 도시는 도시일 뿐이고, 건물은 그저 건물일 뿐이라고 말하는 것만 같은, 미니멀minimal한 풍경이었다. 숙소로 제공된 DSE의 숙박시설에서 받은 인상도 일관성이 있었다. 모든 것이 간결했고 효율적이었다. 정신이 맑아지는 느낌이었다. 책걸상이든, 침대든, 창문이든, 모든 사물이 자기가 만들어진 목적에 기능적으로 충실히 부합할 뿐, 아무런 장식적인 아름다움을 추구하지 않았다. 색다른 아름다움이었다. 모든 일이 이토록 명확할 수만 있다면 세상은 지금보다 훨씬 더 살기 편한 곳이 되었을 터였다.

카이사르에 의해 정복당한 뒤 줄곧 로마화의 우등생이었던 갈리아 지방은 지금의 프랑스에 해당한다. 그에 비해 게르마니아의 부족들은 끝끝내 야만족 취급을 받았다. 그들이 로마를 멸망시켰음에도 불구하고, 서양사는 로마의 멸망을 '야만족의 침입'으로 규정한다. 문자로 격조 높은 기록을 남기지 못하고, 여러 부족으로 갈라져 전투를 일삼은 것을 보면 고대 게르만족의 문명 수준이 높지 못했다는 것은 움직일 수 없는 사실처럼 보인다. 그런 게르만인의 혈통 어느 구석에 이토록 효율적이고 목표지향적인 현대적 간결함이 숨어 있었던 것일까? 고대에 그것은 부족의 규율과 관습에 대한 절대적 복종이라는 모습을 띄고 있었을까? '능률과 실질을 숭상하는' 게르만은 고대에는 천덕꾸러기였을지 몰라도, 오늘날에는 현대성의 단면을 가장 잘 드러내 주는 민족이 되었다. 물론 그러기에 앞서 세계대전을 통해 그 효율적인 포악함을 세계만방에 떨치기는 했지만.

### 흔적으로만 남은 베를린 장벽

일주일간의 세미나를 통해, 통일과정에 대해 독일인들의 이야기를, 그것도 통일 직후에 들어본 것은 소중한 경험이었다. 독일의 통일이 독일인들의 주도면밀한 설계에 따라서 이루어진 일은 아니었다. 따라서 당시 세상 사람들이 알아챈 것은 독일의 통일로 하나의 시대가 막을 내렸다는 사실이었을 뿐, 새롭게 막이 열린 드라마의 정체가 무엇인지는 알지 못했다. 불투명한 장래를 앞두고 있었음에도 불구하고, 독일인들은 자기들 앞에 열린 작은 기회의 창을 놓치지 않고 덥석 붙잡을 용기는 가지고 있었다. 그 덕분에 서반구에서는 반세기 동안 유지되어 오던 냉전의 구조가 해체되었고, 독일 사람들은 자신의 나라가 양 진영의 최전선이 되었던 상태에 종지부를 찍었다. 통일비용에 관한 논란이 많지만, 독일이 통일을 함으로써 이룩한 것은 돈을 아무리 들여도 얻어내기 어려운 그 무엇이었다.

18세기말에 프로이센Prussia의 프레데릭Frederick 2세가 지었다는 웅장한 브란덴부르크 문Brandenburg Gate 앞의 광장에 서서, 나는 1987년에 만들어진 영화 〈베를린 천사의 시〉를 떠올렸다. 영화 속에서는 천사들이 저 문 위의 청동상에 기대어 앉아 있었다. 독일 감독 빔 벤더스Wim Wenders가 만든 이 영화의 원제는 〈Der Himmel über Berlin〉, 그러니까 '베를린의 하늘'이라는 뜻이다. 이 영화로 벤더스는 1987년 칸 영화제 최우수 감독상을 받았다. 이 영화가 베를린 장벽이 붕괴되기 2년 전에 만들어졌다는 사실을 떠올리면, 이 영화의 밑바닥을 관통하는 것은 냉전의 끝자락에서 한 시대와 작별을 고하는 독일 특유의 사변적 예술의식이었는지도 모른다.

베를린 장벽은 이미 흔적으로만 남아 있었다. 한두 군데만 온전한 높이의 장벽이 보존되어 있었는데, 긴 세월 동안 그토록 많은 사람에게 눈물과 한숨과, 때로는 심지어 목숨까지 요구했던 잔인한 장벽이 지금은 황당한 부조리 코미디의 소품처럼 보일 뿐이었다. 동베를린 지역도 돌아보았다. 통일독일의 신탁청Treuhandanstalt은 놀랍게도, 1949년 이후 보상금 없이 몰수되었던 모든 부동산을 원소유주에게 반환하는 작업을 진행 중이었다. 그 때문에, 공산사회였던 동베를린에서 정부가 배정해준 주택에 살던 많은 주민들은 졸지에 거처를 잃게 되었다. 나로서는 놀라워 보이는 이러한 방식이 독일인의 법 감정에는 아마도 자연스러운 모양이었다. 우리는 동베를린 지역의 수많은 공동주택에서 퇴거당하여 얼마 전까지 살던 집의 마당에서 텐트를 지내고 있는 동베를린의 시민들을 보았다.

우리를 안내하던 베를린 시청직원은 동베를린 시내 한복판에 서서 '통일의 주역'을 소개하겠다며 허공을 가리켰다.

"건물의 옥상을 보세요. 동베를린의 모든 건물 위에는 저렇게 수많은 TV 안테나들이 촘촘히 늘어서 있지요. 동독 정부는 서쪽 방송을 접할 수 있는 시설을 허용하지 않았기 때문에 건물에 서독방송용 안테나를 설치해주지 않았습니다. 그래서 주민들은 저마다 개별적으로 안테나를 세웠고, 건물의 옥상에는 입주자의 수만큼 많은 안테나가 생겨났습니다."

베를린을 떠나기 직전, 자유시간을 이용해서 동료 학생 세 명과 함께 기차를 타고 베를린에서 남서쪽으로 36km쯤 떨어진 포츠담Potsdam을 방문했다. 1945년 7월 트루먼Harry Truman과 처칠Winston Churchill, 장제스Chiang Kai-Shek가 이 도시에서 정상회담을 가지고, 일본의 항복 권고와 일본의 전후처리 문제에 대한 합의를 '포츠담 선언'으로 발표했다. 포츠담은 한반도의 독립과정에도 중요한 영향을 미친 장소인 셈이다.

먹구름 아래로 비바람이 세찬 포츠담 시내를 돌아보며, 우리는 상수시Sans Souci 궁전으로 갔다. 1747년 로코코Rococo 양식으로 지어져 프로이센의 프레데

릭 대제Frederick the Great가 여름 별장으로 이용한 이 궁전은 곧잘 프랑스의 베르사이유Versailles와 비교되곤 한다. (바로크Baroque 양식의 대표건물인 베르사이유보다 상수시의 규모는 훨씬 작다.) 이 궁전은 20세기 초까지 호헨촐레른Hohenzollern 왕가의 별장으로 사용되었다. 오죽이나 걱정거리가 많았으면 별장 이름을 상수시 즉 '걱정이 없는 곳'이라고 지어야 했을까? 애처로운 생각이 들었다. 분단시절 동독의 주요 관광지였다가 이제는 이렇게 아무나 구경할 수 있는 장소가 된 상수시 궁전. 이곳의 풍경이 어쩐지 근심스러워 보였던 건 단지 날씨 탓이었을까? 아니면 통일 이후에도 여전히 많은 숙제를 안고 있는 독일을 돌아본 나의 감상 탓이었을까?

# ✈ 유럽 수학여행, 벨기에-독일-스위스-프랑스

**1994년 3월 14일, 월요일**

화창한 햇빛 아래였다면 화사해 보였을 도버Dover의 하얀 절벽이 마치 창백한 낯빛처럼 느껴지던 흐린 날씨였다. 옥스포드 과정의 일부로, 열흘간 서유럽의 주요도시들로 떠난 현장학습 길이었다. 배로 영불해협을 건넌 뒤 버스로 벨기에까지 왔다. 브뤼셀의 알버트 프레미에Albert Premier 호텔에 짐을 풀고, 저녁을 먹을 겸 삼삼오오 무리를 이루어 그랑플라자Grand Plaza로 갔다. 골목의 노천카페에서 이곳의 명물이라는 홍합요리Moules Provençale를 시켜 먹었다. 홍합 국물이 혀에 닿으니 무조건반사처럼 해운대의 포장마차가 떠올랐다. 프로방살이고 뭐고, 내게는 홍합을 제대로 먹는 요리법은 죽는 날까지 하나뿐일 것이다.

식사를 마친 후 다른 모든 관광객이 그러듯이, '오줌싸개 소년'Manequin Pis 동상을 찾아 헤맸다. 물어물어 모퉁이를 여러 개 돈 뒤에야 어느 골목의 어귀에 조그만 소년의 동상이 나타났다. 귀엽지만 볼품없는 이 동상이 독일의 로렐라이, 덴마크의 인어 동상과 더불어 '유럽의 별 볼 일 없는 3대 관광명소'라는 이야기는 진작 들었던 터라, 허허 웃음이 나왔다. 다른 사람들처럼, 나도 분수에 동전을 하나 던져 넣었다.

**3월 15일, 화요일**

아침의 브뤼셀도 그다지 정감 어린 도시는 아니었다. 유럽연합의 본부가 있어서 과장스레 '유럽의 수도'로 불리기도 하는 브뤼셀에서는 런던의 장중함이나 파리의 아름다움, 베를린의 역사성처럼 그 도시만의 두드러진 특징이 눈에 띄지 않았다. 브뤼셀이 내게 준 첫인상은 사무적이라는 느낌이었다.

유럽연합 본부에서 거대유럽의 연혁과 개황, 그리고 전망에 대한 설명을 들었다. 1994년 당시만 해도 EU의 회원국 수는 12개에 불과했다. 당시 설명을 해주던 EU 관리의 전망처럼 스웨덴, 오스트리아, 핀란드는 이듬해인 1995년에 가입했지만, 노르웨이는 그의 예상과 달리 1994년 국민투표에서 가입을 부결한 이래 지금도 비회원국으로 남아 있다. 마스트리히트 조약 이후 유럽 대륙은 빠른 속도로 통합되어가고 있었다. 영국을 떠나 프랑스를 거쳐 벨기에로 오는 동안 우리에게 여권 제시를 요구하는 검문소는 어디에도 없었다. 몇 년 전까지만 해도 상상하기 어려운 일이었다. EU 본부에서 우리 중 누군가가 "머지않아 터키도 유럽연합 가입 후보국이 될 것"이라고 했다면 "야심이 크시네요"라는 답을 들으며 좌중에게 큰 웃음을 주었을 터였다.

**3월 16일, 수요일**

어제는 EU, 오늘은 NATO다. 브뤼셀 시내에 있는 북대서양 조약기구

NATO 본부를 방문해 NATO의 현황과 당면과제에 관한 설명을 들었다. NATO 관계자들의 말투에서는 냉전 이래 최초의 유럽 내 군사작전인 코소보 개입을 통해서 모처럼 존재감을 확인한 NATO의 흥분 같은 것이 묻어났다. 하지만 동시에, 냉전의 붕괴로 인해 정체성을 상실한 지역방위기구의 존재이유에 관한, 보다 근원적인 고민의 그늘도 느낄 수 있었다.

NATO는 냉전기간 내내 바르샤바 조약기구와 성공적으로 대치했지만, 1991년에 바르샤바 조약기구가 해체되고, 같은 해에 소련이 '구소련'이 되어 버리자 아연 맥이 빠져버린 느낌이었다. 우리가 NATO 본부를 방문하기 한 달 전인 1994년 2월, NATO의 전투기가 유엔이 지정한 비행금지구역을 침범한 세르비아 전투기 4대를 격추함으로써 NATO는 처음으로 전투행위를 수행했다. 그러니까 NATO는 냉전이 끝나고 나서야 전쟁을 수행한 안보기구였던 거다. 고작 코소보라는 작은 지역에서 전투를 수행하면서, 유럽의 '강대국'들은 지나가는 뱀을 본 십대 소녀들처럼 호들갑을 떨고 있었다.

NATO 본부를 볼 수 있었던 것은 다행이었다. EU만 보았다면 그릇된 환상을 가지게 되었을지도 모를 노릇이었다. 유럽 국가들이 미증유의 통합을 이루어내고 있는 현상은, 한 발 뒤로 물러나 물끄러미 살펴보면 초강대국 미국이 보장해주는 안보의 방파제 안에서 벌어지는 찻잔 속의 태풍 같은 측면이 있었다. 유럽은 냉엄하고 위험한 국제정치의 현실을 최전선에서 마주하지 않아도 좋은 나라들이 되었다. 한때 인류문명의 발전을 선도했던 유럽의 지성은, 스스로 피 흘려 지키지 않는 평화를 만끽하면서도 냉소적인 태도로 도덕적 불가지론을 신봉하는 포스트모더니즘의 나락 속으로 빠져든 것처럼 보인다. 우리는 오후에 버스 편으로 브뤼셀을 떠나 독일로 향했고, 늦은 저녁에 본Bonn에 도착했다.

### 3월 17일, 목요일

오전에는 본 시청에 가서 시장을 만나고 독일 외무성에서 독일의 외교정책에 대해서 설명을 들었다. 독일의 외무성은 멋진 건물이었다. 다른 나라를 방문할 때마다 느끼는 것이지만, 선후진국을 불문하고 어느 나라든 외무성 건물만큼은 별도로 지어져, 그 나라의 특징을 보여주는 멋진 디자인을 뽐냈다. 우리나라의 외교통상부는 별도 건물도 없을 뿐더러, 외교통상부가 입주한 건물에는 손님들이 기다릴 대기실조차 없다. 어쩌면 그로써 우리는 다른 어떤 나라와도 구별되는 독특한 개성을 드러내고 있는 건지도 모르겠다.

오후의 자유시간에는 베토벤의 생가를 구경했고, 저녁 식사시간에는 일행 전원이 함께 독일 식당으로 갔다. 나는 뭔지도 모르고 권해주는 대로 슈바인즈학세Schweinshaxe를 주문했다. 주문했다기보다는, 그것과 아이스바인Eisbein 중에서 택일했을 뿐이다. 둘 다 조리 시간이 오래 걸리기 때문에 우리 일정을 관리하는 교직원 알리슨Alison이 인원수의 반반씩만큼 슈바인즈학세와 아이스바인을 미리 주문해둔 것이었다. 나온 음식을 보니, 모두 돼지 족발이었다. 학세는 구운 족발, 아이스바인은 삶은 족발이었다. (발음상 비슷한 아이제바인Eisewein은 포도주의 한 종류인 아이스와인을 가리킨다. 포도가 얼 때까지 놔뒀다가 당도가 극에 달할 때 따서 술로 담그는 아이스와인은 특유의 달콤한 맛으로 유명하다.)

슈바인즈학세는 큼직한 돼지발이 보무도 당당히 통째로 접시 위에 얹혀 나왔다. 별로 시장기도 기대감도 없었는데, 독일식 김치라고 할 수 있는 양배추절임 슈크라우트Sauerkraut와 곁들여 먹어본 독일 족발의 맛은 환상적이었다. 그 순간부터 나는 독일요리의 팬이 되었다. 독일 유학생활을 오래 한 친구가 한 명 있다. CD를 아직도 '체데'라고 부르는 친구다. 이 친구가 "독일은 날씨도 안 좋고 음식도 맛이 없다"고 하기에, 나도 모르게 버럭 소리를 질렀다.

"너 영국에 가서 6개월만 살아봐!"

### 3월 18일, 금요일

아침에 본을 떠난 버스가 저녁 7시경에 프랑스의 스트라스부르Strasbourg에 도착했다. 알퐁스 도데Alphonse Daudet를 낳은 알자스Alsace 지방이다. 우리에게 잘 알려진 그의 단편소설 『마지막 수업』La Dernière Classe이 보여주듯이, 이 지방은 프랑스와 독일 사이에서 여러 번 수난을 겪었다. 윤성덕 학형과 함께 이 지방의 특산물인 달팽이escargot 요리를 먹으려고 식당을 찾아 기웃거리다가, 파리 ENA에서 유학 중인 유대종 선배를 길에서 우연히 마주쳤다. 셋이서 얼마나 놀랐는지 모른다. 서울에서는 같은 건물에 근무하면서도 우연히 마주치기 어려웠는데…. 지구는 생각보다 좁은 것이 틀림없었고, 달팽이는 생각보다 시시한 맛이었다.

### 3월 19일, 토요일

우리가 스트라스부르에 온 것은 이곳에 유럽의회European Parliament가 있기 때문이었다. 유럽의회는 입법기관이라고는 하지만 주도적으로 입법행위를 할 수는 없고, 수정을 요구하거나 거부권을 행사할 수 있다. 유럽 집행위원회를 감독하고 집행위원 임명 동의를 하며 불신임투표를 통해 해임할 수 있고, 예산 감독권도 가진다. 워낙 독특한 기구라서, 솔직히 말하면 설명을 듣고도 잘 이해가 되지 않았다. 유럽의회와 유럽 각료이사회는 양원제에서의 상하원과 비슷한 면도 있다는데, 그게 무슨 뜻인지는 살면서 겪어보지 않고서는 알 수 없는 노릇이었다. 서유럽 국가들은 저마다 자국의 정부와 의회를 두고, 그 위에 또 '유럽의 정부와 의회'도 가지고 있는 것이다. 초국가적 통합도 좋지만, 이런 식의 관료주의가 과연 비용에 값할 만큼 제 역할을 하는지가 의문스러웠다. 뭐, 내가 낸 세금을 쓰는 건 아니지만.

오후에는 스트라스부르 대성당에 가서 첨탑 위를 오르느라 기운을 다 써버렸다. 첨탑은 생각보다 높아서 시간을 지체하는 바람에 버스 출발시간에 늦어 일행을 20분이나 기다리게 만들었다. 우리 버스는 이번에는 스위스로 들어섰다. 제네바Geneva에 도착해서 '나의 휴식'이라는 이름을 가진 숙소Hotel Mon Repos에 여장을 푼 우리는 삼삼오오 흩어져 저녁식사를 했다. 나는 대여섯 명의 친구들과 함께 까스까드Cascade라는 식당에 들어가 퐁듀fondu를 주문했다. 뜨겁게 녹인 치즈에 빵조각이나 고기 따위를 찍어 먹는 퐁듀가 스위스의 별미라는 건 풍문으로 들었지만 막상 먹어본 것은 처음이었다. 영어에는 어떤 음식에 점차로 익숙해진다는 의미로 "The food grows on you"라는 표현이 있다. 어떤 음식의 참맛에 대한 즐거움과 그리움은 오랜 시간을 두고 서서히 자라난다는 의미다. 지방색이 짙은 음식일수록 그것이 '자라는' 데는 더 많은 시간이 필요한 모양이다. 간단히 말해서, 퐁듀 맛은 개떡 같았다.

### 3월 20일, 일요일

점심을 먹은 뒤 보트를 빌려 타고 두 시간 동안 레만호Lac Leman의 수면 위를 누볐다. 좀 춥긴 했어도, 너른 곳에서 마주보는 시원한 바람은 언제나 유쾌하다. 눈 덮인 산들이 호수를 병풍처럼 둘러싸고 있었다. 아무 방향으로 셔터를 눌러도, 달력 그림 같은 사진이 찍혔다.

### 3월 21일, 월요일

오전에 관세 및 무역에 관한 협정GATT 본부에 갔다. 1947년 출범한 GATT는 모든 비관세 장벽의 철폐를 목표로 한다. GATT는 '라운드'라고 이름 붙여진 일련의 회의를 통하여 시장장벽을 축소해 왔는데, 우리가 방문하기 직전인 1993년 말에 마지막 라운드인 우루과이 라운드를 마치고 이제 막 세계무역기구World Trade Organization라는 새로운 기구로 변신을 하려는 참이었다. 우리나라는 농산물 개방을 둘러싼 힘겨운 진통을 겪으면서 우루과이 라운드를 겪어냈다. 그때만 해도 우리가 장차 세계 10위 언저리 규모의 무역대국이 되리라고 확신한 사람은 없었다.

오후에는 유엔개발기구UNDP 제네바 사무소에 가서 브리핑을 들었다. 이로부터 5년 뒤에 내가 유엔 대표부에 부임해서 집행이사국 대표로 UNDP의 살림에 이러쿵저러쿵 관여하게 될 거라고는 상상도 못했다. 나라건 사람이건 한치 앞을 알 수가 없는 법이니, 어쩌면 그래서 인생은 그렇게 힘들고, 그래서 그렇게 재미난 건지도 모르겠다.

### 3월 22일, 화요일

국제노동기구ILO에서 브리핑을 듣는 일정이 끝나자마자 튀니지인 급우 카이스Qais는 렌터카로 함께 레만호 주변을 일주하지 않겠느냐고 제안했다. 마다할 내가 아니었다. 우리는 득달같이 자동차를 임대해 출발했고, 생수 이름으로만 알던 프랑스 도시 에비앙Evian에서 샌드위치로 점심식사를 했다. 같은 레만호 풍경이라도 스위스 쪽과 프랑스 쪽의 분위기는 무척 달랐으니, 에비앙은 제네바보다 훨씬 서민적이고 소박했다. 몽트뢰Montreux를 지나 샤토 시용Château de Chillon을 구경할 무렵은 5시경이었다. 1100년경에 완성되어 사보이 공작의 거처로 사용되었다는 시용 성은 호수 위로 돌출된 곳 위에 지어져 마치 수상 건물처럼 보였다. 석양을 배경으로 물안개 서리는 호수 위에 수도원을 연상시키는 고성이 떠 있었다.

해가 질 무렵에는 치즈로 유명한 그뤼에르Gruyère에 도착했다. 표지판을 따라 구불구불한 길을 올라가니 산등성이에 동화책에나 나올 법한 깔끔한 성채와 마을이 나타났다. 판석으로 깔아놓은 길이 흡사 놀이공원 속의 민속촌처럼 보이기도 했다. 스위스에서 자동차를 모는 것은 유쾌한 경험이었다. 도로의 포장상태가 어찌나 훌륭한지, 작은 마을의 이면도로조차 최상급 고속도로만큼 평탄하고 깔끔하게 포장되어 있었다.

어둠 속에서 로잔Lausanne에 도착했다. 피곤했지만 성당과 박물관 건물을 구경했다. '본전 정신' 때문에 강행군을 한 것인데, 역시 무리를 하는 건 득책이 못된다. 로잔에서 뭘 봤는지는 기억도 나지 않을뿐더러, 어설프게 찾아들어간 식당에서 호되게 비싼 저녁 값을 치렀을 뿐이다. 제네바에 돌아와 자동차를 반납한 것은 자정이 넘어서였다.

**3월 23일, 수요일**

아침 일찍 제네바를 떠나 저녁 7시경에 파리에 도착했다. 파리에서 연수 중이던 이은용 선배에게 미리 전화를 해둔 터였다. 윤성덕과 함께 이 선배의 집으로 찾아갔더니 형수가 떡 벌어지는 정찬을 차려주었다. 그러고 보니 한국 음식 구경이 오랜만이었다. 식사 후 선배는 파리의 야경을 보여주겠다며 우리를 태우고 차를 몰아 시내를 구경시켜 주었다. 그 후로도 파리에 여러 번 갔지만, 내 기억 속의 파리는 언제나 이 선배의 자동차 속에서 바라본 야경 속 풍경이다. 그때 입을 벌리고 올려다보았던 에펠 탑La Tour Eiffel이야말로 파리라는 도시의 얼굴에 맺힌 결정적 표정이었다.

영화 〈Casablanca〉를 보면, 파리에서 연인 사이였던 험프리 보가트와 잉그리드 버그만이 모로코의 카사블랑카에서 재회한다. 예전처럼 연인이 될 수 없음을 안타까워하던 버그만에게 보가트는 말한다. "그래도 우리에게는 언제나 파리가 있잖아"(We will always have Paris). 이런 대사 속에서 파리 대신 집어넣어도 좋을 다른 도시는 없다. 영화 〈Revolutionary Road〉에서 아내 역을 맡은 케이트 윈슬렛이 남편인 레오나르도 디카프리오에게 모든 일상을 버리고 하필 '파리'로 가서 새 출발을 하자고 한다. 남편은 아내의 뜻에 부응하려고 항공권까지 구입하지만, 사표를 내러 갔다가 승진 통보를 듣고 직장에 주저앉는다. 비극으로 끝나는 이 영화 속의 파리는 이루어질 수 없는 꿈의 다른 이름이다. 런던이 장엄하고 로마가 위대하고 뉴욕이 이채롭다면, 파리는 아름답다. 파리는 어느 각도에서 보더라도 아름다운 미인의 얼굴과도 같다.


**3월 24일, 목요일**

프랑스 외무성을 찾아가 브리핑을 들음으로써 일정을 마무리한 우리 동급생 일행은 일제히 루브르 박물관Musée du Louvre으로 몰려갔다. 과연 듣던 것처럼, 이곳은 반나절 만에 구경할 곳이 아니었다. 그걸 깨달았을 때는 이미 숨이 턱에 닿게 루브르 내부를 가로세로로 뛰어다니며 유명한 작품들을 눈에 주워 담다시피 구경한 후였다. 그 다음 방문한 오르세이 박물관Musée d'Orsay에서는 욕심을 좀 접었더니 오히려 벅찬 감흥을 느꼈다. 내가 고대의 유품보다는 미술품을 더 좋아했기 때문에 그랬을지도 모른다. 도판으로만 보던 그림들 앞에서, 나는 몇 차례 넋을 놓았다. 앵그르Ingres의 〈샘〉The Source이 저다지도 아름다웠었던가? 르느와르Renoir가 〈무도회장에서〉Dance at Le Moulin de la Galette에서 묘사해 놓은 햇살을 보면서 왜 그를 관능의 화가라고 부르는지 실감했다. 그림 속 야외 무도회장에는 짙은 나뭇잎 사이로 새어든 햇볕이 시원하면서도 따사로운 분위기를 만들고 있었다.

저녁 무렵, 다시 찾아간 에펠탑은 단체 관광을 온 수백 명의 이탈리아 학생들로 붐볐다. 30분쯤 줄을 서서 기다린 끝에 엘리베이터를 타고 꼭대기까지 올라갔다. 파리 상공의 세찬 바람이 귓가에서 소리를 냈다. 여행의 마지막 날이다. 집이라는 곳은 있으면 떠나고 싶고 떠나면 돌아가고 싶은 이상한 곳이다. 에펠탑 위에서 앵발리드Invalide의 불빛을 굽어보다가, 문득 내 마음은 벌써 집에 돌아가 있다는 사실을 깨달았다. "옥스포드에서는 갓난 아들이 감기에 걸렸다는데…"

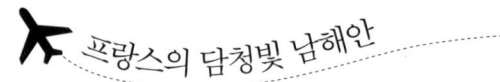

# 프랑스의 담청빛 남해안

**1994년 5월 4일, 수요일**

　망설이다 가기로 결정했다. 칸Cannes 국제영화제5.12~23일로의 여행. 세계 최고 권위의 영화제가 열리는 도시가 늘 궁금하던 터였다. 비용은 부담스러웠지만, 학생일 때가 아니면 칸이라는 도시는 평생 가볼 기회가 없을지도 모른다는 생각이 들었다. 옥스포드의 여행사에서 항공권을 구매하고 렌터카와 보험료를 포함하니 800파운드가 들었다. 영화제 기간이라 칸에는 숙소가 바닥나 어쩔 수 없이 인근 도시인 니스Nice에 숙소를 예약했다.

**5월 18일, 수요일**

　새벽 6시에 집을 나서 니스 공항에 도착하니 오후 1시경. 길이 복잡해서 호텔을 찾기가 쉽지 않았다. 거센 비까지 요란스레 거들었다. 호텔 방은 비좁았다. 짐을 푸는 동안 비가 그쳤기에, 아기를 데리고 나가서 꼬마열차petit train를 타고 구시가지와 성을 한 바퀴 돌아보았다. 궤도 위를 달리는 열차가 아니라,

관광객들을 위해 바퀴 달린 객차를 연결한 트램tram이었다. 자동차조차 진입할 수 없을 것 같은 좁은 골목 사이로 열차를 능숙하게 모는 운전사의 솜씨가 놀라웠다. 이름난 관광지답게, 니스의 구시가지는 지저분했고 시끄러웠다.

남불의 분위기가 원래 이런 줄 몰랐냐고 하면 달리 항변할 길은 없지만, 새벽 내내 호텔 주변이 떠들썩해서 잠들기가 어려웠다. 잠귀가 유난히 얕은 아들을 재우느라, 아내와 나는 잠을 더 설쳤다. 우리 호텔방이 끼고 있는 골목이 하필 보행자 전용구간인 식당가여서, 고성방가를 해대는 취객들은 새벽이 되어도 끊일 줄 몰랐다.

**5월 19일, 목요일**

밤새 취객들의 소음에 시달린 덕분에 니스에 정나미가 떨어져버렸다. 얼른 차를 몰고 칸으로 갔다. 두 도시의 거리는 24km 정도에 불과했다. 주차 공간을 찾기 어려울 만큼 칸 시내는 붐볐다. 차를 세우고 유모차에 아들을 태운 다음, 우리는 크로와제트Croisette 거리 옆으로 길게 펼쳐진 바닷가 모래사장을 걸었다. 여성잡지 광고에서 막 튀어나온 것처럼 늘씬한 미인들이 해변을 가득 메우고 일광욕을 즐기며 재잘댔다. 문제는 이들이 하나같이 토플리스였다는 점이다. 장관이긴 했지만, 벗어젖히고 당당히 활보하는 여자들의 벗은 몸을 안 보는 척 훔쳐보기도 민망했고, 쳐다보면서 아무렇지도 않은 척하기도 어려웠다. 짧게 말해 눈을 둘 데가 없었다. 남불의 벌거숭이 선남선녀들 틈에서는 오히려 우리가 두드러져 보이는 세 사람이었으므로, 모두들 우리를 쳐다보는 것만 같기도 했다. 해변에 있던 수많은 사람들 중에서 웃옷을 입은 여자는 내 아내뿐이었다. 나는 괜스레 쑥스러워하며 해변을 벗어났다. 뭘 그리 희희낙락하냐는 아내의 핀잔을 들으며.

영화제 행사가 개최되는 축제궁Palai de Festival은 칸 영화제 시상식 전용으로 1949년에 지어진 극장이다. 극장 앞에는 붉은 카펫이 깔려 있었다. 좀 있다 밤이 되면 은막의 별들이 저 카펫을 사뿐사뿐 밟으며 걸어갈 터였다. 대형 포스터들이 거리에 즐비했고, 여기저기서 방송차량이 인터뷰와 취재를 하고 있었다. 거리를 가득 메운 관광객들은 느린 발걸음으로 항구의 호화요트며, 기자들의 취재 장면을 구경했다.

1946년부터 열린 칸 영화제Festival de Cannes는 베를린 영화제, 베니스 영화제와 함께 세계 3대 영화제의 하나로 꼽힌다. 영화제 기간 중에 열리는 국제 전시장은 전 세계 수백 개의 영화사, 수천 명의 제작자, 바이어, 배우들이 모이는 프로모션 장소다. 칸 영화제에 축제적 분위기가 짙은 이유는, 이렇게 시상식과 시장이 동시에 열리기 때문이다. 칸 영화제는 작가주의 영화를 편애하는 경향이 크기 때문에, 수상작들에 대한 감상은 영화를 보기 전에도 어느 정도 예측이 가능하다. 바꿔 말하면, 가령 "오늘은 칸 영화제 수상작을 볼까?"하는 기분이 되는, 그런 날이 있을 수 있다는 뜻이다. 차분하게 다른 사람의 심상 속으로 침잠하고 싶은 날. 또는 얼른 봐서는 발견할 수 없는 복잡하고 신산스러운 삶의 기미들과 마주하고 싶어지는 날. 그런데 막상 영화제가 열리는 칸을 구경한 오늘, 나는 별로 그런 기분은 아니었다. 화창한 남불의 햇볕과 그 아래

즐비하던 발랄한 육체들 탓이었는지도 모르겠다.


**5월 20일, 금요일**

 무더위에 꼬맹이에게 무리를 시키면 안 되겠기에 자동차를 세워 두고 호텔에서 쉬었다. 점심은 햄버거로 해결했다. 오후에는 꼬마를 유모차에 태우고 니스의 장메드센Jean Medcine 거리를 따라 한 시간쯤 산책을 했다. 아무리 편안한 자세를 가장하고 걸어도, 우리 세 사람은 이곳에서 도드라져 보이는 이방인이었다. 친구들에게 엽서를 부쳤다.


**5월 21일, 토요일**

 드디어 날씨가 화창해졌다. 차를 몰고 국경을 넘어 모나코Monaco로 갔다. 니스에서 모나코까지는 불과 12km 정도다. 그레이스 켈리가 왕비가 되었던 나라. 2km²가 채 안 되어 바티칸Vatican 다음으로 작은 나라. 그곳의 퐁비유Fontville 거리에 있는 왕립박물관Palais Musée, 해양박물관, 수족관 등을 구경했다. 수족관에서 뜻밖에도 옥스포드의 동급생인 홍콩 학생 토니Tony와 마주쳤다. 리용까지 구경을 갈 계획이라고 한다. 누군가는 지난 겨울 이 친구를 나이로비에서 만났다던데, 정말 세계를 누비며 다니는 모양이다. 부지런하기도 하다.

이왕 국경을 넘은 김에 이탈리아 국경도 넘어 산레모Sanremo까지 갔다. 니스와 산레모 사이의 직선거리는 가깝지만, 프랑스 남해안을 타넘어 알프스 산맥의 끝자락을 구불구불 타고 가야 했다. 높다란 절벽 위로 난 해안도로였기 때문에 최대한 조심하며 차를 몰았다. 로마 공화정 시대로 따지면, 니스에서 산레모로 가는 길은 갈리아 트란살피나Gallia Transalpina(알프스 넘어 갈리아)에서 갈리아 치살피나Gallia Cisalpina(알프스 이쪽 편 갈리아)로 넘어가는 길이었다. 해안으로도 절벽 위로 난 길밖에 없으니, 그 옛날 한니발은 산맥을 넘어 이탈리아 반도로 진격하는 수밖에 없었을 터이다. 절벽에서 바다를 굽어보는 경치는 황홀했지만, 이탈리아로 들어오는 순간부터 도로의 포장상태는 열악해졌다.

산레모는 1951년부터 시작된 가요제로 유명하다. 산레모가요제에서 1958년에 도메니코 모두뇨Domenico Modugno가 불렀던 〈Volare〉라든지, 1961년에 루치아노 타졸리Luciano Tajoli가 불렀던 〈Al Di La〉는 오랜 세월 동안 세계인의 사랑을 받고 있다. 속으로 그 노래들을 흥얼거리면서 노래에 걸맞은 분위기의 항구도시를 상상하며 왔는데, 정작 도착해서 본 산레모는 밋밋하고 조그만 바닷가 시골 마을에 불과했다. 여행을 다니다 보면 종종 느끼는 것이지만, 어떤 장소들은 실제로 가지 않고 마음속에 두는 게 나을 때도 있다.

**5월 22일, 일요일**

오늘은 아들이 태어난 지 6개월째 되는 날이다. 안아주고 얼러주는 친척도 없는 외국에서 꼬물꼬물 귀엽게 자라주는 게 기특하고 고마워서 축하를 해주고 싶었는데, 아침부터 이마에 열이 있었다. 호텔 리셉션에 부탁해서 의사를 청했는데, 젊은 프랑스 의사가 와서는 진찰을 하더니 중이염이라며 항생제를 처방해 주었다. 아내와 나는 여기까지 온 것을 후회하기 시작했다. 칸이고 나발이고 즐길 줄도 모르는 어린 녀석을 데리고 와서 고생을 시키다니. 보채는 아이를 번갈아 안아서 달래다가 오후에는 바닷가로 산책을 나갔다. 날은 화창했지만 바람이 좀 불었다. 칸의 해변은 모래사장이었지만 니스의 해변은 자갈돌이었다. 프랑스 남부의 해안은 '담청색 해안'Cote d'Azur이라고 불린다. 말로만 그런 것이 아니라, 니스의 앞바다는 특이한 옥색을 띤다. 해수욕하는 사람들이 많기에, 아내와 아이를 그늘에 앉혀두고 혼자서 바닷물로 들어갔다. 물 밖에서 볼 때만 옥색인줄 알았는데, 물속에서 보아도 그 색깔 그대로다.

저녁 내내 아이를 안아주다가, 아기가 방안에만 있는 걸 답답해하는 것 같아서 밤 아홉 시쯤 차를 몰고 다시 칸으로 갔다. 영화는 한 편도 관람하지 못했지만, 어쨌든 영화제가 개최되고 있는 칸에 와보긴 한 것이었다.

**5월 23일, 월요일**

날이 갑자기 무더워졌다. 원래는 저녁 7시 비행기로 떠날 예정이었지만, 아직 열이 다 내리지 않은 아들이 안쓰러워 무턱대고 오전에 체크아웃을 하고 공항으로 갔다. 사정을 설명한 다음 대기자 명단에 이름을 올리고 기다려 오후 1시 반 비행기에 올랐다. 요 녀석, 만일 커서 영화를 좋아하게 된다면 그건 어쩌면 첫돌도 되기 전에 칸 영화제 같은 곳에 가본 덕분인줄 알라고 얘기해 줘야겠다. 집에 도착했을 때는 아들의 중이염이 거짓말처럼 나아 있었다.

# 동생을 데리고 서유럽 일주

**1994년 7월 25일, 월요일**

옥스포드를 방문한 막내 동생을 데리고 호수지방과 스코틀랜드를 다녀온 여행으로부터 이어지는 이야기다. 나는 동생이 영국에 오기 한참 전부터 외국에서의 처음이자 마지막 여름방학을 알차게 보낼 계획에 골몰했고, 제법 그럴싸한 계획을 세워둔 터였다. 동료 학우들과 단체로 4개국을 돌아보긴 했지만, 식구들과 함께 더 자유롭게 유럽과 부딪혀보고 싶었다.

정오가 가까워서야 도버 항구에 도착했다. 우리 차를 실은 페리선은 12시 반에 도버를 떠나 영불해협을 가로지르기 시작했다. 한치 앞도 보이지 않던 도버 항구의 안개가 시야에서 사라지자, 이번에는 대륙에서 불어오는 뜨거운 여름 바람이 선상을 덮쳤다. 배에 차를 싣고 내리는 경험도 처음이었는데, 프랑스 칼레Calais에 도착해서부터는 정신을 바짝 차려야 했다. 핸들이 오른쪽에 달린 영국식 자동차로 프랑스에서는 우측통행을 해야 하기 때문이다.

고속도로를 달리며 흥에 겨워 속도를 좀 내기는 했다. 우리 고물차는 잘 달려간다 싶더니만, 파리까지는 아직도 한참 남은 지점에서 머플러Exhaust가 터져버렸다. 뭔가가 밑에서 "뺑" 하더니, 자동차가 탱크 같은 소리를 내며 속도를 올리지 못했다. 다른 운전자들이 우리 차를 쳐다보며 추월했다. 느릿느릿 파리 시내까지 간신히 도착해서 예약해둔 호텔을 어렵사리 찾았고, 객실에 짐을 옮긴 다음에는 녹초가 되었다. 짐을 풀면서 자동차 수리 센터에 전화를 걸어 서비스를 요청했는데, 밤 10시가 다 되어서야 나타난 정비공은 영어를 단 한마디도 못했다. 차를 이리저리 둘러보던 그는 큰 문제는 아니라며 내일 차를 가져오라고 명함을 주고는 총총히 사라졌다. 그러느라 어느새 밤 11시가 되어버렸지만, 우리는 지하철을 타고 에펠탑으로 갔다. 나는 수학여행 때 와봤지만, 파리가 처음인 아내는 조명이 휘황한 탑을 보고 아이처럼 좋아했다. 영국에서 배낭처럼 생긴 '아기 업는 가방'을 사 왔는데, 나한테 업힌 꼬맹이는 쌔근쌔근 잠이 들었다. 아들과 나는 탑 아래서 쉬었고, 동생과 아내는 전망대로 올라갔다. 어쨌든 우리는 파리에 온 것이었다. 파리에 처음 오는 외국인은 하루치의 피로 정도는 잊을 만큼 흥분하기 마련이다.

### 7월 26일, 화요일

어제 장거리 운전을 하고 고장난 자동차와 씨름까지 했더니 잠을 자고 일어났는데도 몸이 천근만근이다. 그래도 벌떡 일어나 비몽사몽인 동생을 데리고 어제 명함을 받은 정비소를 찾아 갔다. 생술피스 St. Sulpice 거리에서 정비소를 찾아내기는 했는데, 변변찮은 내 불어실력으로는 의사소통도 고역이었다. 그러나 궁하면 통한다는 것은 만고불변의 진리다. 소음기 앞의 파이프가 고장

났다는 것이었고, 차를 하루 동안 맡겨두어야 한다는 얘기였다. 맏형의 외국어 실력에 감탄하는 동생의 환상을 깰 필요는 없었기에 말해주지 않았지만, 내가 알아들은 것은 정비공들의 몸짓이었지 그들의 말이 아니었다.

　호텔로 돌아온 동생과 나는 모자란 잠을 마저 잤다. 중천에 뜬 햇볕을 받으며 밖으로 나온 우리는 운치 있어 보이는 식당으로 들어가 달팽이 요리와 스테이크를 주문했다. 파리에서는 아무 식당이나 들어가도 음식이 이렇게 맛있는 모양이었다. 식후에는 개선문을 보았고, 무질서가 뭔지를 극명하게 보여주는 그 앞 로터리도 넋을 놓고 구경했다. 16차선은 족히 되어 보이는 그 로터리를 돌거나, 끼어들거나, 가로지르는 자동차들의 운행에서는 아무런 미묘한 법칙이나 무언의 합의를 발견할 수 없었다. 저런 로터리 속으로 차를 몰고 들어가는 파리지엥들의 대담함이 그저 감탄스러웠다. 샹젤리제 거리를 거닐면

서는 좌우로 늘어선 상점마다 들어가 구경하려는 아내를 달래느라 애먹었다.

저녁에는 나의 공식 지정 민폐 대상이 되어버린 이은용 선배가 우리 호텔로 차를 몰고 와서 집으로 데려갔다. 융숭한 저녁을 대접받으며 선배와 형수에게, 고장 난 자동차와 파리 뒷골목의 정비소가 등장하는 모험담을 들려주었다. (아내에 따르면 조금 과도하게 드라마틱한 설명이었다고 했다.) 사람 좋은 이 선배 내외는 식사 후에 자기 차로 우리를 세느La Seine 강변으로 데려가 바토 파리장Bateau Parisian이라는 유람선에 태워주었다. 강의 양편으로 산책로가 있었고, 거기서 적잖은 연인들이 짝을 지어 부둥켜안고 짙은 입맞춤을 나누고 있었다. 아폴리네르Apollinaire의 시처럼 미라보Mirabeau 다리 아래로 세느강이 흐른다. 우리의 사랑도 여기에 흐르는가.


### 7월 27일, 수요일

그만하면 충분하다고 사양을 했는데도 이은용 선배는 아침 열 시쯤 우리 호텔로 찾아와 베르사이유 궁Château de Versaille 관광을 시켜주겠노라고 했다. 파리에서 20km 외곽에 있는 베르사이유까지 가볼 엄두는 못 내던 터였는데 염치불구하고 따라 나섰다. 베르사이유 궁은 '태양왕'Le Roi Soleil이라는 별명을 가진 루이14세가 거처로 삼은 뒤 프랑스 혁명으로 왕가가 몰락할 때까지 약 100년간 왕궁 역할을 했던 건물이었다. 그래서 이 건물은 '구질서'Ancent Regime로 일컬어지는 프랑스 절대왕권의 부패와 사치를 상징한다. 바로크 양식으로 지어진 베르사이유 궁전은 상상했던 것보다 훨씬 넓었고, 그저 한 바퀴 돌아보는 데만도 한참 걸렸다.

거대한 궁전 속에는 방들이 끝없이 늘어서 있었다. 나름대로 '거울의 방'이니 '전쟁의 방'이라고 특색 있게 꾸며둔 방들이었다. "왕의 권력은 신으로부터 온다"고 믿는 왕권신수설의 태두인 루이14세는 "짐은 곧 국가다"(L'etat, c'est moi)라는 어록을 남겼다. 그는 지방 영주들이 자신의 등 뒤에서 음모를 꾸미지 못하게끔 죄다 불러 모아 이 궁전 안에 살도록 했다. 약 5천 명의 귀족이 우글거리며 몰려 살던 이 궁전은 말하자면 '정부종합청사'와도 같았다. 하지만 정작 와서 보니 침대며 의자들은 왜소하고 불편해 보였다. 지구상에서 가장 큰 권력을 누리던 사람 중의 하나가 누웠던 침대보다 지금 내가 누워 자는 침대가 더 편안한 거다.

역사가 로저-앙리 게랑Roger-Henrl Guerrand이 쓴 『화장실 문화사』Les Lieux. Historie des Commdites를 보면, 이 드넓은 궁전에는 화장실에 하나도 없었다고 한다. 당시 궁전을 출입했던 수많은 귀족들은 용변이 마려우면 사람들의 눈을 피해 건물의 구석 벽이나 바닥 또는 정원의 풀숲이나 나무 밑을 이용했다고 한다. 귀족들은 휴대용 변기에 용변을 해결하기도 했지만 하인들이 이 오물을 버리는 곳은 역시 으슥한 정원 구석이었다. 여성들은 커다란 모피 주머니에 휴대용 그릇을 넣고 다녔다니, 당시 여자들의 치마가 넓어야 할 이유가 있었던 셈이다. 프랑스에서 향수가 발달한 것도 귀족들이 악취를 견디기 위한 방편이었다고 한다. 전통주의자들이 곧잘 저지르는 실수는 과거를 쉽게 미화하는 것이다. 인류의 역사는 진보한다. 단지 침대의 성능이나 화장실만 발전하는 것이 아니다. 권력이 견제되고 인권이 널리 보호받기 시작한 것이 불과 최근의 일이라는 것을 생각한다면, 제아무리 낭만적인 복고주의자라 하더라도 섣불리 '백 년 전에 태어났기를' 소망하지는 못할 터이다.

오후에는 수리된 자동차를 찾아 와 호텔 주차장에 세워 두었다. 동생이 형수를 모시고 루브르와 오르세이 박물관을 관람하러 갔고, 나는 그동안 방에서 꼬마와 뒹굴었다. 아기를 계속 데리고 관광을 다니는 것은 아이에게 못할 짓이었다. 저녁에는 다시 내 차례. 아내로부터 동생을 바톤처럼 이어받은 나는 몽마르트르Monmartre로 갔다. 물랭루즈Moulin Rouge를 비롯한 유흥업소들이 줄지어 있었다. 몽마르트르의 겉모습은 영등포와 크게 다를 것도 없었다. 그러나 이곳은 로트렉Lautrec이 신체적 결함을 잊으려 애쓰며 방황하던 곳, 드가Degas가 자신의 유복함을 극복하려고 고민하며 방황하던 곳, 위트릴로Utrillo가 때묻은 백색의 눈을 밟으며 누비던 곳, 고호Gogh가 아픈 사랑을 추억하며 몸부림치던 곳, 청색시절의 피카소Picasso가 추위를 못 견뎌 이튿날 불쏘시개로 쓰고 말 그림을 그리곤 하던 바로 그곳이었다. 저만치 언덕 위의 하얀 대리석 건물, 순결함의 상징 같은 사크레쾨르 대성당Basilique du Sacré-Cœur이 퇴폐적인 이 밤거리를 굽어보고 있었다. 🌐


### 7월 28일, 목요일

지하철을 타고 조르주 퐁피두 센터Centre Georges Pompidou로 갔다. 찌는 듯이 더웠다. 1977년 준공 당시의 대통령 이름을 딴 퐁피두 센터는 공공 도서관, 국립 현대예술 박물관, 음향·음악연구소와 영화관, 강당, 식당, 카페 등이 입주해 있는 복합 문화시설이다. 문화강국임을 자랑하는 프랑스가 현대 문화의 요람을 만들겠다는 포부로 지은 건물인데, 그 생김새가 묘하다.

데이빗 크로넨버그David Cronenberg 감독이 리메이크한 영화 〈The Fly〉(1986)는 괴짜 과학자가 공간이동 실험에 스스로를 실험대상으로 삼았다가 이동장치 안으로 날아든 파리와 유전자가 뒤섞이는 바람에 점점 파리를 닮은 괴물로 변해가는 영화다. 엽기적인 취향을 자랑하는 크로넨버그의 영화답게, 온갖 끔찍스런 이미지가 등장하는데, 그중에는 실험 도중 전송 데이터가 잘못되어 안팎이 뒤바뀌는 원숭이도 나온다. 공간 이동을 마친 원숭이 한 마리가 마치 양말이 뒤집히듯이 내장이 온통 겉으로 나온 채 몸부림치는 거다. 이런 징그러운 얘기를 왜 굳이 하느냐면, 내가 퐁피두 센터를 보자마자 떠올린 것이 이 불쌍한 실험용 원숭이였기 때문이다. 가 본 사람은 알겠지만, 퐁피두 센터 건물은 혁신적인 디자인을 도입하여 건물 벽 속에 있어야 할 배관과 배선 파이프들이 죄다 건물 벽 바깥으로 드러나 있다. 내 눈에는 흉물스럽게만 보였다.

하긴, 지금은 파리의 상징인 에펠탑도 처음엔 '흉물'이라고 비난이 많았다. 에펠탑은 1889년 프랑스 혁명 100주년을 맞아 파리에서 개최된 만국박람회의 관문으로 세워졌다. 설계자 귀스타브 에펠Gustave Eiffel이 시대를 앞서가는 감각으로 철골로 만든 철탑에 눈살을 찌푸린 사람은 많았다. 작가 모파상Maupassant은 그중에서도 열렬한 반대론자였다. 그런데 정작 에펠탑이 완성되자 그는 탑 2층의 레스토랑을 즐겨 찾았다고 한다. 어느 날 기자가 물었다.

"선생께서는 에펠탑을 그렇게도 싫어하시더니 여길 자주 오시는군요."
"파리 시내에서 이놈의 탑이 안 보이는 곳은 여기뿐이잖소."

내장을 겉으로 드러낸 퐁피두 센터와 그 앞의 기괴한 분수들도 수십 년 후에는 사람들에게 아름다운 느낌을 줄 수 있을까? 그럴 지도 모른다. 그러나 그 세상은 내가 살고 싶은, 아니, 살 수 있는 세상은 아닐 거다.

### 7월 29일, 금요일

오전에 호텔을 나선 우리는 오후 내내 프랑스의 고속도로를 타고 남동쪽으로 달렸다. 자동차가 또 말썽을 부리면 큰일이었으므로, 되도록 살살 몰았다. 알프스Alps 산맥으로 접어들자 눈 덮인 산봉우리들이 보이기 시작했다. 도로와 평행으로 흐르는 냇물은 옅은 녹색을 띠었다. 우리 차에는 에어컨이 달려 있지 않았다. 고속도로를 달리면서 창문을 열어봤는데, 차창 밖의 공기가 너무 더워서 별 도움도 되지 않는데다 아기가 센 바람을 싫어했다. 우리는 차 안에서 무더위에 시달렸다. 아내는 연신 아기에게 부채질을 해 주고 물수건으로 닦아 주어야 했다. 그런데 연녹색 냇물이 신기해서 구경이나 해 볼까 싶어 차를 길가에 세우고 내렸더니, 차 문을 여는 순간 마치 에어컨 바람과도 같은 찬 기운이 우리를 상쾌하게 감쌌다. 냇물은 만년설이 녹아내리는 물이었다. 온도 차이 때문에 물 위로는 흰 김이 서렸다. 정신이 번쩍 드는 상쾌함이었다. 동생이 소리쳤다. "형! 파리고 뭐고 진작 알프스로 올 걸 그랬어요!"

우리의 목적지는 스위스, 이탈리아와의 접경지대에 자리 잡은 프랑스 마을 샤모니Chamonix였다. 1924년 세계최초의 동계 올림픽이 열렸던 곳인데, 막상 도착하고 보니 상상외로 자그마한 산골 마을이었다. 우리는 샬레풍 지붕과 발코니를 갖춘 호텔에 투숙했다. 호텔 앞마당에 느긋하게 앉아 시원한 산바람을 즐기니 낙원이 따로 없었다. 저만치 올려다 보이는 몽블랑Mont-Blanc의 봉우리에 윤곽이 뚜렷한 상현달이 걸려 있었다.

**7월 30일, 토요일**

알프스 산을 올랐다. 나는 등반대원처럼 륙색 모양의 가방을 짊어졌는데, 그 속에는 생후 8개월 된 아들이 타고 있었다. 모처럼 화창하면서도 서늘한 날씨에 기분이 좋은지 아기도 생글생글 표정이 밝았다. 샤모니 인근의 빙하 Glace de Mer가 오늘의 목적지였다. 산악열차에서 내려 비탈을 따라 좀 더 걸어가니, 눈과 얼음 덩어리를 이고 선 날카로운 산봉우리들 사이로 기다란 골짜기가 나타났다. 고도가 조금 더 낮았더라면 아마도 호수가 되었을, 널따란 얼음 덩어리가 그곳에 펼쳐져 있었다. 빙하의 언저리에는 관광객을 위해 빙하 속을 파서 만든 인공 동굴이 만들어져 있었다. 푸르스름한 얼음굴 속을 거닐다 보니 이만한 피서도 없었다.

조용한 산골에서는 해도 일찍 저문다. 샤모니의 밤에 관광객이 할 일은 산과 더불어 쉬는 것뿐이었다. 자연의 침묵에 익숙지 않은 나와 동생은 아내가 숙소에서 아기를 재우는 동안 동네 극장으로 내려가 〈Four Weddings and a Funeral〉을 관람했다. 문득, 서울의 친구들과의 부대낌이 그리워졌다.

### 7월 31일, 일요일

샤모니에서 가까운 몽블랑의 봉우리는 에귀 뒤 미디Aiguille du Midi라 불린다. '정오를 가리키는 바늘'이라는 뜻이다. 뾰족한 시계바늘처럼, 그 봉우리 위에는 첨탑처럼 생긴 전망대가 설치되어 있다. 네 식구가 함께 전망대까지 올라가볼 요량으로 아침 일찍 호텔을 나섰는데, 케이블카 승강장 직원은 기압과 기온 등의 문제로 유아를 데리고 가는 것은 권하지 않는다고 했다. 하는 수 없다. 또 '형수와 시동생' 조를 먼저 전망대로 올려 보내고 나는 호텔로 돌아와 숙소에서 아들과 놀았다. "임마, 네가 아직 너무 쪼그매서 안 된대." 아이를 배 위에 올려놓고 살짝 잠이 들었는데 11시쯤 아내와 동생이 숙소로 돌아왔다.

샤모니에서 케이블카를 타고 올라가면 해발 2,317m 되는 곳에 플랑 드 레귀Plan de l'Aiguille라는 둔덕이 나온다 여기서 케이블카를 갈아타고 3,842m 높이의 전망대까지 오르는 데 40분 정도가 걸린다. 꼭대기에는 보기만 해도 어지러질한 높이의 절벽 위에 전망대 건물이 아슬아슬하게 얹혀 있다. 대체 어떻게 이런 곳에다 이런 걸 지어 놨을까? 맨 처음 강철 케이블을 지고 나르던 사람들은 어떤 생각을 하면서 이 산을 올랐을까? 전망대 난간 아래 천 길 낭떠러지로는 어지러워서 눈길을 제대로 줄 수도 없었다. 좁다란 전망대가 관광객들로 붐볐다. 알프스의 다른 준봉들을 보고 싶었지만 기상상태가 썩 좋지 못했다. 그래도 성하盛夏에 맞아보는 눈보라는 색다른 즐거움이었다.

산에서 내려와 온 식구가 함께 이곳의 별미요리라는 피에라드pierrade를 맛봤다. 돌판에 고기나 생선을 굽는 싱겁기 짝이 없는 요리였건만, 아니나 다를까, 무척 비쌌다. 역시 관광지에서 그곳의 별미를 무턱대고 탐하는 건 바보짓이다. 샤모니에 도착하던 날부터, 하늘 위로 패러글라이딩을 즐기는 사람들이 보였다. 호텔 근처에서 '초보자도 환영한다'는 팸플릿을 본 뒤로 동생은 꼭 타보고 싶다며 몸살이었다. 까짓것, 소원을 들어주자 싶어 호텔로 돌아오는 길에 패러글라이딩 학원에 들러 동생과 둘이서 하루치 교습을 접수했다.

섬에서 대륙으로 /105

**8월 1일, 화요일**

아침부터 이슬비가 뿌리는데, 이런 날도 패러글라이딩을 할 수 있는 걸까? 학원에 전화를 걸어보았다. "비가 와서 오늘은 아무래도 좀 어려울까요?" 겁도 좀 났던 것이 사실이기 때문에 겉으로는 실망스러운 목소리를 가장했지만 속으로는 기대감 비슷한 것도 없지 않았다. 그러나 학원의 대답은 "아무런 문제가 없으니 나오시라"는 거였다. 아내에게 "잠시 후에 하늘 위를 쳐다보라"고 큰소리를 치며 동생과 함께 강습소를 찾아갔다.

막상 설명을 들으니 혼자 타는 게 아니라, 싱겁게도 강사와 함께 타면서 패러글라이딩을 '체험'한다는 거였다. 그러면 그렇지. 괜스레 겁을 먹었던 게 멋쩍어졌는데, 이번에는 마음 다른 구석에서 뭉게뭉게 피어오르던 모험심이 실망감으로 바뀌었다. 강사와 함께 타는 것이었으므로 간단한 안전수칙을 듣고 나니 그걸로 강습은 끝이었다. 학원의 사륜구동차를 타고 높은 봉우리 위로 올라갔다. 절벽 앞의 조그만 공터에서 강사들은 한참동안 낙하산을 만지작거리며 손질했다. 이윽고 낙하산을 풀밭에 넓적하게 펼쳐 놓은 강사는 누가 먼저 타겠냐고 물었다. 내가 먼저 나섰다. 강사의 품에 등을 대고 안기다시피 하나로 묶였다. 아까 배운 대로, 강사의 구호에 따라 그와 발을 맞추어 언덕 아래로 질주했다. 가급적이면 절벽에서 허공을 향해 멀찍이 도움닫기를 하는 것이 좋다고 했다. 까마득한 절벽의 끄트머리를 있는 힘껏 박차고 두 발이 허공을 딛던 순간의 기분은 결코 잊을 수 없다. 완전히 펼쳐진 낙하산이 위에서 몸을 잡아채던 순간까지, 잠깐이나마 내 몸은 오로지 중력에만 내맡겨진 채 자유낙하하고 있었다.

　심장 박동수가 멋대로 높아졌다. 귓가를 스치는 바람소리 말고는 아무 소리도 안 들렸다. 건물과 자동차들이 모형처럼 조그맣게 보였다. 내 몸과 허공 사이에는 몇 가닥의 끈밖에 없었다. 밀랍으로 이어붙인 날개를 달고 태양 가까이 날아갔던 이카루스Icarus의 전설이 떠올랐다. 흥분과 해방감과 성취감이 뒤섞인 고함소리가 저절로 튀어나왔다. 등 뒤에서 강사가 툭툭 치며 가리키는 곳을 보니 동생도 어느새 뛰어내렸는지 저만치 날고 있었다. 내가 손으로 가리키는 곳으로 강사는 낙하산을 몰았다. 아내가 올려보고 있을 우리 숙소 상공으로 다가가 소리를 질러 보기도 했다. 중독될 소지가 큰 스포츠였다. 강사가 내려갈 시간이라며 손목시계를 가리켰다. 벌써 시간이 그렇게 흘렀다는 것이 믿어지지 않았다. 착륙은 생각처럼 폼 나게 되지 않았고, 결국 잔디밭 위에 엉덩방아를 찧었다. 나뒹굴지는 않았으니 그만하면 다행이었다.


**샤모니에서 밀라노로**

　오후에는 국경을 넘어 이탈리아로 드라이브를 했다. 샤모니에서 밀라노로 가자면 엄청나게 긴 터널을 통과해야 한다. 알프스 산자락을 다 벗어난 후에도 한참을 더 달리니, 샤모니에서 잊고 지내던 찌는 듯한 무더위가, 감히 나를 잊었냐며 호통치듯 엄습해 왔다. 밀라노는 어쩐지 독일의 도시 같은 분위기였다. 풍경에 절도가 있고, 풍요롭고, 깔끔해 보였다. 대부분의 시민들은 패션 잡지 속에서 걸어 나온 듯한 정장 차림의 멋쟁이들이었다. 옳지! 밀라노는 '패션의 도시'였다. 중심가인 두오모 성당 주변에서부터 엠마누엘2세 거리를 따라 명품 상점들이 즐비했다. 북부 이탈리아 사람들이 분리독립을 원한다는 게 무슨 뜻인지 알 듯했다. 밀라노 사람들은 길에서 지나가는 미인에게 악의 없이 농을 걸거나, 기분 좋을 때 큰 몸짓을 하면서 노래를 한 곡조씩 뽑는, 그런 이탈리아인이 아니었다. 부자동네의 깍쟁이 시민들이었던 것이다.

북부지역 주민은 자신들의 세금이 남부를 부양하는데 퍼부어지는 현실을 못마땅하게 생각한다. 이탈리아 전체 인구의 45%인 북부지역 주민들이 세금의 70%를 낸다. 1994년 국회의원 선거에서는 북부의 독립을 주장하는 '북부동맹'Lega Nord이 "남부를 먹여 살릴 필요 없다"는 취지로 유세를 벌여 하원에 46명(7.3%), 상원에 19명(5.8%)의 의원을 진출시키는 데 성공했다. 돌풍이었다. 1996년 북부동맹은 아예 만토바를 수도로 정하고 북부지역 8개 주를 '파다니아 공화국'이라는 독립국가로 선포하기에 이르렀다. 1997년 5월 북부의 분리독립 여부를 묻는 주민투표에서 무려 4백만 명의 투표자 중 99%가 찬성표를 던진 일도 있었다. 북부동맹이 롬바르디아 지역과 베네토 지역 주민들을 대상으로 자체 실시한 투표였다. 물론 프로디 총리는 이 투표를 "법적 근거가 없는 선동 행위"로 규정했다.

이탈리아 반도의 지역갈등은 흥미로운 현상이었다. 세계화라는 거대한 태풍 속에서 유럽 대륙은 통합을 향해 내달리는데, 정작 그 회원국 안에서는 해묵은 지역갈등이 여전히 사람들의 마음을 사로잡는다. 유럽의 통합은 어쩌면 유럽에 진정한 위기가 닥치지 않는 동안만 가능한 가면무도회인지도 모른다.

우리는 대성당 일 두오모Il Duomo를 둘러보고 라 스칼라La Scala 극장 앞에서 사진을 한 장씩 찍었다. 이탈리아에 온 김에 스파게티로 저녁식사를 했다. 다시 긴긴 터널을 빠져나와 샤모니의 숙소에 도착하니 자정이 넘었다.

**8월 2일, 수요일**

그새 정이 들어버린 샤모니를 떠나 스위스로 향했다. 알프스 산맥을 넘는 동안, 〈The Sound of Music〉의 수녀 마리아가 뛰놀던 산과 들처럼 생긴 경치가 연신 곁을 스쳐갔다. 한니발의 코끼리처럼 알프스를 묵묵히 넘어가 주는 우리의 중고차가 기특했다. 처음 접어든 스위스의 도시는 베른Bern이었다.

독일어는 한번도 공부해본 적이 없어서일까? 유독 독어 지역에 들어가면 긴장하게 된다. 시내로 들어선 우리가 유료주차장에 차를 세우고 쭈뼛쭈뼛 식당을 찾을 때였다. 흰 옷을 입은 중년 여인 한 분이 다가와 "도와줄 것이 없겠냐"며 영어로 물어 왔다. 그녀는 우리를 기차역 앞의 여행자안내소까지 몸소 데려다 주고, 직접 지도를 꼼꼼히 짚어가며 가이드 역할을 해 주었다. 지친 여행에 활력소가 되어준 그 베른시민을 우리는 '베른의 천사'라고 명명했다.

'독일어의 압박'을 피해 보자는 심산으로 저녁은 역 근처의 멕시코 식당에서 먹었다. 식사 후에는 구시가지를 한 바퀴 둘러보았고, 베른을 벗어나기 전에 아까 천사 아주머니가 일러준 대로 '장미정원'Rosengarten으로 올라가 시가지를 굽어보는 것도 잊지 않았다. 비스듬한 언덕 위에서 바라본 베른 풍경이 아름답게 느껴진 것은 십중팔구 그 아주머니의 공이었겠다. 어딘가에 가보았다는 것만으로 여행은 이루어지지 않는다. 언제 누구와 왜 어떻게 가서 무엇을 하느냐에 따라 같은 곳에서도 다른 여행이 빚어진다. 지나고 생각해 보니 그 아줌마, 성함이라도 여쭤볼 걸.

밤이 이슥해서야 목적지인 인터라켄Interlaken에 도착했다. 인터라켄은 '호수 사이'라는 뜻으로, 브리엔츠Brienz와 툰Thun 두 호수 사이에 자리 잡은 마을이다. 여기 온 것은 융프라우Jungfrau를 구경하기 위해서였다. 예약한 호텔에 도착해서 잠시 실랑이를 벌였다. 예약 확인 이메일에는 분명히 아침식사가 포함된 가격이라고 쓰여 있었는데, 아침 식사를 원하면 추가 요금을 받겠다는 거였다. 인쇄한 이메일 종이를 코앞에 들이밀고 따져서 추가요금을 면제받았다. 방에 들어와 짐을 풀었는데, 덜렁 침대만 있었지 달리 구비된 것이 아무것도 없었다. 닳고 닳은 깍쟁이들이 숙박업을 운영하는 전형적인 관광명소인 것이로군. 깍쟁이 중에서도 가장 고수가 스위스 깍쟁이라던데…. 이런 게 싫다면 유명한 관광지를 찾아다니지 않으면 될 일이겠지.


**8월 3일, 목요일**


두 개 조로 나눠서 관광을 하는 관행이 어느새 우리 네 사람의 불문율이 되어 있었다. 새벽 첫 기차로 아내와 동생이 융프라우요흐Jungfraujoch를 향해 떠났다. 그 사이 나는 호텔의 주인장과 다시 한 번 실랑이를 벌였다. 미리 알려준

요금이 아침식사비를 포함하는 것처럼 착오를 일으켰다면 직원의 실수였을 뿐 자기는 우리가 아침을 먹건 안 먹건 반드시 '정가대로' 받아야겠다는 것이었다. 이 자는 미안한 기색도 없이 사무적인 얼굴로 고집을 피웠다. 결국 아침을 안 먹는 대신 그놈의 지긋지긋한 아침 값은 계산에서 제외시키는 걸로 타협을 했다. 여행 온 기분을 잡치기 싫어서 승강이를 그쯤에서 그만 둔 것인데, 뭔가 손해를 본 느낌이었다. 어쩌면 상습적인 짓이 아닐까 하는 생각도 들었다. 성수기의 관광지에서 숙박업소의 업주는 그곳으로 이미 흘러들어온 관광객에게는 절대권력자다. 속으로 내 다시 스위스로 여행을 오나 봐라, 중얼거리다가, 베른의 천사 아줌마를 떠올리고 빛과 그늘이 비긴 셈 치기로 했다. 정반합이군. 헤겔이 스위스에서 교사생활을 했다더니, 스위스 여행은 내 마음속에 변증법적인 인상을 남기고 있었다.

아내와 동생을 기다리는 동안 나는 아들을 업고 시내를 돌아다니며 이유식과 과일 등 식료품을 조달했다. 정말이지 뭐든지 비싼 동네였다. 열쇠고리로 쓸 수 있는 조그만 스위스칼도 하나 샀다. 아내는 점심 무렵에 혼자서 돌아왔다. 동생은 융프라우에서 혼자 눈썰매를 타면서 좀 더 놀다 오겠다고 했단다. 썰매장 같은 것이 있을 턱이 없는데, 뭘로 눈썰매를 탄다는 말인가? "도련님은 자기 가방을 비워서 거기 올라타고 신나게 놀고 있어요." 이 녀석, 무슨 짓을 하고 있는 건가? 동생은 오후 느지막한 시간이 되어서야 돌아왔다. 웃으며 가방이 다 젖어 있었다. 눈밭에서 신나게 뒹군 모양이었다.

그러고도 기운이 남아도는 동생을 데리고 오후에는 동네 수영장으로 갔다. 탁구대도 있어서 오랜만에 둘이서 탁구로 몸을 풀고 수영도 했다. 아이거Eiger와 융프라우의 눈 덮인 정상을 바라보며 하는 수영은 색다른 체험이었다. 저녁에는 다 함께 차를 몰고 해발 1,034m에 있는 산골마을 그린덴발트Grindenwald까지 올라갔다. 노래가사처럼 '맑은 시냇물이 넘쳐흐르는 아름다운 베르네 오버란트'였다. 우리는 차 안에서 함께 요들송을 불렀다. 꽃으로 장식된 샬레를 배경으로 사진도 찍었다. 저 꽃이 에델바이스다 아니다 옥신각신도 했다. 그린덴발트의 식당에서 석양에 붉게 물든 절벽을 바라보며 저녁식사를 하는 동안, 꼬마가 재롱을 부려 식당 손님들의 귀여움을 독차지했다.

### 8월 4일, 금요일

오늘은 나 혼자 융프라우 정상을 향해 나섰다. 융프라우는 독일어로 '처녀'라는 뜻인데, 함부로 접근을 허락하지 않는 험준함 때문에 이런 이름이 붙었다. 하지만 1912년에 열차가 개통된 이후로는 알프스에서 가장 인기 있는 봉우리가 되었다. 융프라우의 정상은 4,158m이고, 관광객이 열차로 올라갈 수 있는 융프라우요흐 역은 해발 3,454m 지점에 있다. 유럽에서 가장 고지대에 위치한 기차역 융프라우요흐까지 철로를 만드는 데 '무려 16년'이라는 세월이 걸렸다고 한다. 실제로 열차를 타보면 '불과 16년' 만에 이런 곳에다 그런 걸 지었다는 것도 대단하게 여겨진다. 날은 맑았고 흰 눈 때문에 눈이 부셨다. 도시에서만 나고 자란 내가 소화하기 어려운 대자연의 거대한 규모였다. 그 막막한 느낌을 글로 옮기기는 어렵다. 결국, 소화할 수 없었기 때문이다.

하나뿐인 색안경을 산꼭대기에서 분실했다는 것을 돌아오는 열차 안에서 깨달았다. 좀처럼 물건을 분실하는 법은 없었는데, 정신이 팔려 있었던 모양이다. 자연의 거대함에 주눅이 든 탓이었거나, 아니면 식솔들을 산 아래 두고 온 가장이 가급적 빨리 돌아가려고 허둥댔던 탓이었을 거다.

**8월 5일, 토요일**

'아침식사를 주지 않는' 호텔에서 체크아웃을 했다. 이번에는 룩셈부르그Luxembourg가 목적지였다. 큰 산을 넘고 먼 길을 달렸다. 틀림없이 국경을 몇 개 넘었을 테지만 어디가 국경인지도 알 수가 없었다. 길고 복잡한 사연을 가진 유럽의 나라들이 정치적, 문화적, 정신적 국경을 과연 어디까지 허물지는 지켜 볼 일이지만, 그 정도만 해도 큰 변화임에는 틀림없었다. 좀 다른 관점에서 보자면, 하나가 되는 게 좋기만 한 건지도 알 수 없는 노릇이다. 여행자는 다른 것을 보려고 여러 곳을 간다. 다른 것은 우리를 즐겁게 한다. 서로 다른 것들끼리 구별되는 독특함이 없다면, 그것은 문명일 수는 있어도 더 이상 문화는 아닐 것이다. 그렇다. 문명이 역사적 개념이라면, 문화는 그보다는 훨씬 더 지리적인 개념인 것이다. 문명은 시간을, 문화는 장소를 체화하는 셈이다.

룩셈부르그에 예약해둔 호텔은 이비스IBIS 체인이었는데, 서비스가 엉망이었다. 호텔의 당직 직원은 영어도 서툴고 내가 부친 편지를 나한테 도로 돌려주는가 하면, 아기용 침대라면서 창고 구석에서 꺼내주는 것은 지저분한 침대 틀과 먼지가 풀풀 날리는 스폰지 나부랭이였다. 그 직원은 하필 포르투갈인이었다. 사람이 나빠 보이지는 않았지만 서비스 업종에 적당한 사람은 아니었다. 70년대 영국 TV 코미디 연속극 〈Fawlty Towers〉 생각이 났다. 존 클리즈John Cleese가 주연하는 이 좌충우돌 희극의 무대는 영국의 호텔인데, 거기에 등장하는 실수연발의 호텔 직원 마누엘은 바르셀로나 출신으로 영어를 엉뚱하게 말하거나 알아듣는 것이 주특기였다. 그날 밤 이비스 호텔의 직원을 하마터면 마누엘이라고 부를 뻔했다.

### 8월 6일, 일요일

룩셈부르그를 떠나 플랑드르 지방을 가로질렀다. "먼동이 터 오는 아침에 두 개의 뻗은 가로수를 누비며"로 시작하는 만화영화 주제가가 입에 맴도는 것이 살짝 짜증스러웠다. 이토록 클리셰의 노예가 되어 있다는 말인가? 일본 만화영화 덕분에 널리 알려진 〈플랜더스의 개〉는 원래 영국 여류작가의 소설이었다. 네덜란드와 플랑드르 지역은 유럽의 다른 곳에 비해 풍광이 특출하게 아름답다고 말하기는 어려운데도 유명한 화가들을 많이 배출했다. 루벤스Rubens, 반다이크Van Dyck, 브뤼겔Bruegel, 렘브란트Rembrandt, 베르메르Vermeer 등 플랑드르 화가들을 빼놓고는 근대 회화를 말하기 어려울 정도다.

세계적인 화가를 다수 배출한 지역의 지도상 남방한계선이 이탈리아라면, 그 북방한계선은 플랑드르가 아닐까 싶다. 사시사철 더운 나라에서는 좀처럼 위대한 화가가 나오지 않는다. 태양빛이 언제나 풍성한 풍경은 좀처럼 안타까운 감흥을 주지 않아서가 아닐까? 강렬하지만 평면적인 고갱의 그림이 보여주듯이, 강한 태양빛은 그림으로부터 입체감을 빼앗아버린다. 거꾸로, 햇빛이 너무 귀해도 그림에는 적합하지 않다. 영국이 자랑하는 풍경화가 윌리엄 터너는 '빛의 연금술사'라는 평을 듣지만, 그의 그림 속에서 빛은 항상 안쓰럽게도 앙상한 결핍의 느낌이다. 옅은 빛 속에서 그려진 그림은 노출부족의 사진처럼 생동감이 떨어진다. 햇볕의 분량이 그림에 생동감을 줄 정도로는 충분하되, 화가들이 빛을 귀하게 여길 만큼은 부족한 지역이 플랑드르인 것 같다. 베르메르의 작품을 보면 "빛을 소중하게 대하는" 태도가 무엇인지 대번에 알 수 있다. '우유를 따르는 하녀'나 '물병을 쥔 여인' 같은 그림을 보면, 창문으로 들어오는 한 줄기 빛을 화가가 애지중지하고 있다는 사실이 이내 느껴진다. '진주 귀걸이를 한 소녀'의 눈동자에 맺힌 한 방울 빛은 또 어떠한가!

    플랑드르 벌판을 넘어 벨기에 북부의 소도시 브뤼헤Brugge에 도착했다. 시내의 모든 건물들이 놀이동산처럼 깨끗했다. 호텔 주인에게 그런 소감을 말했더니, "지금이 방학이라 낙서하는 학생들이 설치지 않기 때문에 깨끗한 거고, 도시를 보존하고 청소하려고 징수하는 세금이 엄청나다"는 실용적인 대답이 돌아왔다. 우리가 예약한 호텔 파트리시우스Patritius는 작지만 격조 있고, 서비스도 훌륭했다. 식당에서 손수 서빙을 하는 주인 내외의 몸가짐도 우아했다. 마치 귀족의 저택에 초대를 받은 기분이었다. 천장이 높은 객실의 커다란 침대 위에는 볕에 잘 말려 햇볕 냄새를 머금은 침구가 개켜져 있었다. 볕이 드는 뒷마당에는 예쁜 꽃들이 잘 손질되어 있었다. 늘 꽃을 가꾸시던 살림꾼 외할머니가 생각났다. "호텔이 정갈한 게 꼭 외갓집 식탁 같다." 내가 말했더니 동생이 맞장구를 쳤다. 아직까지 외할머니께서 생존해 계시던 무렵이었다.

브뤼헤는 천천히 걸으며 구경하기 딱 알맞은 크기의 도시였다. 운하를 따라 운항하는 작은 유람선을 타고 한 바퀴 돌아보았다. 12세기에 인공으로 조성했다는 운하의 둔덕 위로는 멋들어진 풍차도 서 있었다. 운하 곁의 작은 야외무대에서는 콘서트가 열리고 있었다. 남유럽을 벗어난 덕분인지, 불어오는 바람도 한결 서늘했다. 저녁으로 홍합과 스테이크를 먹었다. 먼 길을 왔으므로 온 식구가 피곤해서 일찌감치 잠자리에 들었다. 운하 때문인지 모기가 설쳐서, 가지고 온 전기모기약을 피워야 했다.

### 8월 7일, 월요일

브뤼헤는 아기자기하고 예쁜 상점 따위를 좋아하는 여자들을 위한 놀이공원과도 같다. 시내에는 초콜렛과 레이스lace 면직물 가게들이 압도적으로 많아서, 아내에게 끌려 들어가 레이스 가게 점원의 설명을 듣고 레이스 제작시범도 구경했다. 온갖 신기한 문양이 레이스로 만들어지고 있었다. 다행이었던 점은, 아내의 취향이 꼬물꼬물한 레이스 면직물보다는 심플하고 현대적인 장식품 쪽에 있다는 점과, 기념 삼아 충동적으로 지갑을 열기에는 제품들이 너무 호되게 비쌌다는 점이었다.

초콜렛도 가지각색이었는데, 평소에는 반드시 가리고 다니는 신체 부위들을 초콜렛으로 - 그것도 인종별 피부색을 흉내 내어 여러 색깔로 - 만들어 진열해둔 곳도 있었다. 동생이 가지고 귀국할 선물로 초콜렛을 한 상자 샀다.

**8월 8일, 화요일**

벨기에의 오스탕드Oostende 항구에서 페리를 타고 해협을 건너 영국 땅에 도착했다. 도버는 벌써 가을 날씨였다. 집에 도착하니 케임브리지 대학으로부터 온 입학허가서가 우편물 더미 속에 섞여 있었다. 며칠 후면 단출한 살림을 트럭으로 옮겨야 할 차례다. 1년 만에 삶의 근거지가 다시 바뀌는 것이다.

## 안달루시아와 태양의 해안

Malaga / Fuengirola / Ronda / Tangier / Granada / Sevilla / Gibraltar

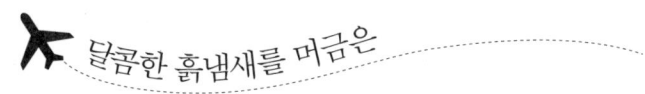
달콤한 흙냄새를 머금은

**1994년 4월 4일, 월요일**

　새벽 2시에 집을 나섰다. 4월에 들어섰는데도 영국의 밤 날씨는 을씨년스럽기만 했다. 이 길고 어두운 겨울은 영영 자리를 비켜주지 않을 작정인 듯했다. 큰맘 먹고 햇볕을 찾아 따뜻한 남쪽 나라로 떠나는 길이었다. 백일을 갓 넘긴 아기를 데리고 여행을 떠나는 것이 무리가 아닐까 걱정도 되었다. 하지만 춥고 어둡고 긴 겨울은 아기에게도 좋을 리가 없었다. 옥스포드의 기숙사는 좁았고, 집밖으로 나와도 우리의 행동반경은 작았으므로, 옥스포드에서 겨울을 난 아내는 거의 산후우울증이라고 불러도 좋을 침체된 기분을 견디기 힘들어했다. 스페인 여행 이야기를 꺼냈더니 옥스포드에 함께 유학 중이던 동년배의 직장선배 윤성덕 학형이 흔쾌히 합류하겠다는 뜻을 비쳤다.
　우리의 목적지는 태양의 해안Costa del Sol이라는 이름을 가진 스페인 남부지방의 소도시 푸엥히롤라Fuengirola였다. 저렴한 패키지 여행이었으므로 새벽 비행기를 타야 했다. 피난민처럼 자는 아기를 들쳐 업고 커다란 여행가방을 신고서 개트윅Gatwick공항으로 떠나면서, 우리 짐이 너무 큰 게 아닐까 염려되었다. 아기를 데리고 처음 다른 나라로 여행을 떠나는 것이었기 때문에 기저귀며 이유식, 심지어 젖병소독기까지 챙겨 넣다 보니 대형 이민가방은 어느새 가득 찼고, 무게는 우리 두 사람에게 허락된 40kg을 넘을지도 몰랐다.

　새벽길을 두 시간쯤 달려 공항 주차장에 차를 세웠다. 터미널로 가는 셔틀버스를 기다리느라 주차장 입구에서 밤이슬을 맞으며 덜덜 떨었고, 항공권을 버스에 떨어뜨리고 내리는 바람에 소리치며 버스를 세우느라 한바탕 해프닝도 벌였다. 체크인 카운터에서는 아니나 다를까, 두 사람이 들어올리기도 버거운 우리 가방이 문제가 되었다. 항공사 직원은 허용된 무게가 40kg은 맞지만 그걸 가방 하나에 몰아넣어 오면 어떡하냐며 난감해했다. 한숨을 쉬던 그 직원은 초보 부모에다 초보 여행자 티가 역력한 우리 부부를 번갈아 쳐다보더니 "어떻게 해 보겠다"며 탑승권을 내주었다. 때마침 선잠에서 깬 꼬마는 가엾은 표정으로 칭얼댔다. 거 참, 스페인이라는 데 한 번 가기가 이렇게 힘들 줄이야. 우리가 힘이 들건 말건 비행기는 산뜻하게 이륙했고 태양의 나라 스페인, 피카소와 달리를 낳은 안달루시아Andalusia를 향해 날기 시작했다.

### 4월 5일, 화요일

　기내방송에 선잠을 깨니 언제 내렸는지 벌써 말라가Malaga 공항이었다. 여행을 시작도 하기 전에 이렇게 피곤해도 괜찮을까. 하지만 막상 비행기 문을 나서며 들이마신 공기는 피로를 이슬처럼 증발시켰다. 따뜻하게 바스러지는, 달콤한 공기였다. 눈부신 햇살이 쏟아져도 그늘은 시원했다. 덥지만 훈풍이 습기를 순식간에 말려버려, 흐르던 땀이 옷을 적실 새도 없는 신기한 날씨였다. 공항에서 처음 맡는 그곳 공기의 냄새는 기억에 문신처럼 남는다. 포도주 감별사 흉내를 내서 안달루시아 공기의 맛을 표현하자면 "달콤한 흙냄새를 머금은 드라이한" 향기였다. 안달루시아를 종횡으로 누비며 구경한 그 어떤 풍경도 말라가 공항의 공기만큼 나를 감동시키지는 못했다.

공항 주차장에서 예약한 빨간 색 르노 렌터카를 찾아 몰고 말라가를 벗어나, 푸엥히롤라에 도착했다. 우리가 2주간 머물 숙소는 아파트식 콘도였다. 큰 가방을 끌고 올라와 대강 짐을 풀고 아파트의 뒷마당에 있는 수영장에 뛰어들었다. 마음은 급했지만 아직 수영하기엔 이른 계절이어서 물은 몹시 차가웠다. 안 되겠다 싶어서 물에서 나와 볕만 쬐다 들어왔다.

숙소 바로 앞은 해변이었다. 영국인들이 어지간히 찾아왔던 모양인지 이름이 벌써 '영국인의 해변'Playa del Ingles이었다. 영국에서라면 상점들이 문을 닫고도 한참 지났을 여덟시쯤, 그제야 문을 다시 여는 식당과 상점들이 눈에 띄었다. 이곳을 찾아온 영국인들은 대개 우리 같은 마음이 아니었을까? 길고, 춥고, 어둡고, 축축한 북해의 겨울이여, 여기서 나는 너를 잊겠다!

### 4월 6일, 수요일

지도를 보면서 론다Ronda라는 도시를 찾아갔다. 낯선 타국에서의 첫 운전은 스릴 넘치는 모험이었다.

"와이퍼는 왜 켜?"

"깜박이를 켜려고 했지. 영국 차량은 반대잖아."

"고속도로에서 어디로 나가면 되나?"

"으악, 출구를 놓쳤다."

"괜찮아. 다음에 나가서 거꾸로 오면 돼."

"갈림길이다! 어느 쪽이냐?"

"가만 있어봐. 이거 왜 지도랑 다르냐."

우리는 주로 이런 대화를 나누며 2시간쯤 구불구불한 길을 달렸다. 차창 밖의 풍광은 지금껏 본 어디와도 사뭇 다른 것이었다. 주로 메마른 흙과 바위로 이루어진 투박한 경치였다. 론다는 깊고 가파른 절벽으로 나누어진 두 개의 시가지를 세 개의 다리로 이어붙인, 기이한 느낌의 도시였다. 그중에서도 '새로운 문'이라는 이름을 가진 다리 푸에르타 누에바Puerta Nueva는 아찔한 높이의 절벽 사이로 한 도시의 두 마을을 잇고 있었다. 그 이름처럼 대문같이 생긴 이 다리의 열린 교각 사이로 다니는 것은 사람들이 아니라 계곡을 지나는 무심한 바람이었다.

론다는 근대 투우의 발상지로서, 이곳의 투우장은 18세기에 지어졌다. 투우 경기는 본 적도 없지만, 이로써 우리는 투우의 발상지에서 텅 빈 투우장을 둘러본 축에는 들게 되었다. 우리는 3,000페세타를 내고 관광객용 마차를 타고 시내를 한 바퀴 돌았다. 론다는 신비로운 도시였다. 너무 크지도, 그렇다고 작지도 않은 두개의 마을이 절벽을 사이에 두고 하나로 이어진 모습이, 마치 일부러 지어낸 이야기 속에나 등장할 것처럼 보였다. 이탈로 칼비노Italo

Calvino의 소설 『보이지 않는 도시들』Le Città Invisibili 같은 이야기 속에 등장하는 신비로운 도시들 중 하나가 되기에도 손색이 없었을 것이다.

> 마르코 폴로가 돌 하나하나를 설명하며 다리를 묘사한다.
> "그런데 다리를 지탱해 주는 돌은 어떤 것인가?"
> 쿠빌라이 칸이 묻는다.
> "다리는 어떤 한 개의 돌이 아니라 그 돌들이 만들어내는 아치의 선에 의해 지탱됩니다."
> 마르코가 대답한다.
> 쿠빌라이는 말없이 생각에 잠긴다. 그러다가 이렇게 묻는다.
> "왜 내게 돌에 대해 말하는 건가? 내게 중요한 건 아치뿐이지 않은가?"
> 폴로가 대답한다.
> "돌이 없으면 아치도 없습니다." (이탈로 칼비노, 『보이지 않는 도시들』 중)

마차를 타고 거리를 지나니 무어양식의 교회며 건물들이 시야 속으로 앞다투어 뛰어들었다. 바뇨스 아라베스Baños árabes라는 아랍식 목욕탕 유적도 있었다. 13세기경에 지어진 이 공중목욕탕은 아랍식 목욕장 유적 중 가장 잘 보존된 것이라고 하는데, 영국의 바스Bath에서 보았던 고대 로마 목욕탕과는 전혀 다른 인상이었다. 고대에 카르타고 왕국의 지배 아래 있던 이베리아 반도는 로마가 아직 공화정이던 시절에 로마의 속주가 되어, 서기 98년에는 벌써 황제(13대 황제인 트라야누스)를 배출하는 지방이 되었다. 8세기경부터 무려

800년간은 이슬람 세력인 무어인이 이곳을 지배하였으므로, 스페인에는 로마와 이슬람, 그리고 게르만의 흔적이 혼재되어 있다.

론다에서 돌아오는 길에는 유럽 최대의 동굴이 있다는 네르하Nerja까지 달려갔지만 도착하니 이미 관람시간이 지나 동굴입구만 보고 돌아서야 했다. 구석기시대의 사람들이 그린 동굴벽화를 보고 싶었는데, 하는 수 없었다. 꿩 대신 닭이라는 심정으로 우리는 네르하의 '유럽의 발코니'Balcon de Europa라는 곳을 찾아갔다. 파도로 부서지는 바다를 굽어보는 절벽 위로 상점과 식당이 있었다. 원래 9세기에 지어진 성이 있던 자리였는데 지금의 쓰임새는 전망대와 식당이다. 지도상의 위치나 절벽의 경관에 비추어, 유럽의 발코니라는 이름이 그럴듯하게 어울렸다. 실은 좀 너무 그럴듯해서 도리어 작위적인 이름이었다. 1884년에 이곳을 방문한 알폰소12세가 그런 이름을 붙였다는데, 이런 이름을 생각해낸 사람이 왕이었다는 건 자연스럽다. 지역주민들이었다면 '땅끝'이라든지 '과부의 절벽' 같은, 좀 더 살가운 이름을 붙이지 않았을까?

내일은 단체관광을 시도하기로 했다. 여기저기서 집어온 팜플랫과 전단지를 탁자 위에 펼쳐놓고 의논하다가, 비아헤스 루사디르Viajes Rusadir라는 여행사의 당일치기 모로코 관광을 신청했다.

**4월 8일, 금요일**

말라가 인근의 베날마델라Benalmadela 항구에서 아침 7시에 떠난 배는 싱겁게도 채 두 시간도 안 걸려 모로코의 떼뚜안Tetuan에 도착했다. '아프리카 대륙에 처음 발을 딛었구나'라는 묘한 감상에 젖었는데, 그런 느낌에는 〈타잔〉Tarzan이나 〈Out of Africa〉 따위로부터 부지불식간에 전염된 서양식 오리엔탈리즘이 섞여 있을 터였다. 아시아인에게 아프리카는 정복의 대상이었던 적도, 탐험의 대상인 적도 없었다. 서양인들의 눈을 통해 아프리카를 본 간접경험이 없었다면 나는 좀 더 순수한 호기심과 솔직한 경계심을 느끼지 않았을까?

배에서 내려 보니 여러 여행사 직원들이 저마다 식별용 깃발을 들고 있었다. 두리번거리다 루사디르 여행사를 찾았고, 우리한테 배정된 버스에 올라탔다. 우리 셋을 제외한 손님은 전원 서양인이었고, 특히 독일인이 많았다. 5개국어를 유창하게 떠들어대는 우리 가이드는 콧수염을 짙게 기른 모로코 인이었다. 그의 영어로 미루어 보건대 다른 외국어도 문법에 맞는 수준은 아닐 성 싶은데, 그 자신만만한 속사포의 언변은 썩 부러웠다. 버스 안에서 그는 마이크를 쥐고 쉴 새 없이 5개국어의 향연을 펼쳤다. "자, 신사숙녀 여러분, 이제 여러분은 아름답고 유서 깊은 도시 탕헤르Tanger로 들어가고 계십니다."

탕헤르는 세계사 수업시간에도 등장하던 곳이다. 제1차 세계대전 직전에 프랑스와 독일 사이에 일어난 분쟁의 무대가 되었기 때문이다. 모로코에서 프랑스의 영향력이 강해지자 1905년 독일의 빌헬름2세가 탕헤르 항을 방문함으로써 프랑스에 항의하는 시위를 벌였던 것이 이른바 탕헤르 사건이다. 독일의 외교적 고립이 세계대전으로 이어지는 도화선이 바로 이곳 탕헤르에서 불붙기 시작했던 것이다. 불행하지만, 탕헤르 사건은 내게도 일어났다.

우리 버스가 탕헤르 외곽의 어느 모퉁이를 돌 때였다. 대학생으로 보이는 수십 명의 청년들이 서행하던 버스로 다가왔다. 승객 중 몇 명은 그들에게 물색없이 손을 흔들기도 했다. 그런데 이 녀석들이 무슨 구호를 외치는가 싶더니만, 버스를 에워싸고 돌을 던지기 시작했다. 살의가 느껴졌다. 나는 아기를 품에 안고 버스 의자 밑으로 납작 엎드렸다. 긴 시간은 아니었을 텐데, 한참 동안처럼 느껴졌다. 버스가 다시 움직이기 시작하기에 정신을 차리고 일어나보니 커다란 버스에 남아난 유리창이라고는 하나도 없었다. 내 앞자리에 탔던 미국인 아주머니는 넋이 나간 듯 계속 비명을 질러댔다. 내 뒷자리의 독일인 청년은 돌에 맞았는지 입에서 피를 흘렸다. 경찰서에 들러 사고를 신고하는 동안, 나는 이곳까지 아이를 데리고 온 게 어찌나 후회스러웠는지 모른다. 경찰서 다음으로 병원에 들려 부상당한 독일인 청년을 치료했다. 열여섯 바늘을 꿰매고 왔다는데, 청년과 그의 가족은 믿을 수 없을 만큼 침착했다. 입을 붕대로 감싼 그에게 "괜찮냐"고 물었더니, 씨익 웃으면서 "운이 없었지"라고 대답했다. 그 일가족은 그 뒤로도 불평 한 마디 없이 관광을 계속했다. 저런 사람들을 상대로 전쟁을 벌였던 프랑스 사람들이 불현듯 안쓰럽게 느껴졌다.

이런 사건을 겪고 보니, 갓난쟁이를 안고 낯선 곳을 여행한다는 것을 너무 만만하게 생각했다는 사실을 깨달았다. 모로코에서는 이런 일이 거의 일어난 적이 없었다는데, 독일 청년 말처럼 우리는 운이 없었던 셈이었다. 해외에서 연수과정을 밟고 있을 뿐, 아직 외교관으로서의 삶을 시작하지 않은 나로서는 앞으로 해외 근무를 하는 동안 겪게 될 여러 종류의 어려움을 한 조각 미리 선본 것 같은 불길한 느낌도 들었다. 지금 돌이켜 보면, 2001년 뉴욕 근무를 마치고 9/11을 아슬아슬하게 모면한 것이나, 중동에서 여러 곳을 다니면서 무사했던 것, 인도네시아에서 지진과 화산과 홍수에도 해를 입지 않은 것, 뎅기열에 걸려서도 죽지 않고 살아난 것, 2011년 일본에서 대지진과 해일을 겪으면서도 가족이 무사했던 것 등등이 다 아슬아슬한 모험의 연속인 셈이다.

아프리카에 대한 낭만적인 감상은 그걸로 끝이었다. 아내도 당장 스페인의 숙소로 돌아가고 싶은 눈치였지만, 따로 돌아갈 차편도 배편도 없었다. 게다가 부상을 당하고서도 단체관광에서 이탈하지 않는 독일인 가족이 묘하게 자존심을 자극하기도 했다. 결론적으로 말해 탕헤르 방문은 내게 좋은 공부가 되었다. 영국, 독일, 프랑스 등을 다니다가 스페인 남부에 오면 그곳이 유럽의 후진국이라는 사실이 절로 느껴진다. 대체로 모든 것이 낡고, 덜 깔끔하다. 스페인 해안에서 저만치 건너편에 보이는 모로코가 스페인과 다르면 얼마나 다르랴 싶은 생각이 들었던 것도 사실이었다. 하지만 유럽의 후진국과 아프리카의 선진국 사이에 존재하는 현실적인 격차는 상상보다 컸다. 탕헤르 시내를 다니는 동안 우리 일행을 졸졸 따라다닌 것은 푼돈을 구걸하는 수십 명의 아이들이었다. 하나같이 맨발이었다. 상인들은 외국인 관광객들을 어찌나 필사적으로 호객하는지 신변의 위협이 느껴질 정도였다. 가게를 구경하다가 아무것도 사지 않고 나오면 상인들은 노골적으로 험담을 해댔다.

관광코스는 승마시범장으로 이어졌다. 기원전 모로코 북부지역은 누미디아Numidia라고 불렸다. 이곳의 사내들은 용맹하고 기마술에 능해서, 로마의 속주가 된 뒤로도 누미디아 출신 기병대가 로마군의 중추 노릇을 했다. 시범장에 말을 몰고 나타난 기수들은 말에서 누웠다 앉았다 일어서기도 하고 거꾸로 앉아 말을 몰기도 하는 등 온갖 재주를 부렸다. 아까의 불운한 사건만 아니었다면 좀 더 즐겁게 구경할 수도 있었을 터였다. 우리 내외만 그런 건 아니었다. 일부러 떠들썩하게 구는 사람도 있었지만, 같은 버스에 동행한 우리 일행은 더 이상 천진한 관광객처럼 보이지는 않는 착잡한 표정들이었다. 우리는 현실 속의 일상을 벗어나려고 찾아온 여행지에서 일상보다 더 잔인한 현실과 맞닥뜨린 것이었다.

다음은 전통 천막 속에서 밸리댄스Belly Dance를 관람하며 모로코의 주식인 쿠스쿠스Couscous로 점심식사를 하는 순서였다. 팜플렛의 사진 속에서는 늘씬한 미녀들이 배꼽을 드러내고 요염한 자세를 취했는데, 무대에 나타난 무희는 오십 줄은 되어 보이는 살집 좋은 아주머니였다. 아내가 눈썹을 팔자로 만들며 나를 돌아보았다. 쿠스쿠스는 입자를 잘게 만든 밀 위로 여러 가지 야채와 고기를 올려서 찐 음식이었다. 특색은 있었지만 그다지 입에 맞지는 않아서 허기를 속일 만큼만 먹었다. 칭얼대는 아이를 달래러 안고 나오다가 보지 말았어야 할 걸 봐버렸다. 추가로 손님이 오자 식당 종업원들은 천막 뒷켠에서 앞의 손님들이 남긴 접시의 쿠스쿠스를 모아 한 접시를 새로 만들고 있었다. 낯선 음식은, 그것을 언제 어떻게 처음 맛보느냐가 그 음식에 대한 평생의 인상을 좌우하는 법이다. 마그레브 지방에서 근무한 경험이 있는 동료들은 더러 쿠스쿠스의 맛을 그리워하기도 한다. 하지만 나는 그날 이후로 중동의 여러 음식을 즐기면서도 쿠스쿠스만큼은 왠지 입에 대지 않게끔 되어버렸다.

해가 저물었고, 숙소로 돌아갈 시간이 되었다. 항구로 돌아오는 길에도 버스가 서행하는 곳이면 어김없이 차창 밖에는 동전과 음식을 구걸하는 수십 명의 어린아이들이 몰려들었다. 우리와 동행하던 서양인들은 손에 잡히는 대로 동전이며 과자며 바나나 따위를 아이들에게 던져주었다. 아마도 선의로 그랬을 것이고, 받아 줍는 아이들도 깔깔대며 좋아했지만, 그걸 바라보는 내 마음은 짠하고 착잡했다. 나는 불과 한 세대 전에 미군들이 던져주던 물건들을 받아먹던 맨발의 어린이들이 자라던 나라에서 온 사람인 탓이기도 했고, 구걸하는 사람에게일지언정 뭔가를 던져준다는 것은 무례한 짓으로 느껴진 탓이기도 했으며, 어린 아이의 아비 된 입장에서 저 수많은 맨발의 아이들의 장래가 답답하게 가슴을 짓눌렀기 때문이기도 했다.

스페인을 떠나 올 때는 순식간이던 항해가 귀로에는 길게만 느껴졌다. 종일 아이를 신경 쓰며 돌아다닌 피로까지 가세한 덕분이었으리라. 인간의 감각은 간사하다. 배에서 내려 바라본 후엥히롤라는 마치 뉴욕을 처음 볼 때만큼이나 세련되어 보였다. 스페인이 영국에 비해 후진적이라는 며칠 전의 내 느낌은 얼마나 사치스럽고 무의미한 감별이었던가. 선진국이 된다는 것은 쉬운 일도 아니고, 돈만 가지면 하루아침에 되는 일도 아니다. 영국산 관광안내책자에는 "후엥히롤라는 지나친 상업화로 망가져가는 휴양지라는 것이 일반적인 인식이지만 주변을 잘 살펴보면 훌륭한 볼거리들이 많다"고 적혀 있다. 이런 이야기도 상업화로 휴양지가 망가지는 걸 아까워할 줄 아는 사람들이나 하는 소리다. 자라면서 광안리, 해운대, 송도, 다대포가 망가지는 걸 몸소 목격한 입장에서는 후엥히롤라의 한적하고 드넓은 해안이 부럽기만 했다.

해가 저물면서 문을 연 상점들이 밤 10시가 넘도록 불을 밝히고 손님을 맞았다. 내가 야행성이라 그런지, 이곳의 생활 리듬은 편안하게 몸에 잘 맞는다. 은퇴한 다음에 이런 데서 살 수 있으면 참 좋겠다는 생각이 들었다. 그 생각에 맞장구라도 치듯이, 육지에서 바다 방향으로 건조하고 훈훈한 바람이 불어왔다.

**4월 11일, 월요일**

불현듯 약간의 사치를 부려보고 싶어졌다. 윤성덕 동지도 흔쾌히 동의해서, 이번에는 중형차인 포드 오라이언을 나흘간 렌트했다. 차가 넓으니 장거리 여행이 한결 편안했다. 그렇게 그라나다Granada에 다녀왔다.

711년경 북아프리카에서 지브롤터 해협을 건너온 아랍인과 베르베르인들은 이베리아Iberia 반도의 대부분을 지배했고, 거의 800년간이나 세력을 유지했다. 그러나 13세기부터 이슬람 제국은 기독교 세력에 밀려나기 시작해 코르도바Cordoba, 세비야Sevilla를 차례로 잃었고 그라나다가 그들의 마지막 보루가 되었다. 1469년 아라곤의 왕자 페르난도와 카스티야의 왕녀 이사벨의 결혼으로 스페인 왕국이 수립되었고, 이들은 마침내 1492년 그라나다를 정복함으로써 이베리아 반도에서 무슬림 지배를 종식하고 통일을 이루었다. 이런 역사 때문에 안달루시아(아랍어로는 '엘 안달루스') 지역은 지금도 어디를 가나 아랍 색채가 짙다. 안달루시아 지역의 문화유산으로 널리 알려진 플라멩코Flamenco는 스페인 고유의 민족예술로 알려져 있지만 북아프리카 아랍 음악에 그 뿌리를 둔다. 종종 국수주의적 표현의 수단이 되곤 하는 민족예술이라는 것도 한 꺼풀만 벗겨 보면 순혈주의 신화의 거짓이 드러난다. 시대와 장소를 막론하고, 교류하고 전파되고 섞이지 않는 문화는 생명력이 없다.

그라나다로 들어선 우리는 곧장 알람브라 궁전Alhambra, الحمراء으로 향했다(스페인어에서 h는 묵음이다). 아랍어로 '함라'الحمراء는 붉은 색을 가리킨다. 하지만 그라나다 언덕 위의 아랍식 성곽과 궁전의 색깔은 흰색이었다. 아랍인이 물러난 후 기독교 세력이 흰색으로 덧칠한 것이다. 프란시스코 타레가Francisco de Asís Tárrega의 저 유명한 기타연주곡 〈알람브라궁의 추억〉의 선율이 귓가에 들려오는 듯했다. 왜 있잖은가. 같은 줄을 세 손가락으로 계속 퉁기는 트레몰로 주법으로 연주하는.

아랍의 지배 시절 군주의 저택으로 사용되던 이곳에 스페인의 카를로스1세가 르네상스식 건물을 덧지었다. 궁전의 바깥쪽으로는 튼실한 성벽과 망루가 지어져 있었다. 특이하게 생긴 기둥과 벽 사이로 공간 속에 다른 공간이 있었고, 돌로 만든 아치와 벽면의 아라베스크 문양이 이국적인 정취를 자아냈다. 언덕 아래를 굽어보는 정원은 마치 하늘 위에 둥실 떠오른 듯한 느낌이었다. 군데군데 분수로 장식된 정원 내부에는 장미와 오렌지 나무가 심겨져 있었다. 언덕 아래로부터 메마른 바람이 세차게 불어와, 모자를 꼭 눌러쓴 우리 아들을 제외한 세 사람의 머리칼은 엉망이 되었다.

70년대에 〈Yes Sir, I Can Boogie〉라는 노래로 세계적인 선풍을 일으켰던 바카라Baccara라는, 어딘가 수상쩍어 보이는 스페인 여성 듀엣 가수들이 있었다. 초등학교 시절 그들의 히트곡 〈Granada〉를 들으면서 그게 스페인 어딘가에 있는 지명이라는 이야기를 주워들은 때로부터 어언 이십 년이 넘어서

그 노래 속의 도시를 배회한 것이었다. 얄궂은 신음 소리로 노래를 시작하던 스페인의 두 미녀가수는 지금쯤 어디서 뭘 하나.

해가 지기 전에 숙소로 돌아와, 근처의 식당에서 빠에야paella와 감자 또르띠야ortilla de patatas로 저녁을 먹었다. 빠에야는 홍합과 오징어 따위의 해산물이 들어간 스페인식 볶음밥인데, 우리 입맛에 잘 맞는다. 감자 또르띠야는 감자를 넣은 스페인식 오믈렛인데, 대강 어떻게 요리를 해놔도 맛있는 감자와 계란 두 가지가 주재료인 만큼 전혀 낯설지가 않은 음식이다. 며칠 묵고 나니 스페인 음식도 제법 폼 나게 주문할 수 있게 되었다.

### 4월 12일, 화요일

화요일에는 소도시 후엥히롤라에 장이 선다. 오전에 야외에 선 장터를 구경하면서 티셔츠와 기념품 따위를 샀다. 아들은 하트 모양의 작은 선글라스를 쓴 채 유모차에 유유자적 앉아 있었는데, 수많은 스페인 아줌마들이 만면에 웃음을 머금고 다가와 아기가 귀엽다며 말을 걸어오는 통에 집사람은 마주 웃어주느라 장터 안에서 줄곧 미스 코리아 같은 미소를 짓고 있어야 했다. 영국 아줌마들은 이렇게까지 스스럼없이 말을 걸지는 않던데, 스페인 사람들은 낯가림이라고는 모르는 듯했다.

오후에는 아이와 엄마를 숙소에서 쉬도록 남겨두고 윤성덕과 함께 차를 몰고 세비야Sevilla로 갔다. 우리가 세비야에 대해서 아는 건 로시니의 오페라 〈세빌리아의 이발사〉Il barbiere di Siviglia가 전부였다. 피가로 비슷한 이발사라도 찾아 이발이나 하고 오자고 했다. 농담이었지만 이발소가 눈에 띄면 정말 이발을 할 참이었는데 세비야에 도착했을 때는 이미 날이 저물어 이발소는커녕 아무것도 구경할 수 없었다. 히랄다Giralda라는 대성당과 알카자바Alcazaba라는 아랍식 성벽을 밖에서만 봤다. 히랄다 대성당의 탑은 아름다웠으며, 모스크를 허물고 그 자리에 세웠다는 대성당 건물은 위풍당당했다.

돌아오는 길에는 1992년 세비야 엑스포가 열렸던 카르투이아Cartuia에 들렀다. 뭔가 구경거리가 있지 않을까 하는 막연한 기대감으로 찾아간 것이었는데, 저녁이라 그랬을까? 도시 외곽에 유령들의 놀이터처럼 휑뎅그레 늘어선 거대한 건물들이 스산하게만 보였다. 엑스포 같은 걸 함부로 유치하면 곤란하겠다는 생각이 들 뿐이었다. 세비야 엑스포가 실패한 행사였던 건 아니다. '발견의 시대'라는 주제로 열린 1992년의 엑스포에는 100개국이 참여했고, 6개월간 무려 4천2백만 명의 관람객이 방문했다. 이 어마어마한 규모의 행사장은 엑스포가 끝난 후 연구소와 놀이공원으로 활용되고 있는데, 내 미적 감각으로는 암만 봐도 혼자서 파티 드레스를 입고 출근한 사람처럼 생뚱맞게 보였다.

아내에게 공언했던 대로 아홉시 전에 후엥히롤라에 도착했지만, 아내에게 줄 피자를 사느라 돌아다니는 사이에 더 늦어버렸다. 숙소에 돌아오자 아내는 왜 이렇게 늦었냐며 피자가 급한 게 아니라 아기 분유를 탈 생수가 떨어졌으니 얼른 사다 달라고 했다. 허겁지겁 문을 연 상점을 찾아 나섰다. 자동차로 동네를 훑던 중에, 때마침 셔터를 내리려는 구멍가게를 발견했다. 셔터의 창살틈새로 돈을 주고 간신히 생수를 몇 병 샀다.

**4월 13일, 수요일**

아껴두었던 행선지 히브랄따르Gibraltar로 향했다. 그리스 신화에 따르면, 숙명의 과제를 받고 서쪽으로 여행하던 헤라클레스가 산맥을 두 주먹으로 부숴 만든 물길이 지브롤터 해협이다. 그래서 이베리아 반도와 북아프리카가 최단거리에서 마주보는 해협의 양쪽 고지대에는 '헤라클레스의 기둥들'Pillars of Hercules이라는 별명이 붙어 있다. 이베리아 반도의 목젖처럼 톡 튀어나온 이 지역을 스페인 사람들은 히브랄따르라고 부르지만, 실은 지브롤터라고 부르는 게 옳겠다. 영국이 1704년에 무력으로 점령하고 1713년에 할양 받은 이래 지금도 영국 땅이기 때문이다. 아무리 전략적으로 중요해도 남의 나라 땅을 그렇게 차지해도 되는가, 그런 의분이 느껴진다면, 곰곰 생각해볼 일이다. 지브롤터의 영국 영유에 대해 곧잘 흥분하는 스페인도 바다 건너 모로코의 톡 튀어나온 작은 반도 세우타Ceuta를 스페인령으로 가지고 있기 때문이다.

지브롤터 입구에 도착하니 입국심사대와 간이세관이 우리를 맞았다. 거기서부터는 모든 관리들이 영어를 썼다. 신기했다. 코스타 델 솔의 해안은 거의 다 편편한 평지인데, 유독 지브롤터에만은 깎아지른 절벽으로 무장한 높은 산이 바다를 면하고 있었다. 너무나 뜬금없는 풍경이라 헤라클라스의 전설 같은 것이 생겨나지 않았다면 오히려 이상할 것처럼 보였다. 때마침 날씨마저 지난 열흘간 스페인에서 겪어본 적이 없는 우중충한 분위기인데다 짙은 안개마저 끼어 있어, 지금 우리가 밟고 선 것이 영국 땅임을 상기시켜 주었다.

426m 높이의 정상으로 사람들을 실어 나르는 케이블카는 가파른 각도

로 올라갔다. 케이블카 말고는 정상으로 오르기도 어려워 보이는 천혜의 요새였다. 절벽의 여러 곳에 포대며 벙커가 보였다. 지중해 전체를 지갑에 비유한다면 영국이 그 손잡이를 여기서 지금껏 움켜쥐고 있었던 것이다. 이런 곳에서 지키고 있으면 영국의 감시를 따돌리고 지중해를 드나들 수 있는 배는 단 한 척도 없을 터였다. 영국을 괜히 해양국가라고 부르는 게 아니었던 것이다. 점심식사를 하면서도 지브롤터는 영국 땅이 틀림없다는 것을 확인했다. 며칠간 맛있는 스페인 음식을 즐기느라 잊고 있었는데, 지브롤터에서 먹은 말라비틀어진 영국식 생선튀김Fish & Chips은 어쩌면 그리도 맛이 없던지!

해발 300m 지점의 천연 석회암 동굴인 성 마이클 동굴St. Micheal's Cave 근처에는 원숭이들이 잔뜩 있었다. 유럽대륙에서 이 바바리 원숭이Barbary Ape를 볼 수 있는 장소는 지브롤터뿐이다. 이 녀석들은 원래 알제리의 아틀라스 산맥에서 서식하는 종이다. 이놈들은 어디서 어떻게 온 걸까? 여기가 헤라클레스가 끊어버린 산맥의 끝자락이라는 신화에 더욱 마음이 끌렸다.

사랑하는 나의 아들은 헤라클레스의 장엄한 기둥의 끝, 그 절벽 꼭대기의 전망대에서 인상을 써가며 힘을 주고 한판 시원하게 응가를 하더니만 기저귀를 갈아준 뒤로는 내게 안긴 채 잠들었다. 지브롤터 순환도로로 반도를 한 바퀴 드라이브했고, 식료품 가게에도 들렀다. 마침 영국에서 가지고 온 분유가 다 떨어져 낯선 스페인제 분유를 사야 하나 망설이던 차였는데, 지브롤터의 수퍼마켓에서는 우리가 늘 사먹이던 낯익은 제품을 팔았다. 빙고! 헛헛한 웃음이 나왔다. 땅 설고 물 설은 영국에 도착해서 낯설어 하던 것이 불과 몇 달 전인데, 더 낯선 곳에 오고 보니 영국 것을 만나면 마치 고향을 보는 것처럼 푸근하다. 아아. 인간의 연약함이여.

### 4월 14일, 목요일

말라가를 다녀왔다. 15세기부터 기독교 세력에 밀려 세비야와 코르도바를 잃고 남쪽으로 패퇴하던 이슬람 세력이 바다를 등 뒤에 두고 결사적인 항전을 벌이던 곳이다. 그 결전을 상상하며 바라보니, 성터 알카자바Alcazaba와 언덕 위의 망루 히브랄파로Gibralfaro는 애잔한 느낌이었다. 말라가는 이베리아 반도 최후의 이슬람 도시였던 그라나다가 기독교도에게 점령당하기 불과 5년 전인 1487년에 함락되었다. 쭉쭉 뻗은 대로를 가진 대도시 말라가는 넉넉한 느낌이었다. 주차할 수 있는 빈 공간도 많았다. 사방에 수목이 우거져 있었고, 거리의 가로수 중에는 노란 열매를 매단 오렌지 나무도 있었다.

광장을 걷고 있을 때, 잡동사니를 파는 집시 여인네가 아내에게 다가와 지갑을 더듬으며 빼앗아 가려는 일이 있었다. 아내는 소스라치게 놀라긴 했지만 놀라운 반사신경으로 지갑을 지켜냈다. 우리가 뭐하는 짓이냐고 소리치자 중년의 집시 여성은 도리어 자기가 "나 원 별스런 사람들 다 보겠다"는 식의 표정과 몸짓을 하더니 유유히 사라졌다.

말라가는 현대미술의 대명사 파블로 피카소Pablo Picasso의 고향이기도 하다. 피카소의 생가에 찾아갔지만 문을 닫아 구경은 못했다. 대신 말라가 박물관에서 그의 작품들과 인사를 했다. 말라가 박물관 입구에는 동전을 넣으면 동전의 무게로 톱니바퀴 장치가 작동해서 이리저리 동전이 옮겨지다가 통 속으로 들어가도록 만들어놓은 정교한 모금함이 있었다. 신기한 나머지 동전을 여러 개 기부했다.

### 4월 15일 금요일, 16일 토요일

마지막 이틀간 우리가 후엥히롤라에 머물며 한 일은 관광이 아니라 휴식이었다. 햇볕을 찾아 온 사람들답게 모래사장에서 눕거나 거닐면서 바닷바람을 즐겼고, 그늘 아래서 책도 읽었다. 눈부신 태양과 건조한 훈풍. 짙은 초록색의 가로수와 무심한 파도 소리. 이 지역 특산물인 얇은 햄, 하몬jamon을 만들기 위해 집집마다 굴뚝이나 지붕에 걸어놓은 돼지 뒷다리. 맛있는 식당들과, 거기서 느긋하게 포도주를 나눠 마시며 담소하는 인심 넉넉한 주민들. 점심시간부터 늦은 오후까지 상점은 물론 은행이며 관공서까지 일제히 문을 닫아걸고 낮잠siesta을 즐기는 매력적인 풍습. 사람들의 느릿한 발걸음을 따라 더디게 흘러가는 시간. 이로써 이번 여행은 비로소 다른 의미를 가지게 되었다. 나에게 안달루시아는 다시 찾아가고 싶은 관광지가 아니라 한번쯤 살아보고 싶은 땅이 되었기 때문이다.

**4월 17일, 일요일**

말라가 공항을 아침에 출발한 비행기가 저녁에 영국에 내렸다. 쌀쌀하고 축축한 바람이 우리를 맞아주었다. 집에 도착해 보니 우편물들이 잔뜩 쌓여있었다. 잠시 미뤄 두었던 일상이 머릿속으로 쇄도해 들어왔다. 남국에서 빌린 햇볕의 힘으로, 자 그럼 어디, 다시 시작해 보자. 삶이라는 달리기를.

## 미뤄둔 행선지, 이탈리아

Rome / Vatican / Venice / Pompei / Naples / Capri / Florence

✈ 로마, 베네치아, 나폴리, 카프리, 피렌체

**2001년 7월 9일, 월요일**

　1995년까지 영국에서 학생으로 지내며 서유럽을 돌아다닌 뒤로 어느덧 6년이 흘렀다. 그 사이에 내가 몸담은 외무부는 외교통상부로 변신했고, 나는 두 아들의 아비가 되었다. 뉴욕의 유엔대표부에서 근무하다가 2001년부터는 오만에서 일했고, 첫 휴가를 맞았다. 중동에 와서 더위와 씨름하던 가족들과 함께 이탈리아를 여행하기로 했다. 영국 연수 시절에 유럽을 돌아다니면서도 로마는 나중을 위해 남겨두었었다. 하루 이틀 스쳐 지나가며 구경하기에는 아깝다는 생각이 들어서 나중을 위해 미뤄둔 행선지였다. 이제 기회가 왔다. 마침 로마에 근무 중이던 동기 임훈민 형이 자상하게 일정을 짜주었다.
　오만에서 섭씨 50도를 웃도는 더위와 씨름하던 우리 식구들은 7월이 오자 시름시름 생기를 잃어갔다. 머스캇의 더위를 탈출하듯 떠나온 우리는 부푼 기대감을 안고 로마 공항에 내렸다. 그런데 공항에서 수하물을 찾는 다른 승객들이 다 떠날 때까지도 우리 짐가방은 나타나지 않았다. 중간 기착지였던 바레인에서 실수로 빠진 것이 틀림없었다. 비행기 수하물은 며칠 뒤라도 배달이 되는 경우가 많은데다, 가방 안에 특별히 값나가는 물건도 없었기 때문에 큰 걱정은 아니었다. 하지만 짐이 언제 올지도 모르면서 온 식구가 맨몸으로 지내야 하니 작은 걱정도 아니었다. 혼자 바레인에 떨어진 짐가방도 불쌍했지만, 땀에 젖은 채 맨손으로 호텔에 들어온 우리 식구의 몰골도 가히 이재민을 방불케 했다. 급한 대로 근처 수퍼마켓에서 장을 보았다. 여행은 제법 다녀 봤지만 첫날부터 세면도구나 속옷과 티셔츠 따위를 사보기는 또 처음이었다.

떨떠름한 기분을 떨쳐내는 것이 가장의 몫이다. 식구들을 이끌고 베네치아 광장Piazza Venezia으로 나섰다. 초등학교 1, 2학년이 된 두 사내 녀석들은 분실한 가방 따위는 아랑곳없이 신이 나서 비둘기를 잡겠다며 뛰어다녔다. 7월의 로마도 서울의 한여름보다는 훨씬 뜨거웠지만 오만 기준으로 보자면 섭씨 40도 미만이면 무조건 소풍용 기온이었다. 둘째는 기어코 손으로 비둘기를 잡아들고 의기양양한 미소를 띠고 나타나 제 엄마를 기겁하게 만들었다. 아무리 느긋한 사람들 틈에 살면서 동작이 굼뜨게 길들었기로서니, 일곱 살짜리 꼬마 손에 잡히는 비둘기라니 한심하지 뭔가.

베네치아 광장의 정면에는 비토리오 엠마누엘레2세 기념관이 육중한 모습으로 버티고 서 있다. 1861년 이탈리아 최초로 통일왕국의 왕위에 올라 '국부'Padre della Patria라는 별명을 얻은 국왕 '비토리오 엠마누엘레 마리아 알베르토 에우게니오 페르디난도 토마소'(1820-1878)의 이름을 딴 건물인데, '통일기념관'이라고 통칭되고 있었다. 1935년에 완공된 이 기념관 건물의 상부에는 이탈리아의 통일에 기여한 무명용사들의 묘가 있다.

나에게는 이 기념관의 외관이 그다지 아름답게 보이지는 않았다. 로마는 원래 일곱 개의 언덕을 중심으로 발달한 제국의 수도였다. 기념관 바로 뒤편의 캄피돌리오Campidoglio 언덕은 원래 이름이 카피톨리누스Capitolinus, 즉 머리라는 뜻이었다. 제일 높아서가 아니라, 최고신 유피테르를 비롯해 유노와 미네르바의 신전을 모신 데다, 막강한 권력자들이 저택을 짓고 살던 언덕이었기 때문이다. 로마제국시절 최고 제사장을 겸직하던 황제들은 큰 전쟁에서 승리하는 국가적 경사가 있으면 이 언덕에 올라 신에게 감사하면서 시민을 결집시키는 퍼포먼스를 벌였다. 나라의 수도를 가리키는 캐피털capital이라는 단어의 어원이 바로 카피톨리눔이다. 머리도 시대에 따라 변하는 법. 고대에는 전 세계의 다른 어느 곳도 아닌 바로 이 캄피돌리오 언덕을 가리켰을 '캐피털 힐'Capitol Hill이라는 표현은 지금은 워싱턴DC의 미국 의회를 지칭한다. 무솔리니는 그렇게 의미심장한 캄피돌리오 언덕을 육중한 고층건물로 가로막아 놓은 것이었다. 어쩐지 경복궁을 가리고 섰던 예전의 중앙청 건물이 뇌리에 떠올랐다. 중앙청의 경우는 남의 나라 사람들이 지었다는 변명이라도 있었거늘.

고대에 지어진 유적은 웅장하면서도 제각각 특이한 디자인으로 아름다움을 자아내는데, 20세기의 통일기념관은 아름다움보다 위압감부터 풍긴다. 이 건물은 고대인들의 미적 감각을 그 후예들이 따라잡지 못하고 있음을 실토하고 있었다. 로마의 석조건물은 인근에서 생산되는 옅은 적황색의 석회암으로 만들어진 것이 대부분이다. 그런데 유독 통일기념관은 흰 대리석으로 치장되어 있어서, 뭐랄까, 마치 친지들의 집안 모임에 혼자 파티 드레스를 입고 무대화장을 하고 나타난 - 그것도 몸집이 아주 큰 - 아줌마를 연상케 했다. 20세기 초의 이탈리아인들은 통일을 마음속 깊이 자랑스러워했다기보다, 통일을 자랑해야 할 필요를 절실히 느끼고 있었던 것은 혹시 아니었을까?

베네치아 광장의 왼쪽 구석에는 트라야누스 황제의 기념 원주Colonna Traiana 가 서 있다. 히스파니아 속주에서 태어나 최초의 속주 태생 황제가 되었던 사나이. 그가 101년에서 106년까지 두 차례 도나우 강을 건너 다키아 원정에 성공하고 제국의 판도를 넓힌 것을 기념한 기둥이다. 이 원주 둘레에 그려진 부조물은 그림으로 남겨진 다키아 전쟁기이다. 트라야누스의 재위 동안 로마 제국은 동쪽으로 메소포타미아, 서쪽으로 이베리아 반도, 남쪽으로 북아프리카의 지중해 연안 일대와 이집트 남부, 북쪽으로는 브리타니아에 이르기까지 최대의 강역에 이르렀다. 무솔리니가 완성한 통일기념관이 트라야누스의 원주를 고압적으로 굽어보고 있다는 사실이 어쩐지 희극적으로 느껴졌다.

기념관의 오른편으로 난 계단이 캄피돌리오 언덕으로 오르는 길이다. 고대에 유피테르 신전이 있었던 남쪽에는 콘세르바토리 궁이 있고, 북쪽에는 산타마리아 아라코엘리 교회가 있다. 그 사이의 둔덕을 광장으로 '리폼'한 사람은 다름 아닌 16세기의 미켈란젤로Michelangelo였다. 개신교의 저항운동이 북유럽에서 불붙기 시작하던 무렵, 로마 교회의 정통성을 강조하고 싶어 하던 교황 바오로3세가 미켈란젤로에게 로마의 영광을 복원시켜 달라는 주문을 했던 것이다. 고대의 조각상들은 기독교가 로마의 국교가 된 후에 대부분 우상으로 취급되어 파괴되지만, 캄피돌리오 언덕 한가운데에는 5현제의 한 사람인 마르쿠스 아우렐리우스Marcus Aurelius의 기마 청동상이 보존되어 있다. 이 동상은 기독교를 공인한 콘스탄티누스 대제의 동상으로 오인 받아 파괴를 면할 수 있었다고 한다. 그 동상의 대리석 받침대가 미켈란젤로의 작품이라니, 정말 로마는 거대한 노천박물관이다.

캄피돌리오 언덕을 내려와서는 포로 로마노Foro Romano를 거닐었다. 제국의 영광을, 중요한 역사를, 무수한 사건을 담은 공간이 허물어진 채 풀밭 위로 펼쳐져 있었다. 이곳을 행진했을 그 많은 개선장군들은 무엇을 위해서 싸웠던 것인가. 포로 로마노의 역사적 무게를 아직 이해할 길 없는 나의 두 아이들에게는 유적이 그저 풀밭 사이에 나뒹구는 숨바꼭질 엄폐물일 뿐이었다. 모처럼 중동의 모진 더위에서 벗어나 깔깔거리며 뛰어노는 아이들을 바라보니, 내가 서글퍼할 이유는 없었다. 한 인간이 겪을 수 있는 단위의 시간은 얼마든지 뿌듯하고 행복할 수도 있는 것이었다. '여행'이라면 으레 아기를 업거나 안고 다니는 것을 의미했었는데 어느새 불쑥 자란 두 녀석은 어엿한 여행의 주체가 되어 있었다. 오랜 역사의 잔해 사이로 '나의 내일'이 되어줄 두 꼬마가 지칠 줄도 모르고 뛰어다니고 있었다.


**7월 10일, 화요일**

도시 속의 나라, 바티칸으로 갔다. 바티칸은 상상보다 훨씬 작았고, 산 피에트로 대성당은 생각보다 훨씬 컸다. 대성당이 너무 거대해 바티칸이 비좁아 보인 건가 싶을 정도였다. 바티칸 시국은 0.44km²의 면적에 900명 정도의 인구로 세계에서 제일 작은 나라다. 프랑스 남부의 소국 모나코도 바티칸보다는 4.5배나 더 크다. 우리가 흔히 '도시국가'라고 부르는 싱가포르의 면적조차 699km²나 되니까, 싱가포르 지도를 바티칸만 한 크기로 오려낸다면 1588개

쯤의 조각이 생겨난다. 명동성당이 있는 명동 면적의 절반에도 못 미치는 크기를 가진 바티칸이지만, 이곳을 우러러보는 전 세계 11억 가톨릭 신자들을 계산에 넣으면 다른 얘기가 된다. 실제로 바티칸은 정확한 규모가 베일에 싸인 엄청난 자금력과, 전 세계 어느 정부보다 뛰어난 정보력을 자랑한다. 예쁘게 줄무늬 제복으로 차려 입은 100여명의 스위스 근위병이 바티칸이 보유한 군사력의 전부지만, 바티칸의 힘은 군사력에서 나오는 것이 아니다.

산 피에트로, 즉 성 베드로 대성당은 어마어마한 규모의 건물이다. 건물이 스스로의 무게를 지탱하고 있는 것이 대견해 보였다. 원래 이 자리에는 네로 황제가 완공했던 대형 경기장이 있었다. 전설에 따르면 예수의 수제자 성 베드로가 이 경기장에서 거꾸로 십자가에 매달려 순교를 당했다고 한다. 기독교가 로마의 국교가 되면서 콘스탄티누스 황제는 베드로의 무덤이 있다고 알려진 바티칸에 교회를 지었는데, 이것이 지금 존재하는 산 피에트로 성당의 전신이다. 역설적이지만, 산 피에트로 성당이 지금처럼 거대한 건물로 변신한 것은 가톨릭이 르네상스와 종교개혁으로 근본적인 도전을 받기 시작하던 무렵이었다. 1505년에 교황 율리오2세가 새 건물을 짓기로 결정하고 설계를 공모했다. 어쩌면 율리오2세에게 크고 화려한 대성당이 필요했던 이유는 무솔리니에게 거대한 통일기념관이 필요했던 이유와 크게 다르지 않을지도 모른다. 다른 점을 꼽으라면, 새로 지은 산 피에트로 대성당은 아름답다는 것.

대성당이 완성되기까지는 무려 120년의 세월이 걸렸다(오랜 세월 공을 들여 지었으니 당연히 아름다운 걸까). 덕분에 이 성당의 설계와 시공과 건설에는 브라만테Bramante, 라파엘로Raffaello, 미켈란젤로, 베르니니Bernini 등 세대가 다른 쟁쟁

한 예술가들이 시차를 두고 동참할 수 있었다. 그래서 라파엘로가 설계한 복도와 미켈란젤로가 설계한 기둥과 돔, 베르니니가 설계한 광장이 하나의 거대한 작품으로 어우러지게 된다. 대성당 건축의 뒷이야기가 다 아름답기만 한 것은 아니다. 건축에 쓰일 2천개 이상의 돌은 교황의 지시로 콜로세움에서 뜯어왔고, 대성당의 거대하고 우아한 나선형 기둥들의 재료가 된 청동은 판테온의 입구에서 뜯어온 것이었다.

간혹 모든 문화재는 당연히 다 복원되어야 한다고 주장하는 사람들을 만나곤 하는데, 그런 이들도 이런 경우라면 난감할 것이다. 대성당을 뜯어서 콜로세움을 복원할 수야 없는 노릇이 아니겠는가. 문화재가 인류 공동의 역사라면, 문화재를 훼손한 기록과 기억도 분명히 역사의 일부다. 현존하는 문화적 자산을 소중히 여기는 태도는 좋지만, 역사를 자의적으로 취사선택하려는 태도는 불길하고 위험하다.

대성당 입구의 바로 안쪽에 있는 미켈란젤로의 피에타<sup>Pieta</sup> 상 앞은 관람객으로 북적였다. 대성당의 다른 조각 작품과는 달리, 성모가 숨진 예수를 안은 피에타만은 두꺼운 유리에 둘러싸여 있다. 1972년에 피해망상에 시달리던 미치광이가 "나는 예수다"라고 소리치며 망치로 내리쳐 부순 것을 간신히 복원해 놓았기 때문이다. 이 작품은 스물세 살짜리 예술가가 만들었다고는 도저히 믿어지지 않을 만큼 해부학적 사실성, 고전주의적 균형미, 르네상스적인 극적 긴장감을 고루 갖추고 있었다. 어떤 미친 인간 때문에 여기까지 와서도 이 작품을 유리 상자 너머로 볼 수밖에 없다는 점이 못내 아쉬웠다.

그 대신, 바티칸 박물관에서 만난 라오콘 부자상Gruppo del Laocoonte은 여러 각도에서 살펴볼 수 있었다. 트로이에 살던 라오콘은 비운의 예언자였다. 그는 그리스의 목마가 불길한 물건이라고 주장했지만 그리스 편을 들던 아테나 여신이 보낸 물뱀에 의해서 트로이 시민들이 보는 앞에서 아들들과 함께 죽음을 당했다. 바티칸에 전시되어 있는 라오콘 상은 기원전에 만들어진 헬레니즘 양식의 조각 작품으로, 1506년에 로마 에스퀼리노 언덕에서 발굴되어 유럽 르네상스 예술계에 일대 충격을 불러 일으켰다. 발굴에 참여했던 미켈란젤로도 이 조각으로부터 깊은 영감을 받았다고 전해진다. 서양미술사의 방향에 결정적인 영향을 미친 작품인 것이다.

나도 그 앞에서 넋을 빼앗겼다. 물뱀의 징그럽도록 정교한 묘사와, 회한과 억울함으로 일그러진 삼부자의 표정, 고통으로 긴장한 육체의 날 선 근육들! 발굴 당시 부서진 여러 조각이던 것을 복원했는데 라오콘의 오른팔과 아들들의 손은 발견되지 않았다. 미켈란젤로는 전체적인 구도나 근육의 상태로 미루어 라오콘의 오른팔은 뒤로 꺾인 모습일 거라고 주장했으나, 당시의 유행에 맞추어 앞으로 팔을 뻗은 모습으로 복원되었다. 그로부터 무려 400년 뒤인 1906년에 콜로세움 근처에서 라오콘의 오른팔이 발굴되었는데, 그 팔은 놀랍게도 미켈란젤로가 주장했던 것처럼 뒤로 꺾어진 모습이었다. 과연 천재 예술가 호칭을 아무나 듣는 것은 아닌 모양이다. 내가 라오콘 부자상에 넋을 놓고 있는 사이에 아이들의 눈길을 끈 것은 '말을 사냥하는 사자' 석상이었다. 두 녀석은 사자의 입에 손을 집어넣으며 익살을 부리고 있었다.

대성당 바로 옆에 있는 시스티나 예배당Cappella Sistina은 교황의 비밀선거

Conclave가 거행되는 곳이다. 묵은 때를 벗고 깔끔한 파스텔 톤으로 단장한 미켈란젤로의 천장 프레스코화가 우리를 맞아주었다. 예배당의 양쪽 벽에 그려진 벽화들은 모세와 예수의 일생을 그린 것으로, 페루지노 Pietro Perugino, 보티첼리 Sandro Botticelli, 로첼리 Cosimo Rocelli, 시뇨렐리 Luca Signorelli 등 당대의 대가들의 손으로 그려졌다. 그러나 역시 압권은 미켈란젤로가 창세기의 내용을 그려 넣은 천장화와 제대 뒷면에 그린 천지창조 벽화다. 미켈란젤로는 1508년부터 66세가 되던 1512년까지 무려 4년에 걸쳐 사다리 위에서 머리를 뒤로 젖히고 그림을 그리느라 휜 척추와 관절의 염증을 얻었고, 얼굴 위로 떨어지는 안료 때문에 눈병과 폐렴에도 시달렸다고 한다. 찰턴 헤스턴이 미켈란젤로 역으로 출연했던 1965년 영화 〈The Agony and The Ecstasy〉가 떠올랐다. 이 영화는 안료가 처덕처덕 얼굴 위로 떨어지는 천장 밑에서 그림을 그리다가 어깨가 굽는 노 미켈란젤로를 실감 나게 묘사하고 있다.

시스티나 천장 벽화의 복원은 NHK의 후원으로 1980년부터 시작되어 1994년에 완결되었는데, 막상 복원해 놓고 보니 너무 밝고 깨끗해진 벽화에 오히려 실망하는 사람도 많았다고 한다. 근대 이후 최근까지 시스티나 벽화에 대해서 미술사가들과 평론가들이 떠들어댄 이야기가 거의 대부분 헛소리였다는 점이 드러났기 때문이다. 고색창연한 유물에 익숙하고, 그것을 사랑했던 사람들은 복원된 천장화를 가리켜 "베네통 톤의 미켈란젤로"라고 비아냥거린다. 미켈란젤로가 환생한다면 포복절도하거나 대노격분하거나 둘 중 하나일 텐데, 따지고 보면 매사에 그런 식인 것이 인간세상이다. 인간이 자기중심적인 관습주의에 사로잡혀 선대의 성현의 말씀을 따른답시고 도리어 그 이름을 욕되게 하는 것이 어디 하루 이틀의 일이던가. 반드시 오랜 세월을 거쳐야 벌어지는 일도 아니다. 인생세간에서는 언제나 "왕보다 더 왕당파적인"More royalist than the king 독특한 정신세계를 가진 자들이 항상 큰 목소리를 냈고, 앞으로도 그럴 것이 틀림없다.

산 피에트로 대성당 앞에는 1656년부터 장장 11년에 걸쳐 베르니니가 설계하고 감독해서 만든 광장이 펼쳐져 있다. 사실 '펼쳐져 있다'기보다는 광장이 대성당의 품에 둥글게 안겨 있는 형상이었다. 무려 40만 명이 들어갈 수 있다는 이 광장의 한복판에는 로마의 정복자들이 이집트에서 옮겨 온 오벨리스크가 서 있다. 네로황제의 경기장에 있던 첨탑을 이리로 옮겨왔다는데, 그

꼭대기에는 십자가가 세워져 있었다. 오벨리스크가 이집트인들이 태양신을 섬기던 기념물이었다는 점을 생각하면, 그것이 뿔뿔이 흩어져 프랑스(파리 콩코드 광장), 이탈리아(바티칸 등 11곳), 영국(대영박물관 등 4곳), 미국(뉴욕 센트럴파크), 폴란드(포즈넌 박물관), 터키(이스탄불 광장) 등 서반구의 전역에서 위용을 뽐내고 있다는 사실은 묘한 기분을 자아낸다. 심지어 워싱턴DC의 독립기념탑도 오벨리스크의 모양을 흉내 낸 것이니, 이집트 태양신 입장에서는 흐뭇한 노릇인 걸까. 특히 그중에서도 세계 기독교의 중심인 바티칸 광장 한복판에 이 물건이 있다는 것은 어쩐지 유난히 앞뒤가 맞지 않는 일처럼 느껴졌다.

**7월 11일, 수요일**

바티칸 시국으로부터 테베레Tevere 강 건너편에 있는 보르게제Borghese 미술관을 방문했다. 부유한 예술 애호가이던 시피오네 보르게제Scipione Borghese 추기경의 저택을 20세기 초에 정부가 매입하여 미술관으로 개비한 곳이다. 18세기에 로마를 점령한 나폴레옹이 이탈리아에서 채 못다 가져가고 남겨둔 걸작 예술품들이 전시된 곳이라고 보면 되겠다. 좋은 작품들이 이나마 남을 수 있었던 이유는 1803년에 나폴레옹의 여동생 파올리나가 보르게제 가문의 카밀로에게 시집을 왔던 덕분이라고 한다.

보르게제 추기경은 르네상스 예술가들에게 인심 좋은 후원가였으므로, 이 미술관은 루벤스, 보티첼리, 카라바지오, 다 빈치, 티치아노, 베르니니 등 르네상스에서 바로크 시기까지의 명품 컬렉션을 소장하고 있는데, 백미는 베르니니의 조각 작품들이었다. 조반니 로렌초 베르니니Giovanni Lorenzo Bernini(1598~1680)는 조각가 겸 건축가였다. 베르니니의 작품들은 넘치는 생동감으로 꿈틀대면서도 고전주의적인 엄격함을 지켜냈다. 그것은 어떤 틀 속에 머물기 때문에 비로소 최고의 경지가 될 수 있는 역설이었다.

좀 이상한 얘기가 될지도 모르지만, 나는 베르니니의 작품을 보고 비로소 로댕의 위대함을 깨달았다. 이미 누군가가 완성시켜버린 쟝르에 종사한다는 것은 축복이기보다는 저주다. 회화에서 피카소가 그랬듯이, 조소에서 쟈코메티가 그랬듯이, 시에서 에즈라 파운드와 T.S. 엘리어트가 그랬듯이, 더 이상 작품을 아름답게 만드는 데 자신의 창의성을 발휘할 여지가 없는 창작공간 속에 놓인 재능 있는 예술가들은 쟝르의 해체과정으로 돌입하고 싶은 유혹을 강하게 느낄 터다. 20세기의 예술가들이 추상과 주지주의와 컨셉츄얼리즘과 아방가드의 요지경 속으로 들어선 것은 순수하게 자발적인 선택처럼 보이지는 않는다. 그들에게는 창조적 완성을 향해 앞으로 나아갈 길이 더 이상 없었던 건지도 모른다. 내가 베르니니의 조각 작품에서 본 것은, 조형예술의 막다른 종점, 궁극의 경지였다. 만약 오귀스트 로댕의 재능이 한 치만 모자랐다면 아마 그도 앤디 워홀이나 헨리 무어나 요셉 보이스처럼 추상의 세계 속으로 달아났을 것이다. 미켈란젤로와 베르니니 이후에 태어났음에도 불구하고 개성 있는 구상 조형 작품들을 만들어냈다는 사실만 가지고도, 로댕은 찬사를 받을 자격이 있다는 생각이 들었다.

베르니니가 쪼아 모양을 만들기 전에는 돌덩어리에 불과했을 차가운 물

건으로부터 뭐라고 설명할 수 없는 감동이 밀려
왔다. 〈아폴로와 다프네〉Apollo e Dafne는 사랑의 열
병에 들뜬 아폴로가 망연히 바라보는 가운데 올
리브 나무로 변신해가는 다프네의 모습을 형상화
했다. 베르니니는 뛰어다니던 사람이 나무로 변
해가는 모습을 묘사했지만, 실제로 그가 한 일은
정반대방향의 작업이었다. 차가운 대리석을 쪼아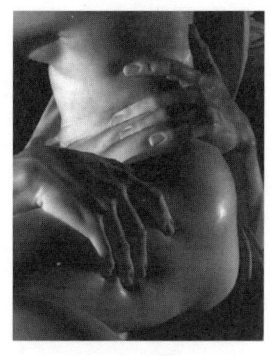
서 금방이라도 움직일 것만 같은 작품을 만들어 냈으니 말이다. 하데스가 페
르세포네를 납치해가는 장면을 묘사한 〈페르세포네의 납치〉Ratto di Proserpina 앞
에서 나는 하데스의 손아귀 힘으로 움푹 들어간 페르세포네의 연약한 살결을
한참동안이나 넋을 놓고 바라보았다. 대체 어떻게 저렇게 만들 수 있단 말인
가! 베르니니여, 바위 덩어리에서 욕정을 깨워낸 그대 관능의 화신이여.

　　베르니니를 발견한 이상 박물관만 구경하고 갈 수는 없는 노릇이었다. 산
프란체스코 리파San Francesco a Ripa 성당을 찾아갔다. 그곳에 있다는 베르니니의
또 다른 걸작품 〈축복받은 루도비카〉La Beata Ludovica Albertoni를 보기 위해서였다.
과연! 구겨진 옷자락을 움켜쥔 그녀의 황홀경. 작품을 구경하는 나도 작품 속
의 수녀 알베르토니 만큼이나 황홀한 느낌이었다. 이 작품을 만들 때 베르니
니의 나이는 무려 71세였다. 주변의 눈치를 보다가 사진을 몇 장 찍었지만 플
래시를 쓰지 않으니 선명한 사진은 좀처럼 얻을 수 없었다.

　　오후에는 스페인 광장으로 갔다. 영화 〈로마의 휴일〉Roman Holiday에서 오드
리 헵번이 총총거리며 걸어 내려오던 계단이 있는 곳이다. 우리는 그 계단에

일렬로 걸터앉아 아이스크림을 먹으며 더위를 식혔다. 기억 속에 흑백 화면으로 남아 있던 풍경 한가운데 앉아 영화 속 장면을 떠올려보았다. 수십 년이 흘러도 변하지 않는 도심의 풍경을 우리는 왜 갖지 못했을까?

**7월 12일, 목요일**

훈민 형은 자상하게도 우리 네 식구의 베네치아 왕복 기차표도 예약해 두었다. 시간을 길에다 버릴 필요가 없다며, 베네치아에서 로마로 돌아오는 길은 침대칸 밤차편으로 잡아 주었다. 베네치아는 관광객의 지갑을 터는 상술로 가득한 곳이니 정신 바짝 차리라는 조언도 덧붙였다. 베니스의 상인은 셰익스피어가 묘사한 유태인과 비슷한 이미지를 지금까지 가지고 있는 모양이었다. 실제로 그곳의 식당과 카페들은 악 소리가 날 만큼 비쌌다. 그런데도 일 년 내내 제 발로 찾아오는 관광객들로 북적이는데야 어쩌랴.

세상에서 베네치아와 비슷한 곳은 오로지 베네치아뿐이다. 많은 사람들이 그 독특한 아름다움을 보기 위해 베네치아를 찾는다. 하지만 베네치아의 아름다움은 과거 이곳의 주민들이 살아남기 위해 피땀 어린 발버둥을 친 흔적이다. 6세기경 베네치아인들은 당시 중부유럽까지 쑥대밭으로 만든 훈족의 공격으로부터 살아남기 위해 뻘밭인 석호지역으로 도망쳤고, 이곳에 수상도시를 건설했다. 습지를 간척하고, 나무로 말뚝을 박아 건물의 기초로 삼고, 물이 고여 썩지 않도록 물길을 내며 도시를 만들었다.

그러나 베네치아는 도망자들의 도시로 머물지 않았다. 697년 초대 총독이 선출된 때로부터 1805년 나폴레옹 치하의 이탈리아 왕국에 귀속될 때까지 무려 천 년이 넘는 기간 동안 이 도시국가는 동일한 정체성을 유지했다. 고대로부터 현대에 이르기까지, 거대제국이냐 도시국가냐를 불문하고, 천 년 이상 정부를 유지한 나라로는 베네치아가 유일하지 않나 싶다. 게다가 베네치아는 그냥 허접스레 살아남은 것이 아니었다. 중세에서 근대에 이르기까지의 상당 기간 동안 베네치아는 세계 최첨단을 걷는 선진국이었고 유럽 최강의 해양강국이기도 했다. 베네치아를 그토록 강하게 만든 것은 베네치아인의 냉철한 현실감각이었다. 그러나 그 냉철함이라는 것은 나의 선배가 "베네치아인들은 관광객의 주머니를 턴다"며 몸서리치는 그들의 얌체스러운 이미지와 한 동전의 앞뒷면을 이루는 게 아닐까.

두 눈으로 본 베네치아는 영화나 사진을 통해 본 것과는 딴판이었다. 도시 전체가 협소한 간척지 위에 지어진 탓인지, 모든 도로는 건물 사이사이로 참 용케도 나 있다 싶은, 미로 같은 골목길이었다. 표지판을 조심스레 따라가지 않으면 누구라도 미아가 되기 십상이었다. 베네치아가 로맨스를 다룬 소설이나 영화의 무대로 자주 등장하는 이유를 알 것 같았다. 이 도시는 그 속에서 어디로 갈지 뻔히 알면서도 길을 잃게 된다는 점에서, 우리의 사랑을 닮아 있었다. 무릎까지 바다에 담그고 선 건물들과 그 사이를 흐르는 물 위로 떠다니는 곤돌라. 관광용 곤돌라뿐 아니라 택시도, 버스도, 앰뷸런스나 소방차도 모두 배를 의미하는 곳. 비현실적인 한 폭의 그림 같은 도시 속에 사는 현실감 투철한 사람들. 논픽션 작가 존 베런트John Berendt는 『추락하는 천사들의 도시』

The City of Falling Angels 속에 이 도시의 모습을 멋지게 묘사했다. 그 책에 담긴 거짓말 같은 이야기가 논픽션이라는 사실 자체가 베네치아의 이율배반적인 개성을 증명하는 셈이다.

우리는 산마르코San Marco 광장으로 가서 멋진 광장과, 그곳을 가득 메운 관광객과, 관광객보다 훨씬 많은 수의 비둘기와, 광장 옆에 자리 잡은 대성당을 구경했다. 최근에는 우기가 되면 바닷물이 범람해서 광장이 허벅지 높이까지 물에 잠기는 일이 잦다고 한다. 혹자는 지구 온난화 때문에 해수면이 높아진 탓이라고 하고, 혹자는 천 오백년 동안 건물의 무게를 버티던 석호의 지반이 침하되기 때문이라거나, 또는 광장의 기초를 이루는 말뚝들이 내려앉기 때문이라고 주장도 하는 모양이었다. 이유가 뭐든 간에 독특하게 아름다운 것이

사라져 간다는 것은 안타까운 일이었다. 나는 광장 한 구석에서 대성당의 모습을 스케치북에 그렸다. 나의 두 아들은 새 모이를 양손에 쥔 채 광장 복판에 팔을 벌리고 서서 비둘기들이 팔 위로 올라타는 것을 즐거워했다.

우리는 어둑해져 가는 베네치아의 골목들을 거닐었고, 책에서만 듣던 리알토 다리를 건넜으며, 유리공예 작업장도 구경했다. (물론 입장료를 냈다.) 솜씨 좋은 아저씨가 훅훅 불어 유리병과 유리로 된 말을 만드는 모습을 손뼉 치며 구경했다. 물론 나도 냉철한 현실감각을 발휘해서, 아무 기념품도 섣불리 사지는 않았다. 돌아오는 길에는 밤기차의 아늑한 침대칸을 탔다. 처음 타보는 침대차에서 들뜬 밤을 보낸 건 아이들만이 아니었다. 네 식구가 부스스한 모습으로 내린 종착역은 로마의 테르미니Termini역이었다.

### 7월 13일, 금요일

임훈민 선배는 식구들과 여름휴가를 떠나면서 자기 집을 우리에게 숙소로 내어주었다. 숙박비를 아끼면서 좀 더 편안히 쉬라는 뜻으로 그토록 살가운 배려를 베풀면서도, 임 선배는 도리어 자기가 데리고 다니면서 보살펴주지 못한다며 미안하다고 했다. 예기치 않게 우리는 남의 빈집의 점령자가 되어버렸다. 반가운 소식은, 사라졌던 우리 짐 가방이 드디어 로마 공항에 도착했다는 것이었다. 우리 가방은 중간 기착지였던 바레인에서 잘못 분류되어 북유럽까지 갔다가 로마로 돌아왔다고 했다. 아내는 먼 여행이라고 아이들 옷가지를 가방에 많이도 챙겨 넣었었는데, 가방이 사라지는 바람에 지난 며칠간 두어 벌뿐인 아이들 겉옷과 속옷을 빨아 너느라 매일 밤 호텔에서 부산을 떨어야 했다. 낯익은 여행 가방을 되찾으니 헤어졌던 식구와 상봉하는 것처럼 반가웠다. 식구들이 패션이 이제야 좀 관광객답게 '업그레이드' 되었다.

점심식사 후에 시내로 산책을 나갔다. 로마라는 도시 전체가 야외 박물관이라는 점을 실감했다. 관광객에게는 행복한 일이지만, 이렇게 널따란 유적들 틈으로 난 비좁은 도로를 이용해야 하는 주민들에게는 불편한 노릇이겠다 싶어 측은할 정도였다. 어디든 땅 좀 팠다 싶으면 고대 유적이 튀어나와 웬만해서는 새 건물을 짓거나 도로를 확장할 엄두를 못 낸다니…. 로마 시내에서 유일하게 폭이 30m에 이르는 대로인 포리 임페리알리Fori Imperiali 도로는 독재자 무솔리니가 1932년에 문화계의 비판 따위는 무시하고 뚫어버린 길이다. 그는 베네치아 광장에서 콜로세움까지 고대의 유적들 사이로 행군하는 이탈리아군의 모습을 히틀러에게 자랑하고 싶어 했다. 우리는 포리 임페리알리 도로를 사이에 두고 양편에 있는 아우구스투스 광장과 트라야누스 광장을 돌아보았다. 현대 도로의 높이에 비해 십여 미터 낮은 곳에 자리 잡은 이 고대의 광장은 너무 낡아서 본래 모습을 짐작하기가 쉽지 않았다.

마침내 콜로세움에도 왔다. 거의 2천 년 전에, 4만 명의 포로를 동원하여 지었다는 건물이다. 이런 건물을 불과 8년 만에 뚝딱 지었다는 걸 보면 역시 로마제국은 토목 제국이었다. 로마가 가졌던 힘의 더 큰 부분은 군사력이 아니라 토목건축능력이었음이 틀림없다. 강 건너편의 적을 공격할 때도 제대로 된 다리를 짓고, 공성전을 할 때면 성벽만큼이나 높은 언덕을 만들어버렸던 로마

군. 로마가 정복지에 길을 닦고 수로를 놓지 않았다면 제국은 팽창할 수 없었을 것이다. 선진화된 문명과 법 관념으로 주변의 나라들을 '로마화'하면서 파죽지세로 성장했던 로마. 그러나 그 로마제국도 어김없이 쇠퇴와 해체의 길을 걸었다. 열흘 붉은 꽃이 없는 이유는 꽃이 생물이기 때문이다. 영원히 발전하는 나라가 없는 이유 또한 나라가 살아 있는 인간들의 모임이기 때문 아닐까.

  5만 명이 넘는 관중이 콜로세움에 모여서 한 일은 싸움 구경이었다. 싸움이 없으면 만들어서라도 구경해야 직성이 풀리는 것이 인간의 본성인가 보다. 평화가 영원히 지속되지 못하는 이유는 인간이 피를 보기 원하는 맹수라서인지도 모른다. 불현듯 이소룡이 생각났다. 〈맹룡과강〉猛龍過江에는 콜로세움이 싸움 장소로 등장한다. 이소룡은 거기서 척 노리스를 때려눕히기 전에 고양이처럼 등뼈를 구부리며 몸을 푼다. 폭력에 매혹되는 습성으로 치자면 나도 예외가 아닌가 보다. 중세에 교회를 짓는 데 쓰느라 여기저기 자재가 뜯겨진 콜로세움의 사연도 주먹과 발길질 못지않게 폭력적으로 느껴졌다.

  더운 날씨에 유적을 구경하자며 끌고 다녔더니 일곱 살짜리 둘째가 피곤해서 심통을 부리기 시작했다. 제 형이 그 나이 때 그랬던 것보다 어리광이 심한 걸 보면 막내 티를 내는 것이었다. 하는 수 없이 목말을 태우고 다녔다. 산책 나온 김에 고대 로마 건축물중 가장 잘 보존되었다는 판테온도 구경했다. '모든 신을 위한 신전'이라는 뜻을 가진 이 신전은 기원전 31년에 만들어져, 7세기 이후로는 기독교 성당으로 사용되었다. '만신전'으로 지어진 건물이 유일신의 성전으로 쓰였다는 얘기에 씁쓸한 생각도 들었지만, 수많은 고대 로마의 건물들이 중세 초기에 파괴와 약탈을 겪는 동안 판테온이 똑같은 운명을 겪지 않을 수 있었던 것은 기독교 성당으로 개축된 덕분이라니, 그것도 다 이 건물의 기구하면서도 장구한 팔자였던 모양이다. 이천 년 전에 지어진 판테온은 건축학적으로도 기념비적인 건물이다. 철근이 없이 지어진 가장 큰 콘크리트 건물이라는 점에서 그렇다. 문외한인 내가 보기에도 아치와 기둥으로 건물의 하중을 분산시킨 지혜가 멋들어졌다.

오후에는 트레비 분수에 발을 담그고 더위를 식혔다. 동전을 하나씩 받아든 우리 꼬마들은 옆의 사람들을 흉내 내어 눈을 감고 진지하게 소원을 빌더니 뒤로 돌아 어깨너머 분수를 향해 던졌다. 무슨 소원을 빌었냐고 묻지는 않았다. 저물어가는 저녁볕을 등으로 받으며 우리는 어슬렁어슬렁 나보나(Navona) 광장에 들어섰다. 페루 민속악단의 연주가 들려왔다. 두 아이들은 이번에는 웬일인지 비둘기를 쫓아다니지 않고 악단 앞 길거리에 양반다리를 하고 앉아 한참동안이나 음악을 감상했다. 전차경기장의 모양을 본떠 긴 타원형으로 만든 나보나 광장은 로마의 여러 광장들 중 가장 아름답다고 알려져 있는데, 아름다운 것은 광장이 아니라 많은 사람들이 느긋하게 휴식을 취하는 이 광장의 분위기였다.

내친 김에 광장 한 켠의 노천카페에 앉아 스파게티를 먹었다. 스파게티 봉골레를 시켰는데 웨이터가 토마토 소스 스파게티를 가져왔기에 "스파게티 봉골레를 시켰다"고 말했다. 젊은 웨이터는 아주 잠시 망설이는 것 같더니 "이게 스파게티 봉골레 맞다"고 천연덕스레 말하고는 접시를 놓고 갔다. 성질을 한번 부려볼까 하다가, 웨이터의 말투가 퉁명스럽기보다는 애교스러웠다는 정상을 참작하고, 피곤해서 꾸벅꾸벅 졸다가 스파게티를 보더니 활짝 웃으며

미뤄둔 행선지, 이탈리아 /161

반가워하는 아이들의 분위기를 망치기 싫어서 그냥 참았다. 이름을 알 수 없는 그 스파게티도 맛은 좋았다. 노천카페 앞에 길거리 광대가 나타나 지나가는 행인들을 골리며 재롱을 부렸다. 나에게는 광대의 재주보다 행인들의 여유 있는 반응이 더 신기했다. 광대가 뒤쫓아 가며 엉덩이를 만졌던 아주머니나, 광대가 도둑 잡는 경찰 시늉을 하며 내리친 고무 몽둥이에 머리를 맞은 아저씨나 한결같이 껄껄 웃으며 가던 길을 갈 정도의 마음의 여유를 갖고 있었다. 그렇다. 이런 사람들이 광장의 참모습을 이루고 있는 것이었다.

### 7월 14일, 토요일

이번에는 아침 일찍 로마에서 출발하는 버스를 타고 폼페이로 향했다. 서기 79년 베수비오 Vesuvio 화산 폭발로 멸망한 비운의 도시. 농업과 상업의 중심지이자, 귀족들의 휴양지였다가 화산재에 묻혀버린 폼페이는 1549년 수로공사 중에 유적이 발견되면서 발굴이 시작되었다. 발굴 당시 발견된 시신들의 석고본이 전시되어 있었는데, 그 끔찍한 주검들을 보면서도 막상 이 도시가 당한 비극이 가슴으로 느껴지지는 않았다. 무덥지만 화창한 날씨에다 잘 정돈된 잔디밭 사이로 펼쳐진 유적들, 그 위로 반바지 차림의 관광객들의 모습이 비극과는 거리가 멀어서 그랬던 모양이다. 라틴어에는 '화산'이라는 말이 없을 정도로 로마인들에게 화산의 위험은 낯설었다고 한다. 지금도 활화산인 베수비오 인근에는 수백만 명의 인구가 살고 있다. 저만치 보이는 베수비오의 중턱에서는 뭉게뭉게 김이 피어오르고 있었다.

　우리를 안내하던 가이드는 강한 이탈리아 억양의 영어로 유적에 관해서 설명해 주었다. 그녀는 납으로 된 수도관을 가리키며 "당시 부유한 빌라들은 납 수도관을 갖추고 현대인만큼 편리하게 식수와 목욕물을 사용했는데, 납중독 때문에 일찍 죽거나 미치는 경우도 많았다"고 설명해 주었다. 은근히 부자들이 당한 고통이 고소하다는 투로 말하는 것이었는데, 나에게는 남의 일처럼 들리지가 않았다. 인류가 전부 멸망하고 난 다음에 외계인들이 지구를 '발굴'한다면, 자기 수명을 단축하는 공해물질을 유발하며 지냈던 지금의 인류를 조롱하지 않을까? 폼페이의 부자들을 비웃을 것이 없다. 인간에게 편리하고자 하는 욕망은 살아남고자 하는 욕망에 결코 밑돌지 않는다!

　폼페이를 떠난 버스가 멈춘 곳은 세계 3대 미항의 하나라는 나폴리. 가파른 산이 품고 있는 항구는 아름다웠다. 난바다를 항해하던 외로운 배들은 이 항구에 들어서면서 눈앞을 거의 직각으로 막아선 병풍 같은 산자락에 펼쳐진 나폴리의 풍경에 탄복하지 않을 수 없었을 것이다. 하지만 나폴리는 화려한 도시는 아니었다. 높다란 산을 가득 채운 수많은 가옥들은 장식이 아니라 생활이었다. 나폴리의 매력은 정갈한 화려함이 아니라 떠들썩하고 수더분한 분위기였다. 이곳은 북부 이탈리아에 비해 소득이 낮기 때문에 지저분하고 범죄율도 높다고 한다. 기원전 7세기경 그리스인이 건설한 '신도시'(네아폴리스Neapolis)였던 나폴리는 그 뒤로 동고트족, 비잔티움 제국, 노르만족, 호엔슈타우펜 왕가, 아라곤 왕국, 스페인, 오스트리아, 부르봉 왕조 등등 다양한 이민족의 지배를 받았다. 도시의 분위기가 떠들썩한 것도 무리는 아니지 싶었다. 우리 버스는 나폴리에서 잠깐 정차했다가 다시 목적지인 소렌토로 출발했다.

바로 인근의 도시인데도, 나폴리와 소렌토의 분위기는 옥수동과 청담동만큼이나 서로 달랐다. 소렌토 역시 바다에 면한 가파른 산 위로 이루어진 도시였는데, 첫눈에도 고급스러운 관광지로 보였다. 버스는 좁고 가파르고 구불구불한 소렌토의 골목길을 누비더니, 절벽을 면하고 있는 얌전한 호텔에 우리를 내려주었다. 객실에는 바다를 굽어보는 발코니도 딸려 있었다. 아직 날이 저물기 전이라 아이들을 데리고 호텔 수영장에서 모처럼 물놀이를 즐겼다. 호텔에서 절벽을 타고 난 계단을 따라 내려가니 요트 접안 시설이 있는 바닷가였다. 바닷물에도 뛰어들어 티레니아 해의 파도에 몸을 싣고 둥실둥실 떠다녀 보았다. 일상으로부터 이보다 더 멀리 달아날 수는 없을 것 같았다. 노래 한 자락이 절로 나왔다. 소렌토로 돌아오라고.


### 7월 15일, 일요일

시간에 맞춰 호텔 앞에서 기다리니 버스가 다시 우리를 데리러 왔다. 이제 카프리Capri 섬을 방문할 차례였다. 언덕 위에서 바라보는 소렌토 항구는 탄성이 절로 나올 만큼 아름다웠다. 엽서 사진 속으로 들어가는 기분으로 항구에 내렸고, 배에 올랐다. 웬만큼 육지에서 멀어졌을 때, 사람 좋아 보이는 선장은 우리 두 아이들에게 와보라고 하더니 배의 방향타를 맡기고 뒤에 서서 손가락으로 방향을 가리키며 저쪽으로 몰아보라고 했다. 까불어대던 꼬마들은 갑자기 진지해지더니 긴장된 표정으로 배를 몰았다. 승객들이 웃으며 번갈아 사진을 찍었다. 카프리 섬도 높다랗게 솟은 화산섬이었다. 섬의 가파른 면을 스쳐 가는데 선장이 절벽 위를 가리켰다. 티베리우스 황제의 별궁이 거기 있었다. 저기까지 어떻게 올라갔나 하는 생각이 드는, 그런 위치였다.

티베리우스 율리우스 카이사르 아우구스투스Tiberius Julius Caesar Augustus(기원전 42~37년)는 로마제국의 제2대 황제였다. 초대 황제 아우구스투스의 양아들이던 그의 친아버지는 공화정 말기의 내전에서 옥타비아누스를 적대하던 안토니우스파의 티베리우스 클라우디우스 네로였다. 말하자면 아버지의 적에게 입양되어 성장했던 것이다. 양아버지 옥타비아누스는 원로원으로부터 아우구스투스의 칭호를 받은 뒤 자기 친손자들의 양육을 티베리우스에게 맡겼다. 그냥 맡긴 것이 아니라 티베리우스를 조강지처 빕사니아와 이혼시키고 그를 자기 딸 율리아와 결혼시킨 다음이었다. 속내가 복잡한 사내가 되었을 법도 한 성장경로랄까. 황제가 된 티베리우스는 뛰어난 행정능력으로 이제 막 제국의 길로 들어선 로마의 내치를 튼튼하게 다졌지만, 재정 낭비를 막기 위해 전차경기와 검투사 시합을 중단시켰기 때문에 로마 시민들로부터 인기는 낮았다. 대중의 천박함을 경멸했던 것인지, 대인기피증이 있었던 탓인지, 티베리우스는 68세가 되던 서기 26년부터 죽을 때까지 11년간을 로마에는 가지도 않고 카프리 섬에 틀어박혀 제국을 통치했다. 이를테면, 포퓰리즘이라는 현상의 극단적인 대척점에 서서 제국을 통치한 사내였다. 그것도 성공적으로.

지금도 로마에서 오기가 이렇게 번거로운데 2천 년 전에는 오죽했을까, 제2대 황제가 이런 데 틀어박혀 통치하는데도 로마가 세계제국의 기틀을 닦은 걸 보면 티베리우스가 매우 유능했거나, 제국 초기의 통치 시스템이 잘 정비되어 있었거나, 로마의 국운이 좋았거나, 또는 셋 다였을 것이다. 그의 거처에 꼭 가보고 싶었지만 먼 발치에서 보는 걸로 대신했다. 인생세간의 잡답雜沓을 혐오하면서도 인간의 본성에 대해서 놀라운 통찰을 보였던 티베리우스. 그의 재능을 흉내 낼 길은 없겠지만 그 심정은 헤아릴 수도 있을 것 같았다.

카프리 항구에 상륙해서 소형버스를 타고 정류장에 내려 숨이 턱에 닿을 만큼 오르막을 올라가니 하늘과 맞닿은 아나카프리Anacapri 시내가 나타났다. 돌을 깔아 만든 도로를 사이사이에 끼고, 작지만 멋진 지중해식 건물들이 쪽빛 바다를 내려보며 서 있었다. 이승에 있되 세상에 속하지 않은 이상한 마을이었다.

돌아오는 길에는 바다 위에서 4인용 조각배로 갈아타고 푸른 동굴Grotta Azzurra에도 들어가 보았다. 카프리 섬 옆구리의 해상에 뚫려 있는 이 작은 해식 동굴은 로마제국 시절부터 유명했다. 입구가 너무 작아서 전원이 보트 바닥에 바짝 누워 안과 밖을 이어주는 쇠사슬을 잡아당겨야 안으로 들어갈 수 있다. 뭐 하러 이런 짓을 하나 싶어 좀 짜증스러웠는데, 동굴 안에 들어가니 탄성이 절로 났다. 바깥쪽 입구에서 물속으로 비쳐 들어온 햇빛이 동굴 속 바다를 온통 형광빛 코발트색으로 물들였다. '형광빛'이라고 쓰기는 했지만, 글로 표현할 수 있는 색깔이 아니었다. 손님을 안내해 들어온 사공들은 저마다 동굴 속의 푸른 조명을 받으며 선미에 서서 이탈리아 가곡을 멋지게 뽑았다. 노랫소리가 동굴 속을 쩌렁쩌렁 울렸다. 버스를 타고 밤을 달려 로마로 돌아오는 내내, 그 신묘한 카프리의 물빛이 줄곧 눈앞에 어른거렸다.

### 7월 16일, 월요일

임훈민 선배의 빈 집에서 늦잠을 자면서 여독을 풀었다. 우리가 살던 오만은 볕이 워낙 뜨거워서 수도관이 땅속에서 가열된다. 집에서는 수돗물을 틀면 델 만큼 뜨거운 물이 나오기 때문에 샤워를 하려면 물을 식혀서 해야 한다. 로마에 휴가를 와서 아이들이 가장 반가워한 것은 수도꼭지에서 나오는 찬 물이었다. 임 선배가 알뜰하게 짜준 일정 덕분에, 내일은 당일 코스로 관광버스를 타고 피렌체 구경에 나선다. 르네상스에 관한 책들을 읽어두길 잘한 것 같다. 서로 씨름하면서 장난치는 아이들을 타일러 일찍 재웠다.

### 7월 17일, 화요일

이른 아침에 버스를 탔다. 꾸벅꾸벅 조는 사이에 버스는 토스카나Toscana 평원을 지나 어느새 피렌체 시내 바깥쪽 언덕에 도착했다. 버스에서 내려 보니, 그림에서 보던 피렌체의 풍경이 아르노Arno강 저편으로 펼쳐져 있었다. 붉은 벽돌 지붕의 집들. 그 사이사이로 뾰족이 솟아 바람에 흔들리는 사이프러스 삼나무들. 스카이라인에 쾅 하고 무게중심을 찍는 대성당의 붉고 둥근 돔. 이곳이 바로 이탈리아 르네상스의 발상지이자, 메디치Medici 집안이 이끌던 금융과 정치의 중심지였다. 보티첼리Botticelli, 도나텔로Donatello, 미켈란젤로 같은 화가들과 마키아벨리Machiavelli, 단테Durante, 페트라르카Petrarca 같은 작가들이 나고 자란 곳이기도 하다.

시간이 한정되어 있었으므로, 가이드의 뒤를 졸졸 따라다니며 구경하기로 했다. 산타마리아 델 피오레 대성당라는 이름을 가진 피렌체의 두오모는 부르넬레스키Filippo Brunelleschi(1377~1446)가 설계한 붉은 색 벽돌 돔이 특색이다. 로마의 판테온에서 영감을 받았다는 부르넬레스키는 비계를 설치하지 않은 채로 이 돔을 만들었다는데, 설계도가 사라지는 바람에 어떤 비법을 사용했는지는 영영 알 길이 없다고 했다.

아르노 강을 가로지르는 베키오 다리Ponte Vecchio는 베네치아의 리알토 다리처럼 다리 양쪽으로 상점들이 즐비하게 늘어서 있었다. 1966년, 아르노 강은 무섭게 범람해서 피렌체 시내를 삼켜버렸다고 한다. 길거리의 건물에는 그때 물이 들어왔던 높이가 표시되어 있었는데, 족히 바닥에서 3미터 정도 높이는 되어 보였다. 그때 유실된 문화재도 많았다는 설명을 하면서, 가이드는 아까워 죽겠다는 표정을 지었다. 돌로 포장한 도로는 베키오 정청Palazzo Vecchio앞의 시뇨리아Signoria 광장으로 이어졌다. 15세기 메디치의 사내들이 피렌체를 다스리던 관청이자, 공직에 있던 마키아벨리가 드나들던 바로 그 팔라초 베키오가 눈앞에 있었다. 메디치가가 물러난 뒤 피렌체를 광신의 불길로 사로잡았던 전도사 사보나롤라Girolamo Savonarola(1452~1498)가 결국 화형을 당했던 곳도 바로 이 광장에서였다.

광장의 한쪽에는 르네상스 예술의 정수를 소장한 우피치 미술관Galleria degli Uffizi이 있었다. 그 입구에는 미켈란젤로의 저 유명한 다비드 상(복제품)과 첼리니Benvenuto Cellini의 걸작 〈메두사를 죽인 테세우스〉가 있었고, 미켈란젤로의 제자인 죠반니 볼로냐Giovanni Bologna와 잠볼로냐Giambologna의 작품인 〈사비니 여인의 납치〉와 〈코지모 디 메디치 기마상〉도 광장을 장식하고 있었다. 우피치 미술관은 르네상스 회화 작품의 보고였다. 장식품에 불과하던 회화가 독창적인 예술로 변화하는 혁명적인 과정의 증거물들이 이 미술관에는 풍성했다.

    미술관 안에서 다비드상의 진품을 감상하는데 맞은편에서 거구의 사내가 작은 스케치북에 다비드상을 열심히 그리고 있었다. 그러고 보니 우리와 같은 버스를 타고 왔던 스페인 가족의 가장이었다. 나처럼 그도 식구들을 한쪽에 기다리게 만들고 뭔가를 그리는 중이었다. 반갑고 신기했다. 우리는 서로 통성명을 하고 스케치북을 교환해서 구경했다. 서글서글한 인상에 콧수염을 기른 그의 이름은 호세 몬티Jose Monty이고 별명은 페페Pepe라는데, 체중이 0.1톤은 족히 되어 보였다. 밖으로 나온 우리는 기념 삼아 서로 스케치북을 바꾸어 그림을 그려주기로 했다. 그는 내 스케치북에다가 눈앞에 보이는 가로등과 벽돌건물과 나무들을 그려주었다. 예술은 아마추어들도 하나로 만들어 준다! 피렌체가 선사해 준 근사한 기념품이다. 로마로 돌아오기 전에 언덕 위에서 내려다 본 피렌체 위로는 불타는 낙조落照가 떨어져, 그 붉은 지붕들이 더 붉었다.

**7월 18일, 수요일**

    이탈리아를 남북으로 가로지르며 녹초가 된 우리 식구는 오전 내내 꿈쩍 않고 쉬었다. 점심은 근처의 피자집에서 먹었다. 허름해 보이는 동네 식당이었는데 그 맛은 우리 네 식구가 두고두고 회상할 만큼 환상적이었다. 오후에는 영어 책을 파는 시내의 서점에 들러 아이들이 읽을 책을 몇 권 샀다. 오만에 돌아가면 영어 책이 별로 없기 때문에 잊지 않고 해야 할, 중요한 쇼핑이었다. 오후에는 '인민광장'이라는 의미의 포폴로 광장Piazza del Popolo을 산책했다. 테베레 강 바로 옆에 있는 커다란 광장인데, 한가운데는 아우구스투스가 이집트를 정복한 기념으로 가져온 오벨리스크가 세워져 있었다. 왠지 뜨겁고 매운 국물이 먹고 싶어져, 저녁은 집에서 라면을 끓여 먹었다.

**7월 19일, 목요일**

열흘간의 휴가를 알차게 보냈다. 큰 아이는 학교에서 이번 학기 역사 시간에 고대 로마를 배우게 될 거라며 도움이 되겠다고 했다. 유럽을 다시 돌아볼 기회가 언제 있을지 알 수 없다. 즐거웠지만 이제 돌아가야 할 시간이다. 중동의 뜨거운 우리의 일상으로.

키트 모스비 : 우리는 관광객tourists이 아니라 여행자travelers일세.

터너 : 그게 뭐가 다른가?

포트 모스비 : 관광객은 도착하자마자 집에 돌아갈 생각을 하는 부류지.

키트 모스비 : 하지만 여행자라면 아예 돌아가지 않을지도 몰라요.

영화 〈The Sheltering Sky〉 중에서

중동, 지중해의 아랫동네

## 레반트에서 마그레브까지

 우선 정리부터 하고 시작하자. '이슬람지역'과 '아랍지역'과 '중동지역'은 각각 다르다. 이슬람지역이란, 이슬람이 국교이거나 무슬림이 국민의 대다수인 국가들을 가리킨다. 이슬람협력기구OIC 소속 57개국은 지역적으로 대부분 중동과 북아프리카, 중앙아시아에 속하지만, 말레이시아, 인도네시아, 가이아나처럼 멀리 떨어진 나라들도 있다. 한편, 아랍Arab은 민족 개념이다. 현재 22개국이 아랍연맹Arab League을 구성하고 있다. 아랍 인구는 대략 3억으로, 전 세계 무슬림의 30% 정도에 해당한다.

 지리적인 의미로 쓴다면 '중동'Middle East이 정확한 용어다. 아랍 국가들에 이스라엘, 터키, 이란 등 비아랍 3개국을 합치면 중동지역 국가들이 다 포함된다. 중동지역은 편의상 몇 개로 구분할 수 있다. 첫째, 지중해 동부 연안의 레반트Levant지역으로, 이스라엘, 팔레스타인, 요르단, 레바논, 시리아 등, 고대 선진문명이던 페니키아와 그리스의 영향을 강하게 받고, 로마제국과 비잔틴제국의 일부였던 지역이다. 이 지역엔 보존상태가 좋은 로마의 유적이 많다.

 둘째, (좁은 의미의) 오리엔트Orient 또는 비옥한 초승달 지역으로, 이란과 이라크, 이집트 등을 포함한다. 이 지역은 유프라테스와 티그리스 강, 나일 강, 이란 고원 등을 배경으로 발원한 고대문명의 발상지였고, 바빌로니아, 이집트, 페르시아 등 거대한 동방제국의 무대였으며, 세계사의 중요한 기로마다 동방과 서방이 힘을 겨룬 각축장이기도 했다. 유라시아 거대대륙의 농업과 목축 기술의 허브 역할도 했으니, '선사시대의 실리콘 밸리'라고나 할까.

셋째, 모리타니, 모로코, 리비아, 튀니지 등 북아프리카를 일컫는 마그레브 Maghreb지역으로서, 고대 카르타고의 전성기 때 강역과 거의 겹친다. '마그레브' المغرب는 아랍어로 '서쪽'을 뜻하는 '가립' غرب의 명사형 파생어다.

넷째, 페르시아만을 가리키는 걸프Gulf지역으로, 사우디아라비아, 오만, 예멘, 아랍에미리트, 쿠웨이트, 카타르 등이다. 20세기까지 역사와 문명의 중심에서 비켜나 있다가 석유로 일약 자원부국으로 등장한 지역이다.

오만에서 근무한 인연으로, 중동지역에 대한 나의 조망은 대부분 걸프지역이라는 창을 통해서 얻은 것이다. 걸프지역 국가들은 20세기 들어서야 처음 나라를 이룬 경우가 많고, 그 경제사회적 제도의 골격은 대체로 70년대 오일쇼크를 계기로 지금의 모습을 갖추었다고 할 수 있다. 나는 유난히 자연환경이 혹독하고, 인구가 적고, 왕정을 유지하면서 일인당 국민소득이 높으며, 기름 값이 싼, 특이한 중동을 경험했던 것이다. 그러므로, 나는 중동 전문가를 자처할 생각은 조금도 없다. 배움의 깊이로 보자면, 2년에 걸친 오만에서의 경험조차 그저 조금 긴 여행에 불과한 것이었는지도 모른다.

그럼에도 불구하고, 중동에서 여행하거나 살면서 내가 얻은 시각은 개인적으로 값진 것이었다. 언뜻 보면 세계사의 방향을 바꾸는 운전석에는 서방의 선진국들이 앉아 있고 중동지역은 소외된 역사의 객체에 불과하게 보일 수도 있지만, 정작 국제정세의 방향을 좌우하는 에너지는 이곳에서 부글부글 끓고 있었다. 고대와 마찬가지로, 이 지역에서 질서를 유지하는 데 실패하는 그 어떤 국가도 성공적인 패권국가가 될 수는 없음이 분명했다.

뜻하지 않게 얻은 깨달음도 있었다. 지중해의 '아래쪽'이라고 부를 수 있는 중동지역을 두루 경험하는 동안 나는 지중해의 윗동네인 유럽을, 유럽 안에서 볼 때와는 조금 다른 시각으로 바라보게 되었다. 내가 영국에 간 1993년은 유럽 통합의 분수령인 마스트리히트 조약이 체결되던 해였다. 빠르게 사라져가는 국경을 경험하면서, 나는 유럽 국가들의 성취에 흥분하고 고무되었으며, 동시에 주눅이 들고 시기심도 느꼈다. 중세와 근대를 겪은 유럽은 이제 근대 이후의 새로운 시대로 접어들어 가는 중이었다. 탈냉전post-Cold-War, 탈산업post-industrial, 탈근대post-modern, 심지어 역사의 종언the end of the history 너머라는 새로운 지평을 향해 유럽은 저벅저벅 걸어 들어가고 있는 것처럼 보였다.

그런데 몇 해 후 중동을 경험하며 되짚어 보니, 역사는 멈춘 적이 없었다. 토머스 프리드먼의 표현대로 중동에서는 "여기 심어진 올리브 나무가 누구 것이냐"는, 인류의 탄생 이래 멈추지 않았던 싸움이 지금까지 계속 중이다. 유럽이 탈근대적, 탈산업적 통합을 누린 건, 죽고 사는 안보의 문제를 남에게 맡겼기 때문에 비로소 가능한 것이었다. 거칠게 비유하면, 그것은 마치 어쩔 수 없이 손에 피를 묻혀야만 하는 더럽고 거친 일을 맏형에게 맡겨두고, 그 덕분에 조용해진 골목 안에서 아우들이 벌이는 소꿉장난을 닮았다.

그 정도로 유럽의 성취를 폄훼하는 건 부당한 일이겠지만, 1999년 코소보에서 대규모 인종청소와 전쟁이 발발하자, 유럽은 미국의 도움 없이는 유럽

안에서 발생한 사건조차 해결할 능력이 없다는 게 입증되었다. 2001년 이후 나토의 아프가니스탄 임무에서도 마찬가지였다. 200만이 넘는 병력을 보유한 유럽이 4만 명 미만의 주둔을 버거워했다. 2011년의 리비아 작전에는 모든 나토 회원국이 참여했지만 공격 임무에는 막상 3분의 1도 참가하지 않았다. 냉전시절 나토 군사비의 절반을 분담하던 유럽은 이제 1/4 정도만 부담한다. 유럽 각국의 방위비는 지금도 꾸준히 줄고 있다. 평화에의 염원은 강해졌는지 몰라도 평화를 지킬 능력은 작아지는 곳, 그곳이 오늘날의 유럽이다.

역사적 뿌리로 따지자면, 이라크 전쟁이나 오사마 빈라덴을 길러낸 사우디의 와히비즘, 한때 서방언론에 의해 '자유의 전사'라고 칭송받던 탈레반 전사들, 과거 아프간 반소투쟁 무자히딘 전사들이 주축을 이룬 알카에다의 탄생 등과 같은 현상은 과거 서구 제국이 중동을 편의주의적으로 다룬 데서, 또는 더 잘 다룰 역량을 갖지 못한 데서 싹튼 열매들이었다. 오늘은 언제나 어제의 업보다. 그리고 그것은 미국 혼자만의 업보는 아니었다. 설사 지구상의 다른 모든 국가들이 미국을 비난하더라도, 적어도 서유럽의 강대국들은 그럴 처지가 못 된다. 그럼에도 불구하고, 9/11 직후 서유럽(특히 프랑스)이 보여준 냉소적인 태도는 실망스러운 것이었다. 나는 지중해 아랫동네를 경험하면서 비로소 알게 되었다. 비록 양상은 다르지만, 역사를 추동하고 방향을 결정하는 주도적 역량을 결여했다는 점에서는 유럽도 중동이나 매한가지라는 것을.

중동에 관한 나의 첫 경험은 저 유명한, 이스라엘과 팔레스타인 간의 해묵은 대립이었다. 시계바늘을 잠시 1995년으로 되돌린다.

## 거룩한 땅, 이스라엘과 팔레스타인

Tel Aviv/Amman/Jerash/Gaza/Jerusalem/West Bank

## 중동평화, 그 험난한 화해의 길

학교 게시판에 안내문이 붙었다. 1995년 4월 28일부터 5월 5일까지, '중동평화' 박사과정 학생들이 요르단과 이스라엘로 현장학습field trip을 떠나는데, 다른 과정 학생들도 선착순으로 희망자를 받는다는 요지였다. 자담해야 할 비용이 작지는 않았지만, 이 기회를 붙잡기로 했다. 유럽정치를 전공하는 세현이도 함께 가기로 했다. 케임브리지대학 국제학연구소 부소장인 예지드 사이으Yezid Sayigh 교수가 지도교수 자격으로 여행을 인솔했다.

사이으 교수는 시리아Syria 태생의 아버지와 영국인 부인을 두고 있으며, 미국 볼티모어Baltimore에서 태어난 사람이다. 그는 베이루트Beirut 대학에서 화학을 전공하고 런던에 와서 전쟁학으로 박사학위를 취득한 특이한 이력의 소유자다. 더 특이한 것은, 영국에서 교수직을 시작하기 직전까지는 팔레스타인 측 수석대표로 국제회의에도 참석하고, 1994년에는 팔레스타인해방기구PLO와 이스라엘 간의 협상대표로도 활약했다는 점이다. 그런 점을 의식해서인지, 그는 수업 중에 학생들 앞에서 어느 한 편에 치우치는 언급을 삼갔다. 학자로서 객관적 태도를 견지하려고 애쓰는 것처럼 보였다. 그럴 수 없었다면 케임브리지 대학에서 교수직을 해낼 수는 없었을 것인지도 몰랐다. 나는 중동정치 수업에서 사이으 교수의 강의를 듣던 처지였지만, 중동문제 박사과정 학생들과 함께 현장학습을 떠나자니 좀 멋쩍었다. 중동문제에 관해 선수들인 사람들 틈에 자신 있게 끼어들기에는 내가 아는 것이 너무 적었다. 뻔뻔스러워지기로 했다. 모르니까 배우지, 다 알면 뭐 하러 공부를 하나.

1995년 당시는 '오슬로 협정'Oslo Accords의 시기였다. 정식 명칭이 '과도적 자치를 위한 원칙 선언'(줄여서 원칙선언the Declaration of Principles: DOP)인 오슬로 협정은 이스라엘과 PLO 사이에 직접 맺어진 첫 번째 협정이었다. 그것은 완결된 평화협정이 아니라 장차의 협상의 틀에 관한 합의였다. 가자지구Gaza Strip와 서안지구West Bank의 '최종지위 문제'가 해결되려면 여전히 추가적인 협상이 필요했다. 이 협정은 오슬로에서의 비밀협상을 거쳐 1993년에 야세르 아라파트Yasser Arafat PLO 의장과 이츠하크 라빈Yitzhak Rabin 이스라엘 총리가 임석한 가운데 체결되었다. 이 협정에 따라, 이스라엘군은 가자와 서안지구에서 철수하고 팔레스타인 자치기구Palestinian National Authority: PNA가 수립되어 이 지역의 행정과 치안을 관할하게 되었다. 이러한 조치는 5년간 지속될 예정이었고, 향후 팔레스타인 임시 자치정부가 단계적으로 구성되도록 합의되었다. 예루살렘Jerusalem의 지위, 난민, 정착촌Settlement, 경계Borders 등 영속적인 해결을 필요로 하는 민감한 사안들은 미래의 협상에 맡겨져 있었다. 오슬로 협정이 가지는 가장 큰 의미는 아마도 이스라엘의 건국이 이루어진 이래 처음으로 팔레스타인 측이 이스라엘이 국가로서 생존할 권리를 명시적으로 인정했다는 점에서 찾아야 할 것이다.

오슬로 협정은 냉전의 종식이라는 거대한 파도가 이스라엘과 팔레스타인 사이에 강요한 타협이었다. 아랍Arab들 간의 싸움인 이라크Iraq의 쿠웨이트

Kuwait 침공과, 거대 아랍국가의 패배인 걸프전The Gulf War이 이스라엘의 자신감과 팔레스타인의 위기감을 조성한 것도 협상에 영향을 미쳤다. (후세인Hussein 이라크 대통령은 팔레스타인 자살폭탄 테러리스트의 가족에게 위로금 명목의 현금을 지원하던 PLO의 후원자였다.) 오슬로 협정이 팔레스타인 측에 부과한 가장 큰 숙제는 자신들에게 맡겨진 치안을 유지하면서 지금껏 존재하지 않던 민주적 자치기구를 선출하는 선거를 시행하는 일이었다.

깊은 불신, 불안한 치안과 경험의 부재 속에서 자치정부의 수립을 위한 선거가 준비되었다는 점에서, 내가 방문했던 1995년의 이스라엘 점령지역은 흡사 해방 직후 우리나라의 정치공간을 연상시키는 분위기였다. 그곳은 행정행위governance와 저항행위Intifada가, 기대감과 좌절감이, 협조와 반목이, 찬성과 반대가 혼재하는 곳이었다. 이스라엘 정부와 PNA는 협정을 이행하려고 애썼고, 양측 주민의 여론은 마치 서로 거울을 바라보는 것처럼 오슬로 협정에 대한 실망감을 쏟아냈다.

### 1995년 4월 27일, 목요일

영국 공항의 이스라엘행 항공편 게이트에는 검은 옷에 검은 모자, 양 뺨 옆으로 머리칼을 늘어뜨린 유태인들이 북적였다. 게이트 앞에서 다시 한 번 꼼꼼한 보안검색수속을 통과하면서 이스라엘로 떠난다는 것이 실감나기 시작했다. 우리 일행 열네 명이 탑승한 비행기는 밤 10시 반에 출발했다.

## 4월 28일, 금요일

　새벽에 텔아비브Tel Aviv 공항에 내렸다. 공항 입국수속 직원이 내 여권을 받아들더니 "입국도장을 원하지 않으면 안 찍어드리겠다"고 했다. 무슨 말인지 잠시 당황했다. 아하, 이스라엘 입국 흔적이 있으면 환영받지 못하는 중동 국가가 많다던 얘기가 생각났다. 생색이 아니라 배려였다. 어차피 여권에 비자 도장을 받아왔으니 찍어도 좋다고 말하고 입국했다. 예루살렘 외곽을 지나 차창 밖으로 저만치 제리코Jerico의 오래된 도성이 보이는가 싶더니 어느새 국경이었다. 지도상의 거리로 미루어 두어 시간이면 가겠지 했던 암만Amman까지의 정치적 거리는 그보다 멀었다. 일행 중 요르단 비자 없이 온 사람이 있었고, 우리가 제3국인의 출입국이 흔치 않은 알렌비 다리Allenby Bridge로 왔기 때문에 이스라엘 국경 통과, 즉 출국에 많은 시간이 걸렸기 때문이다. 네 시간 이상 버스 안에 앉아서 시간을 허비했다. 가건물처럼 생긴 국경 검문소는 보안요원들로 득실거렸다. 허약한 냉방기를 틀어놓은 버스 안은 말할 수 없이 더웠다.

기독교적으로 말하면, 요단강을 서에서 동으로 건넌다는 것은 내생에서 이생으로 복귀하는 것을 상징하는 셈이다. 요단강은 탁했고, 옛날 녹번동 집 앞을 흐르던 개천 정도의 너비밖에 안 되었다. 황량한 사막의 비좁은 강변에 옴츠리듯 야트막히 자라는 관목들이, 이 물줄기를 생명과 연관 짓도록 해줄 따름이었다. 원래 요단강은 이보다는 넓었는데, 상류인 골란Golan고원에서 이스라엘, 요르단, 시리아가 수자원을 다량 확보하기 때문에 갈릴리Galilee 호수 이남으로는 강이 이렇게 메말랐다고 한다.

요르단 입국수속은 그다지 오래 걸리지 않았다. 이제 달려가는 일만 남았는데, 국경을 넘어가 바꿔 탄 버스는 너무 비좁고 냉방기도 작동을 안 해서 잠을 청할 수가 없었다. 황량한 벌판 위를 한참 달리던 버스가 암만 시내로 들어섰다. 암만의 옛 이름은 암몬Ammon이다. 아마도 성서에 등장하는 고대의 암몬족속Ammonites과 연관된 이름일 것이다. 암만은 아시리아Assyria, 페르시아Persia, 그리스의 지배도 받았고, 이집트가 정복한 후에는 필라델피아Philadelphia라고 불렸으며, 그 후로도 로마, 비잔틴제국, 움마야드Umayyads, 압바스Abbasids 왕조의 지배를 거쳐 오토만Ottoman 제국의 통치 하에 있다가 마침내 요르단 왕국의 수도가 되었다.

낡고 비좁지만 활력 있는 암만의 시내는 어딘가 70년대 초의 서울풍경을 연상시켰다. 우리는 코모도어Commodore라는 호텔에 짐을 풀었다. 본때 없게 넓은 방을 세현이와 함께 쓰기로 했다. 인솔자인 사이으 교수는 오후에 암만 근교를 둘러보자고 제의했다. 제라쉬Jerash로 갈까 페트라Petra로 갈까 의논한 끝에, 암만에서 좀 더 가까운 제라쉬를 구경하러 갔다. 시내를 벗어나 한 시간 남짓 시리아 방면으로 달리니 고대에 거라사Gerasa라고 불리던 도시의 유적이 나타났다. 로마제국의 팔은 길었다. 요르단에 와서 로마 문명의 자취를 만나는 것은 유럽에서와는 색다른 느낌이었다. 젊은 이상가였던 마케도니아의 알렉산드로스 대왕이 이루지 못한 지속적인 다문화 제국의 꿈을 로마는 성취했던 것이다. 비록 지금 로마의 흔적은 유적으로만 남아 있지만, 레반트가 로마 문명을 경험하지 않았다면 그 이후의 세계사는 지금과는 전혀 다른 모습으로 흘렀을 것이다. 로마의 전성기가 더 길었다면 중동에서 동방의 색채는 더 옅어졌을지도 모른다.

고대에는 큰 도시였을 이곳을 지금은 돌로 지은 유적과 얕은 수풀이 지키고 있을 뿐이었다. 원형극장, 개선문, 경기장과 같은 로마제국의 유적들이 드넓게 펼쳐진 가운데, 특히 원형극장은 거의 완벽한 모습으로 보존되어 있었다. 원형극장 꼭대기 객석에서 무대를 내려다보니 적어도 10층 건물 높이는 되어 보였다. 세현이가 무대로 내려가 객석에 앉은 나에게 말을 걸었는데, 까마득히 멀어 보이는데도 가까이서 말하는 것처럼 잘 들리는 것이 신기했다.

돌아오는 길에, 야할라Yahala라는 아랍식 식당에서 저녁식사를 했다. 배추와 오이, 파셀리, 피망 같은 푸성귀를 하무스hummus, ممحص라는 소스에 찍어먹는

것이 이채롭고 맛도 있었다. 하무스는 콩을 갈아 만든 소스로, 진한 것과 묽은 것, 마늘을 넣은 것 등 종류도 조금씩 달랐다. 양고기도 먹었다. 이때만 해도, 내가 장차 이태 동안이나 양고기와 하무스를 하루 걸러 먹게 될지는 미처 몰랐다. 암만 외곽의 야할라 식당이 아랍 음식과의 첫 만남을 주선해 주었던 셈이다.

### 4월 29일, 토요일

평화과정 현장학습, 그 첫 일정은 요르단대학의 전략연구소Centre for Strategic Studies 방문이다. 전직 요르단 공군부사령관 모하메드 샤야브Mohammed Shayyab 장군이 우리를 맞아주었다.

"아랍 공통의 문제는 민주화가 모자란다는 점이에요. 아직도 사유화된 체제인 거죠. 요르단은 89년에 의회가 수립된 이후로 민주화를 향해 나아가고 있습니다. 아랍의 문제는 경제적으로 국가 간 불균형과 군사적 비대칭이 심하다는 데도 있습니다. 그래서 유럽의 CSCE 모델을 적용해서 지역협력을 안보차원으로도 끌어올리려는 노력을 병행하고 있지요. 요르단으로서는 아랍 특유의 문화에 기초한 갈등 해소 방안을 모색하고 있습니다."

그는 "동예루살렘의 회복이 전 아랍의 염원"이라고 잘라 말하면서, 이스라엘-팔레스타인 간 문제가 해결되지 않는 한 이스라엘과 이웃 아랍국가들 사이에 진정한 의미의 지속적 평화는 이루어질 수 없다고 했다. 이라크 전쟁에 관해서는, "민주적 결정에 따라서 다국적군coalition에는 불참했지만 이라크의 쿠웨이트 침공에는 반대하고, 현재는 이라크 국민들의 어려움에 동정적"이라는 절충주의적 입장을 설명했다. 동료 학생 한 명이 참지 못하고 도발적인 질문을 던졌다. 박사과정 학생들의 도발적인 질문 공세는 우리의 현장학습 내내 이어졌다.

"팔레스타인 사람들은 20년 이상 요르단에서 2등 국민으로 살던 사람들이 아닌가요? 아랍인들 사이의 문제도 만만치 않아 보이는데요."

샤야브 장군의 단호한 답이 돌아왔다.

"꼭 따져야 한다면 팔레스타인인은 쿠웨이트에서만 2등 국민 대접을 받습니다. 대다수 팔레스타인인은 고향으로 돌아가기를 원하고, 그런 그들의 선택은 존중되어야 합니다. 요르단 정부가 가자에서 온 주민들에게 2년 기한 여권을 발급하는 것은 그들의 궁극적 귀향을 돕기 위한 조치입니다. 요르단은 아랍인구의 용광로melting-pot와도 같아요. 약 40%의 요르단 인구가 팔레스타인인으로 등록되어 있지만, 이들 대다수는 현상 유지를 선호하기 때문에 설사 주민투표를 하더라도 (요르단의) 분리 독립이 이루어지지는 않을 겁니다."

그 외에도 장군은 이스라엘에 핵무기가 존재하는 한 시리아를 비롯해 몇몇 아랍 국가들이 보유한 화학무기를 포기하도록 설득하기는 어려울 것이라는 점, 중동에서 이집트, 사우디, 시리아, 이라크 등이 서로 대형大兄의 지위를 주장하면서 요르단과 레바논 같은 소국에 영향력을 행사하려 든다는 아랍 내부의 실정 등을 설명해 주었다. 불현듯 부끄러움을 느꼈다. 명색이 정치외교를 전공하고 국제관계 석사과정을 공부한다고 하면서도 중동지역이 이토록 생소하다니. 강의실 밖으로 나온 우리 일행은 요르단대학을 둘러보았다. 캠퍼스는 넓었다. 이 대학의 여학생 비율은, 놀랍게도, 53%나 된다고 했다.

저녁때는 하니 후라니Hani Hourani 씨가 이끄는 신요르단센터New Jordan Centre 에 들렀다. 1945년생인 후라니 씨는 1963년 회화 및 조각협회를 설립한 활동적인 예술가, 또는 예술적인 운동가다. 그는 요르단 대학에서 정치학을 전공한 후 PLO의 막시스트Marxist 분파인 인민해방전선PFLP에 가담하여 활발한 반정부 활동에 몸담았고, 70년대에는 시리아와 베이루트에서 도피생활을 했다. 80년대에 모스크바 사회과학원에서 박사학위를 받은 후 1990년부터 암만에서 신요르단센터를 이끌었다.

그의 설명에 따르면, 요르단에서는 5~6개의 좌익정당을 포함한 23개 정당이 활동 중이고, 정당정치와 출판 등에 관한 새로운 법률이 정비되어 "시작치고는 그리 나쁘지 않은 성취를 이루었다"고 했다. 그는 서안지구 문제는 어떤 방향으로든 2~3년 이내에 해결될 거라는 낙관론을 펼쳤고, 팔레스타인과 요르단 사이의 국가연합confederation에 관한 논의가 있지만 그럴 경우 인구가 다수인 팔레스타인 측이 지배적인 세력이 될지도 모른다는 우려와 반대의 목소리가 있다는 점도 실토했다. 만약 국가연합이 불가능하다면 결국은 연합국가federation 형성이 불가피하게 될 수도 있다는 개인적인 전망을 들려주었는데, 분단국에서 온 나로서는 낯선 곳에서 공동체 통합의 고민을 짊어지고 살아가는 다른 백성을 만나고 보니 묘하게 반가우면서도 서글펐다.

저녁에는 일행 중 두 명과 함께 암만의 구 시가지를 활보했다. 이슬람 기도Salah, صلاح의 구성진 노래 소리가 거리에 울려 퍼졌다. 모퉁이를 도는데 불현 듯, 돌로 만들어진 로마시대의 반원형 극장이 나타났다. 로마 유적이 상점들과 연이어 아무렇지도 않게 자리 잡은 모습은 신기하기도 했지만 어딘가 좀 농담 같아 보이기도 했다.

### 4월 30일, 일요일

다시 요단강을 건넜다. 이번에도 국경통과 검색에만 두 시간을 까먹었다. 다시 이스라엘 버스로 갈아타고 서안지구를 지나 예루살렘을 통과한 다음 오후 네 시경, 가자지구의 경계border에 닿았다. 지난 번 저항운동Intifada에 대한 제재조치로 이스라엘 정부가 경계를 봉쇄하고 있었다. 우리는 버스에서 내려 경계 완충지대인 200여 미터의 허허벌판을 걸어서 지나야 했다. 각각 이스라엘 군과 PNA 경찰이 총을 들고 이 완충지대의 양쪽을 지켰다. 가자 쪽 검문소 앞에 도착했을 때, 그곳의 철조망 안쪽에는 수백 명의 팔레스타인 사람들이 모여 있었다. 그들은 모처럼 이곳을 방문한 외국인들을 보자 벌떼같이 몰려와 짐을 들어주겠노라고 아우성이었다. 자기들끼리 고함을 치며 멱살을 잡기도 했다. 우리는 정신없이 고물차 택시 몇 대를 골라 간단히 차비를 흥정하고 짐을 실었다. 택시 표식이나 미터기는커녕, 운전석 쪽은 문짝조차 달려 있지 않은 낡은 차량이었다. 가자지구에는 산업이 없다. 이곳의 주민들은 대개 이스라엘 지역 내에서 일자리를 구해야 하는데, 경계봉쇄로 출퇴근을 할 수 없으니 이렇게 외국인 손님을 보면 야단법석이 벌어지는 것이었다.

　차를 타고 팔레스타인 측 검문소 안쪽으로 들어가니 팔레스타인 경찰이 여권을 요구하며 그 나름의 '입국수속'을 했다. 편의상 경찰이라고 썼지만, 이들의 정체는 PNA에 소속된 치안담당자들이고, 외관상 군복 분위기가 나는 가지각색의 자유 복장을 걸친 더벅머리 젊은이들이었다. 사이으 교수가 탑승한 선도 차량은 우리를 마르나 하우스Marna House라는 숙소로 인도했다. 이곳을 뭐라고 불러야 할지는 아직도 잘 모르겠다. 호텔이라기에는 너무 작고, 민박이라기에는 너무 컸다. 아마도 대저택이라고 부르는 것이 어울릴 이 숙소는 기대 밖으로 깨끗했고, 19세기 식민지 시절을 배경으로 하는 영화에 등장함직한 고상한 품격마저 풍겼다. 방에 짐을 풀어놓고 옥상에 올라 내려다보니 어지러운 이 도시의 풍경도 거짓말처럼 평화로웠다. 저만치 펼쳐진 지중해. 그래, 바다는 다 같은 바다 아니겠나, 라는 생각을 하는 순간, 지붕 위를 낮게 스쳐가며 초계임무를 수행하는 이스라엘 공군기 두 대.

　숙소에서 물을 마시며 땀을 식힌 우리 일행은 팔레스타인 인민해방전선PFLP의 유네스 자루Younes Jarou와 이슬람 지하드Islamic Jihad의 나페즈 아잠Nafez Azzam 두 사람을 만났다. 시리아에 본부를 둔 PFLP는 팔레스타인 국가수립이라는 대의와 PLO에 대한 충성심은 견지하지만 아라파트Arafat의 노선에는 반대한다는 묘한 입장이었다. 이슬람 지하드는 그보다 더 투쟁적인 노선을 견지한다. PFLP의 자루 씨가 먼저 자신의 견해를 설명했다.

　"우리(PFLP)는 이스라엘과의 평화적 공존이 불가피하다는 점은 인정합니다. 문제는, 이스라엘측이 PLO의 존재를 인정했으면서도 팔레스타인 인민을 독자적 권리를 가진 '국민'으로는 인정하지 않고 단지 '문제 그룹'으로만 인식한다는 점이에요. 그건 이스라엘 자신에게도 바람직하지 않습니다. 지금도 가자지구 내에서 통금은 해제되었지만 경제상황은 악화일로에 있고, 이스라엘에 대한 경제적 의존도 심화되고 있습니다. 서안지구 정착촌 주변에는 보안통제가 오히려 강화되고 있습니다."

오슬로 협정에 따라 수립된 PNA는 아랍의 투쟁가들에게는 성에 차지 않는 꼭두각시처럼 보이는 것 같았다. 문제가 보기보다 훨씬 심각하고 복잡했다. 자루 씨의 설명이 이어졌다.

"PNA를 전복시키자는 건 아닙니다. 하지만 지금까지의 경험에 비추어 PNA가 상황을 개선할 능력이 없다는 건 명백합니다. 그들은 경제적으로도, 행정적으로도 무능할 뿐 아니라 정치적 한계도 뚜렷합니다. 그래서 국가 수립의 꿈은 갈수록 멀어지죠. PNA에 대한 이스라엘의 지원은 팔레스타인 내부의 분열을 유도하려는 정치적 의도가 있다고 봅니다. 어제까지 함께 투쟁하던 형제들에 관해 이런 발언을 할 수밖에 없는 현실이 서글픕니다만."

척 보아도 물씬 투사 분위기를 풍기는 아잠 씨가 자신을 소개했다.

"저는 1948년에 가자로 이주했다가 이집트로 가서 약학을 공부했습니다. 이집트에서 대통령 암살 공모혐의로 투옥되고 추방되었고, 1983년에는 이스라엘 점령군에 체포되었습니다. 알제리에서 학업을 재개했다가 통행증 갱신을 위해 입국했는데 1987년 지하드 폭탄테러사건 이후 다시 체포되어 투옥과 출감을 반복하며 살고 있습니다. 나의 이런 경험은 팔레스타인인에게는 보편적인 것입니다. 잃은 권리를 위해 싸우는 사람들의 운명이 그런 것이죠."
 아잠 씨에 따르면, 이슬람 지하드는 그 어떤 형태의 폭정tyranny도 종식시키는 게 목표이며, 오슬로 협정을 포함한 이스라엘과의 모든 평화협정에 반대하는 입장이라고 한다. 그는, 진정한 해결책은 저항뿐이라면서, 비록 형세는 불리하지만 계속 노력할 것이라고 했다. 학생들이 돌아가며 질문을 던졌다.

 학생: 오슬로 협정이 궁극적으로 상정하는 독립국가에 관한 당신들의 입장은 무엇인가?
 자루: 완전한 자율성이 보장된다면 단계phase는 협상할 수 있다. 그러나 솔직히 현재 단계적, 점진적 해결책을 옹호하는 것은 제한적인 영향력을 가진 일부 인사들뿐이다.
 아잠: 지금도 가자지구의 대부분은 이스라엘의 통제 하에 있다. PNA는 실체가 아니다(hardly a reality).

 학생: PNA에 반대하면서도 전복을 추구하지는 않는다면, 그 대안은 무엇인가?
 자루: 현재 파타Fatah측과 PFLP 사이에 견해차가 있다. 파타는 PNA가 보다 건설적으로 발전하리라고 기대한다. 파타는 60년대에는 팔레스타인의 전 국토 회복을 목표로 운동을 전개했지만 현재는 제한된 목표만을 추구한다. 아직도 이스라엘 내에는 6천여 명의 팔레스타인 수감자가 있다. 지난주에 이들과의 연대감 표시를 위한 시위 승인을 요구했는데, PNA가

시위를 불허했다. 그럼에도 불구하고 시위를 강행하자 결국은 집회허가가 나왔다. 이런 식으로 압력행사를 통해 PNA의 방향설정을 돕는 것이 우리의 목표다. 노선 차이에도 불구하고, PNA는 아직 적이 아닌 형제다.

    아잠: 우리는 투쟁을 통해 침략자들을 몰아낼 것이다. 그러기 위해서 아랍과 무슬림 세계의 광범위한 세력을 동원할 것이다.

    자루: PLO가 저지른 큰 실수는 아랍 정부의 공식적인 지지에만 의존하고 아랍 인민들의 지원을 경시했다는 점이다. 오늘날의 우리가 처한 어려움이 영원하리라고 보지 않는다. 불의가 있는 곳에 저항이 없을 수 없다. 우리는 공존을 받아들일 준비가 되어 있지만 최소한의 권리에 대한 요구가 거부당한다면 계속 투쟁할 수밖에 없다.

    아잠: 나는 반대다. 공존은 불가능하다. 이스라엘이 국가로 존속하는 한 팔레스타인의 권리회복은 불가능하다. '바다에서 강까지'(from the sea to the river) 팔레스타인 전 국토의 회복이 필요하다.


    학생: 협상의 결과물에 대해서는 이견이 있다 치고, 협상의 과정과 방법론에 대해서는 어떻게 보는가? 현재의 협상방식은 향후에도 적실성이 있는가?

    아잠: 이스라엘과의 협상은 가치가 없다. '보다 나은 외교'가 문제를 풀지는 못한다. 이제까지의 방법이 적절치 못하다는 건 현재의 결과가 말해준다.

    자루: 승자와 패자 간의 대화는 동등한 상대 간의 협상과 같을 수 없다.

걸프전(90~91)에서 후세인만이 아니라 모든 아랍이 패배했다. 오슬로 협정은 마드리드 협상 때부터 그 조건에 흠결이 있었다. 팔레스타인이 시리아, 요르단, 이스라엘과 동등한 자격으로 참여하지 못했기 때문이다. 앞으로의 일에 관해서는 지금 진행 중인 협정이행의 최종결과를 보기 전에 말하기는 어렵다.

아잠: 이스라엘인들은 외부인으로 이 땅에 왔다. 그러므로 유대인은 개인 자격으로 이 땅에 살 수 있으며, 우리는 그들을 부당하게 대우하지 않을 것이다. 아랍 세계에는 수많은 유대인들이 오래 전부터 살아 왔고, 지금도 살고 있다. 그러나 우리의 권리를 침해하는 국가entity의 존재는 용납할 수 없다.

자루: 유대인들은 오랜 세월 난민이었다. 스스로 학대를 당해본 민족이 그들을 받아들여준 아랍 민족에게 어떻게 자신들이 당한 것과 같은 불의를 저지를 수 있는지 이해가 안 된다. 이스라엘 국가를 받아들이는 문제에 대해 나는 나페즈와는 의견이 다르다. 우리가 어찌지 못하는 일은 일어난다. 지진이 일어나 산이 평지가 되고 평지가 산이 되기도 한다. 우리 능력 밖의 새로운 현실이 생겨나면 그것을 받아들여야 한다고 생각한다. 국가로서의 이스라엘은 이미 돌이킬 수 없는 현실이다. 그러나 팔레스타인도 그와 동등한 국가가 되어야 한다. 600만 팔레스타인 인민들을 역사에서 지워버릴 수는 없다. 유엔이 정직한 중재자라고 생각지 않는다. 레바논, 유고슬라비아, 체첸 등 심각한 침략이 벌어지는 곳에 유엔의 개입은 없었다. 만약 유엔이 역할을 할 수 있다면 환영하겠지만, 이스라엘

은 수많은 유엔 결의를 거부함으로써 유엔의 역할을 무시했다. 미국의 영향이 지나치게 큰 것도 유엔의 기능 마비에 일조하고 있다고 본다.

학생: 자치지구에서의 선거 실시 가능성을 어떻게 보는지?

자루: 선거 자체는 찬성이다. 다만, 이스라엘의 통제 때문에 팔레스타인 사람들이 자유롭게 선택할 수 있는 선거가 아니라는 점이 문제다. 근본적인 입법선거라면 찬성하지만 단순히 행정위원회의 구성만을 목표로 삼는 선거라면 보이코트할 것이다.

아잠: 원칙의 문제로서 선거는 반대한다. 이스라엘에 의해 설정된 한계가 분명한 선거이기 때문이다. 나는 오슬로 협정으로부터 야기되는 모든 것을 반대하며, 선거가 시행되더라도 그 결과를 인정치 않을 것이다. 다만 한 가지는 분명히 하고 싶다. 지하드나 하마스, 무자헤딘의 대 이스라엘 공격은 이스라엘의 점령 행위에 대한 자연스러운 대응일 뿐, PNA를 욕보이려는 데 목적이 있는 건 아니다. 팔레스타인 내부의 불화는 서방에 의해 과장되어 보도되는 경향이 있다는 점을 참고하기 바란다.

**5월 1일, 월요일**

우리는 PNA의 고위급 협상대표인 하산 아스푸르Hassan Asfour 씨를 만났다. 오슬로 협정의 협상과정에도 참여했던 그는 협정 이행의 일환으로 준비 중인 자치지구의 선거에 대해서 말문을 열었다.

"가장 문제가 되는 것은 이스라엘측이 팔레스타인인의 참정권은 인정하지 않으면서 투표권만 인정하려 든다는 점입니다. 팔레스타인은 장차 주권국가가 될 겁니다. 대규모 군사력을 유지하지 않으면서도 경제적인 번영을 이룩한 일본이나 독일 같은 예도 있지 않습니까?"

팔레스타인 내부의 다양한 목소리에 관해서, 그는 "정치적 다원성은 인정하지만 치안에 도전이 되는 정도라면 용납할 수 없다"고 했다. 행정 경험이 없는 상황에서 PNA를 조직하는 데 어려움이 없느냐고 한 학생이 질문했다.

"충원은 어렵지 않았습니다. PLO도 행정적으로 충분한 역사를 가진 기구였기 때문에, 행정적 기술을 갖춘 사람을 찾기는 쉬웠습니다. 문제는 점령지 내부에서 살아왔던 팔레스타인인과 외부에서 온 팔레스타인인들 사이의 조화였습니다. 정신적인 공감대를 가졌다는 것만으로 행정이 해결되는 건 아니니까요. 가자 지구에는 48~67년간 영국 위임령 법률이 가미된 이집트 행정법이 적용되었고, 서안지구에서는 요르단 법률이 적용되었습니다. 그 후 이스라엘 점령군에 의한 군사명령이 법을 대체했지만, 현재 새로운 법률을 준비 중에 있습니다."

그는 과거 무장투쟁을 하던 사람들이 보상을 바라는 경향이 있어서 '사소한' 문제가 되고 있다고도 말했다.

"PNA는 군사행동을 팔레스타인 법률 위반 행위로 보지만 반대파들은 저항의 연속이자 당연한 권리로 인식해요. 이들은 대중의 관심을 끌기 위해 사소한 사항들을 트집 잡기도 합니다. (오슬로 합의에 따라 1995년 창설된) 국가안보법정State Security Court을 통한 PNA의 사법조치가 간혹 절차상의 실수(가령 24시간

경과 이전의 형 집행 등)를 빚은 것은 사실이에요. 그러나 위법행위는 처벌되어야 합니다. 법률과 집행의 사소한 불일치보다 중요한 것은 공공선을 보호하는 법적 정신의 구현이라고 생각합니다. 지금은 절차적인 문제들도 상당히 개선되고 있습니다만."

역시 가장 핵심적인 문제는 치안문제인 듯했다.

"PNA는 스스로 치안강화조치를 취하겠다는 의사를 표했지만 이스라엘은 팔레스타인 측이 제공하는 치안을 불신하기 때문에 치안책임은 이관되지 않고 있습니다. 우리 팔레스타인 사람들은 이제 사물을 좀 더 잘 바라볼 수 있게 되었습니다. 우리는 이스라엘이 가자지구를 경제적으로 봉쇄한 목적이 하마스Hamas와 같은 과격 그룹을 자극해서 팔레스타인을 억압할 빌미를 얻으려는 것임을 알고 있습니다."

다음 일정으로, 우리 일행은 PNA 정보 부서를 책임진 무하마드 다흘란 Muhammad Dahlan 씨와도 만났다. 1961년생인 그의 이력도 화려했다. 20세 때 파타의 가자지부 수립에 참여함으로써 정치경력을 시작한 그는 7번 투옥되었고, 이집트에서 활동하다가 추방된 후 튀니스Tunis에서 아라파트와 함께 일했다. 감옥에서 배운 유창한 히브리어가 그의 정보 업무에 도움이 되는 듯했다. 그는 묘한 얘기를 했다. 자기가 보기에는 이스라엘도 아랍과 공통점이 많다는 거였다. 안보문제가 사회를 지배한다는 점과, 이스라엘 내부에도 억압 받고 평화를 갈구하는 사람이 많다는 점에서 그렇다는 것. 그는 문제 해결을 가로막는 가장 심각한 문제가 이스라엘의 피해의식이라고 했다.

"오슬로 합의는 팔레스타인에게 불공평한 것이었습니다. 우리는 힘이 없기 때문에 불평등한 조건을 강요받았죠. 점령지 내에서 이스라엘 병력의 존재는 불필요할 뿐 아니라, 손쉬운 (저항의) 목표물을 제공하기 때문에 오히려 문제를 복잡하게 만듭니다. 저항그룹들은 오슬로 합의를 존중하지 않습니다. 그래서 PNA와, 나아가 팔레스타인 인민들의 부담을 가중시켜요. 이들 때문에 가자지구 경계에 대한 봉쇄가 심해져서 경제적 손실이 막대합니다. PNA로서는 이스라엘이 병력 철수를 가급적 연기할 것임을 진작 예측했습니다. 문제는 저항그룹들이 이스라엘 측에 그 빌미를 제공한다는 점입니다."

학생 한 명이 그런 악순환을 해결할 방법이 뭐냐고 물었다. 잠깐 생각하더니, 다흘란 씨가 대답했다.

"그건 닭과 달걀 문제와도 같아요. 양측으로부터 동시에 대담한 결단이 있어야 합니다. PNA로서는 이스라엘 측에 일단 수형자 석방 등을 요구하고 있습니다."

그는 자신의 정보관련 업무에 관해서도 설명했다.

"정보활동에 관해서 이스라엘로부터의 훈련 제공 같은 긴밀한 협조는 없습니다. 다만, 활동 영역에 있어서 중첩되는 부분이 있을 수 있기 때문에 수평적 협조는 하고 있죠. 이스라엘 측은 우리가 그들을 위해서 첩보원 노릇을 해주기 원하지만, 우리가 원하는 것은 예측 못한 사태의 예방을 위한 정보의 교환입니다. 아직까지 협조의 명확한 정의는 없습니다. 다만, PNA는 이스라엘을 위해 일하는 팔레스타인 정보원들이 팔레스타인 상황에 영향을 미치도록 방치하지는 않을 겁니다. 그런 의미에서도 선거가 조속히 치러져야 합니다. 선거

를 통해 주어진 정통성이 없이는 이적행위자들을 체포해도 정당하게 처벌할 수 없으니까요."

우리와 만난 1995년 이후로도 다흘란 씨는 왕성한 정치활동을 했다. 그가 PNA 정보책임자로 있으면서 만든 2만여 명의 수하조직 덕분에 그는 중요인물이 되었다. 그는 CIA나 모사드Mossad와도 협조했으며, 90년대 내내 그의 조직이 체포한 하마스 관계자들을 고문한다는 소문도 돌았다. 한때 사람들은 그의 권력을 빗대 가자지구를 '다흘라니스탄'Dahlanistan이라고 부르기도 했다. 1997년 국경통과료를 착복하는 스캔들로 명성에 오점을 남기기도 한 그는 2001년경에는 PNA의 개혁을 주장함으로써 아라파트와 충돌을 빚었고, 그 후로 생진의 아라파트와는 내내 반목했다. 그는 2006년 선거에서 입법위원회 의원으로 당선되면서, 자신의 임기 동안 하마스와 투쟁할 것을 공언했다. 2007년 팔레스타인 안보위원장으로 임명된 뒤에는 가자에서 하마스에 대한 물리적 공격을 감행했고, 그의 배후에는 CIA가 있다는 소문이 있었다. 하마스가 가자지구를 장악한 후, 그는 서안지구에서 팔레스타인 수반의 안보담당 고문으로 활동 중이다. 그를 둘러싼 모든 소문의 진위를 확인할 길은 없지만 어쨌든 우리는 무서운 사내를 인터뷰했던 거다.

그날 우리는 유엔의 '점령지 특별조정관' 역할을 맡은 미국인 릭 후퍼Rick Hooper 씨도 만났다. 이 글을 정리하고 있는 지금, 릭 후퍼는 더 이상 이 세상 사람이 아니다. 그는 우리를 만난 이후로도 유엔 구호활동에 깊이 관여했는데 2003년 바그다드 유엔본부 폭파테러 때 40세의 나이로 사망했다. 그가 설명해준 내용에 따르면, 가자지구에 사는 60만 명 정도의 난민들을 대상으로 유엔팔레스타인난민구호사업기구UNRWA, UNDP, UNICEF 등의 조직들이 편의적으로ad-hoc basis 구호활동을 벌이고 있다고 했다.

"DOP 이행 이후 공공부문의 급여는 급격히 향상되고 있습니다. 특히 경찰들의 봉급이 그렇죠. 치안문제가 공여국들의 주요 관심사이기는 한데 예산을 유지하기가 쉽지는 않아서 당분간 현상유지 정도가 불가피한 상황입니다. 아직 팔레스타인은 주권국가가 아니라서 해외은행으로부터 자금을 차입할 수는 없습니다. 유엔은 주로 사회간접자본, 주택 등 대규모 프로젝트에 중점을 두고 있습니다."

이제 점심시간이었다. 우리는 양고기 팔라펠Falafel을 점심 삼아 먹었다.

팔라펠은 두툼한 밀전병 속에 콩반죽으로 만든 튀김을 야채 또는 고기와 함께 넣어 먹는, 이를테면 중동식 햄버거다. 점심 후 우리는 해변의 난민촌Refugee Camp으로 갔다. 시멘트 블록으로 지은 얕은 집들, 먼지 날리는 도로, 그 위를 뛰노는 맨발의 아이들. 그리고 쓰레기, 쓰레기, 쓰레기. 닭들이 몇 마리 거리를 거닐었고, 생활하수는 산동네의 시냇물처럼 집과 사람들 사이로 흘렀다. 외국인들을 보자 꼬마들이 수십 명 몰려와 사진을 찍어달라며 장난을 걸어왔다. 심심했던 것인지, 이들은 우리를 내내 따라다녔다. 그러다 흥이 나자 아이들은 합창을 시작했다. 그것은 동요나 대중가요가 아니었다. 80년대에 대학을 다닌 나도 그토록 일사불란한 투쟁가를 들어본 적은 없었다.

다음으로 만날 사람은 하마스의 지도자 이스마일 하니예Ismail Haniyeh 씨였다. 사이으 교수는 우리에게, 그가 최근 유력하게 떠오르는 젊은 지도자이며, 자신의 생각으로는 언젠가 하마스의 중심적인 역할을 할 것으로 생각한다고 말했다. 1963년생인 그는 이스라엘 정부에 의해 1989년 투옥되었다가 3년 전 출감했다. 우리는 널찍한 천막 속으로 인도되었고, 누군가가 박하 향이 나는 차를 가져와 학생들에게 일일이 따라주었다. 하니예 씨는 지금 당장이 무장투쟁의 적기는 아니라고 생각한다고 말했다. 그는 적어도 서방의 학생들 앞에서 과격한 언사를 삼갈 만큼의 현명함은 갖추었음이 틀림없었다. 그의 표정은 비장함을 담고 있었지만, 그의 말은 속삭이듯 조용조용 이어졌다. 그는 학생들에게 자신의 생각을 명확히 알릴 수 있을 만한 설명도 하지 않았고, 우리에게 쉽게 간파당할 선전을 시도하지도 않았다. 그는 어제 만난 인민전선과

지하드의 인사들처럼 정치표어 같은 구호들을 손쉽게 입에 담지도 않았다. 저런 사람이 더 무서운 법이다. 이유를 설명하기에는 막연하지만, 그는 적당한 선에서 적과 타협할 뜻이 없는 사람처럼 보였다.

우리는 난민촌에서 민권운동가인 변호사 라지 수라니Raji Sourani 씨도 만났다. 1953년생으로 알렉산드리아 대학에서 법학을 공부한 그는 우리와 만났을 때 이미 세계적으로 알려진 인권운동가였다. 그도 수차례 연행되고 조사받고 투옥당한 경험이 있었으며, 앰네스티 인터내셔널Amnesty International은 그를 양심수로 선언했다. 그는 팔레스타인의 내분을 우려하면서도, 주요 모순은 팔레스타인 사람들 사이에 존재하는 것이 아니기 때문에 그것이 일종의 내전으로 발전할 가능성은 거의 없다고 잘라 말했다.

외부의 적의 존재는 언제나 내부의 사소한 차이를 덮는다. 그래서 주요 모순이 오랫동안 존재하는 사회에서 생활하던 사람들에게는 때때로 적의 존재가 스스로의 정체성을 정의하는 중요한 요소가 되어버린다. 타자성他者性, otherness을 너무 세게, 너무 오랫동안 밀쳐내다 보면 그 타자성은 내가 기대고 선 벽처럼 되어버리곤 하는 것이다. 굳이 예를 들자면 프랑스 지식인의 타성적 반미성향 같은 데서 그런 의존적 타자성의 그림자를 볼 수 있다. 팔레스타인 사람들이 그런 상황에 빠지지 않기를 나는 빌었다. 내가 그것을 진심으로 빌 수 있었던 것은, 나 자신이 분단이라는 주요 모순이 다른 많은 모순들을 가리고 있는 사회에 속한 사람이기 때문이었을지도 모른다. 타자성의 모순 속에서 자아의 위기를 맞이하지 않기 위해, 우리는 평소 주변의 모든 사소한 모순들을 중요하게 다룰 수 있어야 한다. 나의 염려에도 불구하고, 눌러놓았던 팔레스타인 내부의 갈등은 결국 2000년대 들어 하마스와 파타의 물리적 충돌이라는 양상으로 그 험악한 모습을 드러냈고, 결국 가자지구와 서안지구는 정치적으로 분리된 것이나 다름없는 상태가 되고 말았다.

그날 난민촌의 길거리에서, 꼬맹이들은 죄 없는 지중해를 향해 돌팔매질을 했다. 우리 일행 중 던지기에 자신이 있다며 나섰던 그 누구도 열 살 남짓한 그 아이들보다 멀리 던지지 못했다. "거리에서 이스라엘 군인을 보면 일단 돌을 던지고 보는 것이 저 아이들의 인티파다거든." 사이으 교수가 말했다.

### 5월 2일, 화요일

나라 안의 국경이나 다름없는 가자의 경계선을 지나느라 또다시 법석을 떨며 자치지구를 벗어났다. 이번에는 여러 명의 아이들이 달라붙어 우리 짐을 반강제로 빼앗아 들고 완충지대를 따라왔다. 단돈 몇 세겔을 받아들고 좋아하며 완충지대를 가로질러 돌아가는 그들의 모습에 마음이 무거웠다.

다음 행선지는 동예루살렘의 팔레스타인 지리연구소Palestine Geographiac Center이다. 팔레스타인 사람들에게 '지리'는 투쟁의 핵심개념이다! 이곳에서 모하메드 탈랍Mohammed Talab과 할릴 투팍지Khalil Toufakji라는 두 명의 학자로부터 브리핑을 들었다. 그들은 예루살렘 내 아랍지역의 현황과 서안지구 내의 이스라엘 정착촌 증가현황을 얘기해주었다. 그들의 분노 섞인 목소리는 그 '연구소'의 조악한 시설과 어딘가 모르게 잘 어우러졌다.

　우리가 묵기로 한 호텔이 수도관이 터져 임시로 문을 닫는 바람에, 우리는 수녀원에서 운영하는 숙소에 짐을 풀었다. 예수가 부활한 후 승천하신 감람산Mountain of Olives에 지어진 수녀원이었다. 검박했지만 경건한 분위기가 물씬 나는 곳이었는데, 식사도 맛있고 시설도 불평할 데가 없었다.

　수녀원에 여장을 푼 우리는 서안지구 내로 들어가 정착촌 지도자인 랍비를 만났다. (안타깝지만 그의 이름은 아무래도 생각이 나지 않는다.) 그는 '유대아 사마리아 및 가자지구 유태인정착촌위원회 의장'Chairman, Council of Jewish Settlement in Judea, Samaria and Gaza이라는 직함을 가지고 있었던 것 같다. 첫눈에 척 보기에도 강골인 노인 분이었다. 그가 입을 열었다.

　"시온으로 돌아와 성전을 재건하는 일은 유태인들에게 장구한 세월동안 하루 세 번씩 매일 기도의 제목이 되어온 목표였습니다. 유태인이 '역사로의 복귀'를 위해 선택한 수단은 정치적인 수단이었죠. 오토만 제국 시절 북아프리카의 유태인들이 예루살렘과 헤브론 등 거룩한 땅으로 복귀하려는 시도가 있었지만 실패했고, 제1차 세계대전 후 영국이 이 지역을 지배하면서 동유럽 지방으로부터 대규모 이민이 유입되기 시작했습니다. 그 와중에 공산주의자 유태인들이 강한 혁명적 사명감을 가지고 이 지방으로 들어와 키부츠와 같은 사회주의적 실험을 활발히 전개했습니다. 초기부터 아랍인들과의 공존은 많은 문제를 안고 있었습니다. 초창기 이주자들은 시온주의적 신앙이 너무나도 강렬했던 나머지 이 땅에 이미 팔레스타인 주민들이 살고 있다는 사실을 무시하거나 거부했습니다. 주로 북부 및 해안지방에 정착한 초기 이주자들은 산악

지방 정착을 등한시했는데, 막상 벧엘Bethel 등 구약의 주요 사적지들은 요단강 서안 산악지방에 다수 존재하고 있었습니다."

그의 유장한 설명은 이어졌다.

"그러다가 1967년 6일 전쟁을 통해 새로운 지역이 해방되었죠. 이스라엘은 이집트, 시리아 같은 대국을 상대로 힘겨운 전쟁을 치른 겁니다. 히틀러의 학살 이후 한 세대가 채 지나기 전에 두 번째 홀로코스트Holocaust가 올 거라는 공포감이 모든 유태인들을 사로잡았습니다. 정착촌 건설은 건국 초기부터 줄곧 추진한 시책으로, 유태인들이 힘겹게 영토를 주장하기 위한 전형적인 수단이었습니다. 제네바 협약에 의하더라도 점령국의 주민은 점령지 내로 적법하게 이주할 권한이 있어요."

학생들은 산전수전 다 겪은 이 노인에게도 도발적인 질문을 던졌다. 의도적인 도발이었다.

학생: 팔레스타인 지역 내에 거주할 아랍인의 권리도 존중받아야 하는 것이 아닌가?

랍비: 당신이라면 어떻게 하겠나? 아랍 국가들이란 건 제1차 세계대전 이후 영국과 프랑스 등의 제국주의 노선에 따라 인위적으로 현재의 국가 단위로 나눠졌다. 따지고 보면 시리아든 요르단이든 한 개의 거대한 아랍 민족One Big Arab Nation이 금세기에 들어와 갈라진 결과물이다. 지금의 팔레스타인 주민들 중 상당수는 그 이후에 시리아, 요르단, 이집트로부터 이주해

왔다. 그들 중 상당수도 원주민이 아닌 것이다. 팔레스타인 문제가 존재한다는 점은 인정하지만, 그들의 문제를 '이스라엘에게는 유일한 이 좁은 땅'에서가 아니라 아랍 국가들의 광활한 영토에서 해결해야 한다. 다시 말하지만 유태인들이 한 국가의 국민으로서 최소한의 영토를 확보할 권리가 있다는 점은 누구도 부인할 수 없다.

학생: 이스라엘 젊은이들이 의무복무를 하면서 군대에서 점령군으로서 심리적 충격trauma을 느끼지는 않는가?

랍비: 모든 이스라엘 군인들은 군사력의 필요성을 스스로 느끼고 기꺼이 복무한다. 이념적 이유에서 복무를 거부하는 경우는 극소수다. 군복무가 - 특히 저항운동 기간 중에는 - 유쾌한 경험은 아니지만, 이스라엘 군대는 엄정한 군기 아래서 복무한다. 우리는 유태인으로서 핍박당한 경험이 있기 때문에 세계 다른 어떤 곳에서보다 진압군이 군중의 폭동을 점잖게 다룬다. 시카고 경찰이 법을 어긴 시위대를 어떻게 다루는지 본 일이 있는가? 우리는 우리 자신의 경험이라는 약점 때문에 저항운동을 잔혹하게 진압하지 못하는 거다. 오슬로 협정은 저항운동이 팔레스타인인들의 승리로 끝났음을 증명하는 증거물에 불과하다.

가엾은 오슬로 협정은 어느 쪽으로부터도 환영받지 못하고 있는 것이 분명해 보였다. 학생들의 질문은 이어졌다.

학생: 역사로부터 연고권을 찾는다는 점에서 당신네나 팔레스타인 쪽

이나 마찬가지 아닌가?

랍비: 다르다. 이스라엘은 고래로 구체적인 국가적 정체성statehood을 가졌었다. 팔레스타인 사람들은 이 지역에서 어떤 형태로든 자신들만의 국가를 구성했던 적이 없다. 이스라엘은 다른 제국주의 국가들처럼 연고 없이 이 지역을 단순히 '점령'한 것이 아니다.

학생: 정착촌 공동체는 이스라엘 정부에 어떤 방식으로 견해를 전달하는가? 어떠한 이스라엘 정부를 원하는가?

랍비: 현 이스라엘 정부는 시온주의적 관점을 상실했다. 상류층 인사들이 좌익 행세를 하는 게 현실이다. 설사 정치적 타협의 결과로 서안지구 전체가 반환되더라도 나는 여기 남을 것이다. 당신들이 팔레스타인 사람들을 동정한다면, 적어도 같은 정도로 우리도 이해해주기를 바란다. 전 세계에서 오직 유태민족만이 유독 그들의 고향homeland에서 살기를 금지당하고 있다.

학생: 아랍 국가들의 개별성과 그들의 민족주의를 이해할 수는 없는가?

랍비: 지금도 이해한다. 이해할 뿐이겠는가? 나는 그로 인해 고통 받고 있다(I understand it. I do not just understand it. I suffer from it). 제2차 세계대전 당시 영국의 정보기관이 독일군의 암호체계를 해독하고 이를 통해 독일이 코벤트리Coventry를 폭격할 것이라는 정보를 입수했다. 그럼에도, 영국정부는 코벤트리 주민을 대피시키면 독일 측이 암호 노출을 알아챌 것을 우려하여 코벤트리의 피폭을 감내했다. 감정에만 좌우되면 장기

적인 선善을 달성하지 못할 수가 있다. 이 좁디 좁은 땅에서의 2개국 방안 two-state option은 결코 종식되지 않을 잔혹극을 향한 공식일 뿐이다. 팔레스타인인들은 주변 아랍 국가들의 든든한 지원을 믿고 있다.

  학생: 그렇다 하더라도, 정착촌의 건설이 실현가능한 합의 이행에 가장 큰 걸림돌이 된다는 점은 사실 아닌가?

  랍비: 케임브리지에서 온 어린애들youngsters로부터 정착촌이 거추장스러운 짐처럼 묘사되는 것을 듣는 것은 서글픈 일이다. 그대들은 이 정착촌이 건설되기 전에 이 땅이 어떤 모양이었는지 알기나 하는가? 우리는 남이 지어놓은 아파트에 입주한 것이 아니다. 이곳에는 흙과 돌뿐이었다. 정착민들은 적대적인 환경 속에서 벽돌 한 개, 기와 한 장을 자기 손으로 만들어 가면서 이 촌락을 만들어낸 것이다. 이곳이 사람이 살 만한 곳이라고 느낀다면, 그것은 여기에 그렇게 지어진 촌락이 있기 때문이다. 손수 정착촌을 건설한 사람들은 미국에서, 영국에서, 노르웨이에서, 러시아에서 일부러 건너온 유태인들이었다. 이들이 그 나라들에서 부랑자로 지내던 사람인줄 아는가? 이들은 그곳에서 의사였고, 교수였고, 학자였고, 상인이었던 사람들이다. 그들은 국가 건설을 위해 모든 것을 버리고 이곳으로 와서 평생 동안 정착촌을 가꾸었다. 이제 와서 무슨 정치적 협상의 결과를 들이밀면서 그들더러 이곳을 비우라고 말할 권리를 가진 사람이 어디 있단 말인가?

**5월 3일, 수요일**

아침 일찍 버스를 타고 이스라엘의 수도 텔아비브Tel Aviv로 갔다. 이스라엘군의 사령부에 들러 슐로모 브론Shlomo Bron 대령으로부터 치안 문제에 관한 브리핑을 들었다. 그는 테러리스트 공격에 대해서는 무력이 아니고는 달리 대응할 현실적인 방도가 없다고 역설했다.

"팔레스타인과의 갈등은 독립된 국가entity와의 분쟁이 아니다 보니 매우 복잡한 안보문제입니다. 기본적으로 정치적, 점진적 접근을 채택하고 있지요. 팔레스타인이 가이드라인에 따라 자치를 획득해 가도록 할 예정입니다. 카이로 협상에서 이스라엘군의 철수를 합의하면서, 이스라엘은 PLO에게 가자지구의 거의 완전한 자치를 허용했습니다. 그 반대급부로 가자지역 내에서 일정 수준의 치안이 유지되기를 바랐죠. 그러나 아라파트는 저항그룹을 설득하지 못했고, 치안을 강화하는 조치들도 꺼립니다. 아라파트는 자기를 믿어달라면서, 이집트나 알제리처럼 내란으로 문제를 해결하지는 않을 것이라고 했지만 그 약속을 못 지키고 있습니다. 만일 제리코나 가자지구가 테러리스트의 피난처가 되어버린다면 우리로서는 경계봉쇄를 지속할 수밖에 없습니다. 완전한 봉쇄가 불가능하고 10만 명의 이스라엘 국민이 거주하는 서안지구의 경우는 더 심각합니다. 최근 아라파트는 지하드와 같은 소규모 조직에 대해서는 비교적 강경한 조치를 취했는데, 최대 조직인 하마스에 대해서는 아직 미온적입니다. 우리는 PNA가 이상적인 상태를 만들기를 기대하는 게 아니에요. 우리도 성공하지 못한 일을 그들이 할 수 있다고는 믿지 않습니다. 냉정히 말해서 이스라엘은 어느 정도의 테러와는 공존할 수밖에 없다는 것도 잘 압니다. 따지고 보면 영국도 그렇지 않습니까?(IRA 테러를 의미함, 저자 주) 다만, 일정 수준의 치안은 달성되어야 하고, 특히 하마스에 대해서는 뭔가 조치가 있어야 합니다."

학생들이 질문을 시작했다.

"이스라엘 군이 비밀리에 점령지에 잠입해서 팔레스타인 요인들을 암살한다는 소문에 대해서는 어떻게 생각하십니까?"

"그건 대부분 허구입니다. 물론 순진하게 생각하지는 마십시오. 조직은 어디서나 비슷한 방식으로 일합니다. 그 점은 우리나 팔레스타인 측이나 마찬가지죠. 점령지 내에서 이스라엘 경찰은 4천명을 넘은 적이 없었습니다. PNA의 경찰인력은 벌써 숫자가 너무 많습니다. PNA는 대중의 호감을 사고 고용을 증가시키려고 주민들에게 경찰 일자리를 나눠주고 있습니다. 경우에 따라서는 이스라엘군이 PNA와 공동순찰을 하기도 하는데, 이런 조치가 테러리즘 방지에 도움이 되는 건 아니지만 의사소통 문제로 인한 사고를 방지하거나 해결하는 데는 유용할 때도 있습니다."

"국가안보법정 State Security Court에서 절차문제가 많이 발생한다던데 어떻습니까?"

"그건 전적으로 PNA가 운용하는 겁니다. 우리가 절차적으로 잘못된 조치를 권유한 적은 없습니다. 우리가 많은 잘못을 저질렀을지도 모르겠지만 (Though we may be guilty for many sins), 적어도 그 문제에 관해서는 아닙니다."

점심때는 텔아비브 대학 자피JAFEE 센터에서 이스라엘 학자들 제에브 마오즈Ze'ev Ma'oz, 마크 헬러Mark Heller, 도어 골드Dore Gold, 아낫 쿠르즈Anat Kurz, 에밀리 란단Emily Landan, 제에브 에이탄Ze'ev Eytan, 에프라임 캄Efraim Kam 등과 토론을 했다. 자피 센터는 1977년 설립되어 이스라엘의 학계와 국방 및 외교 당국자들 간의 협조를 모색하는 독립연구기관Think Tank이다. 이른바 '최종지위문제'에 관해 연구하고 다양한 대안에 관한 논의를 활성화시키는 것을 주목적으로 한다는 설명이었다. 학생이 질문했다.

"하마스 측은 오슬로 협정이 성공적으로 이행되면 라빈 정부의 선거 패배로 귀결될 것이기 때문에 라빈 총리가 일부러 팔레스타인 내란을 조장한다고 주장하는데, 이것을 어떻게 받아들여야 할까요?"

연구소 측 누군가가 대답했다.

"오슬로 협정은 엄밀히 말해 평화협정이 아닙니다. 그것은 이스라엘 주도로 제시된 신뢰구축과정 시작을 위한 문건이죠. 현재 양측 태도가 평행선을 달리고 있습니다만, 협정의 원칙선언DOP을 바라보는 시각에는 큰 차이가 있습니다. 당초 오슬로 협정에 대한 팔레스타인 측의 축제적인 반응은 협정에 대한 과도한 기대에서 비롯되었던 것입니다. 그러나 원칙선언에 포함된 모든 각각의 단계가 다음 단계로 나아갈지 여부는 향후 협상의 성공과 연계되어 있습니다. 하마스의 주장처럼, 단기적으로 보면 현 상황은 악화된 것이 사실입니다. 한편 이스라엘 야당은 보다 점진적인 접근을 주장하면서 지나친 양보가 문제를 악화시켰다고 정부를 비난하고 있어서, 라빈 정부가 현 평화과정에 관해 국민을 설득하기가 어려워졌습니다. 팔레스타인 내란이 일어난다고 해도 그것이

라빈의 재선에 도움이 된다고 볼 수는 없습니다. 설령 시리아와 평화협정이 체결된다 해도 다가오는 선거전에서 그다지 득이 되진 않을 상황입니다."

연구소 측 다른 사람들의 발언 중에도 인상적인 내용이 있었다.

"오슬로 협정의 취지는 PNA의 역량을 시험해 보자는 데 있었습니다. 특히 그들이 하마스를 다룰 수 있는지 여부를 말이죠."

"어려운 상황에도 불구하고 현재로서는 군사적 해결은 생각할 수도 없습니다. 팔레스타인의 내란이 벌어진다면 그 또한 이스라엘의 안보를 저해하게 될 것입니다."

"이른바 '권력의 부담'이 책임감을 창출해 낼 수도 있겠지요. 하마스도 정권을 담당하게 되면 달라질 수 있으리라고 봅니다. 미리 문제를 예상하고 방지하려는 태도는 성공하기 어렵습니다. 과거에 PLO의 대안으로서 다른 과격 그룹과 상대하려고 했던 모든 시도는 실패했습니다. 이스라엘이 주력해야 하는 것은 객관적인 치안수준을 요구하는 것이라고 봅니다. 이스라엘은 팔레스타인의 대표와 협상하겠지만, 어느 그룹이 대표가 될지는 팔레스타인 사람들이 결정할 문제입니다. 어느 한 그룹이 과격노선을 버리면 다른 그룹이 그 자리를 채울 수 있습니다. 경제적, 심리적 상황이 변하지 않는 한 지금의 상황을 규정짓는 갈등의 성격과 양상은 불변하리라고 봅니다."

자피 연구소를 떠난 우리는 이스라엘 외무성에 들러 요엘 싱어Yoel Singer 씨를 만났다. 그는 미국 변호사로서 이스라엘 측 오슬로 협상 업무를 맡았다. 그는 매우 효율적이고 실무적인 태도로 오슬로 협정 이행 현황을 브리핑했다.

가자와 제리코 등지를 이미 다루었고 서안지구 내 자치 확대 문제를 다루고 있으므로, 오슬로 협정 이행은 현재 대략 3/4 단계에 와 있다고 했다.

"(1978년 이집트의 사다트 대통령과 이스라엘의 베긴 총리가 서명한) 캠프데이비드 협정 이후 문제를 단번에 해결해야 한다는 인식이 지배했습니다. 그것이 그동안 의미 있는 합의가 부재했던 이유죠. 그러나 이스라엘과 팔레스타인 사이에는 전부 혹은 전무all or nothing 방식으로는 진전을 이룰 수 없는 복잡성이 존재합니다. 우리는 오슬로 협정이 상정한 5년의 기간 동안 가능한 모든 현안들을 해결해야 합니다. 가령, 선거에 관해서는 '어떻게 선출하느냐'는 방식의 문제뿐 아니라 '무엇을 선출하느냐'하는 근본적인 구조까지 결정해야 하는 어려움이 있어요. 이스라엘은 투표권 부여로 족하다고 보는 반면 팔레스타인 측은 피선거권까지를 원합니다. 약 3주간 실시될 선거에 여러 국가들의 국제감시 그룹이 참관을 희망하는데, 이스라엘은 이것을 반대하지 않습니다. 팔레스타인 저항그룹들에게 공정하고 자유로운 선거를 방해하거나 부정할 구실을 주지 않겠다는 분명한 메시지가 될 테니까요. 일단 피선된 자치위원회는 팔레스타인 전 지역에서 국제사회가 입증하는 정통성을 가지게 될 겁니다."

그는 오슬로 협정과 관련 각종 위반 사례에 관해서도 우려를 표했다.

"초기에는 PLO 지도자들이 해외에서 들어와 협정 문안 자체를 본 적이 없거나 브리핑을 받지 못했기 때문에 합의사항이 잘 준수되지 않았습니다. 다소 모호한 조항들은 이행과정에서 자의적으로 해석되기도 했죠. 고의라기보다는 무능으로 인한 위반도 있었다고 봅니다. 팔레스타인 측의 수많은 합의위반 사항에 대해 대항조치가 필요하지 않느냐는 논의가 이스라엘 내부에서 있었습니다. 합의위반과 대응조치들이 반복되면서 합의의 전반적인 침식erosion 현상이 초래되었습니다."

학생들 중 하나가 도발적인 질문을 던졌다.

학생: 이스라엘 측이 팔레스타인 국가수립을 공약committed했으면서도 왜 정착촌을 끊임없이 증설하는 것인가?"
싱어: 우리가 팔레스타인 국가수립을 공약했다고 누가 그러던가?
학생: 이스라엘이 오슬로 협정을 통해서 2개 국가 방안two-state option을 공약한 게 아닌가?"
싱어: 오, 아니다. 우리는 '오슬로 협정 내용의 준수'를 공약했다. 가자 및 서안지구의 최종상태에 관해서는 추가협상이 필요하다. 이런 게 바로 문제다. 정착촌 건설 중단은 협정문 어디에도 포함되어 있지 않다. 경계 봉쇄의 권리는 합의문에 포함되어 있다. 그런데도 팔레스타인 측은 이스라엘이 "협정을 위반한다"고 주장한다. 협상 테이블에 나오는 팔레스타인 대표들조차 합의 내용을 잘 모르는 경우가 허다하다.

예루살렘 구시가지 바로 바깥에 자리 잡고 있는 노트르담 호텔로 숙소를 옮긴 우리 일행은 저녁 무렵 팔레스타인 국제문제연구소Palestinian Academic Society for the Study of International Affairs: PASSIA를 방문하여 마흐디 압둘-하디Mahdi Abdul-Hadi, 사이드 자이다니Said Zaydani, 모하메드 자달라Mohammed Jadallah 등 팔레스타인 학자들과 마지막 토론을 가졌다. PASSIA는 압둘-하디 씨가 1987년에 설립한 연구소다. 그는 시리아의 다마스쿠스Damascus 대학에서 법학을 전공했고, 브래퍼드Bradford 대학에서 박사학위를 따고 하버드Harvard 국제관계 대학에서도 펠로우fellow 자격으로 공부한 학자였다.

이들이 말하기를, 이스라엘이 1967년 이후 아랍 거주구역인 동예루살렘을 잠식하기 시작하면서 1만6천여 명의 아랍 거주자들은 동예루살렘 내에서조차 소수화하고 있다고 했다. 그들은 동예루살렘 건축제한이 심해서 건축허가를 얻는 데 10년이 걸리는 경우도 허다하다고 하소연했다.

"이스라엘은 전쟁을 통해 가급적 넓은 영토를 확보한 다음, 자신들의 목적에 맞는 법은 적용하고 맞지 않는 법은 폐기했습니다. 치안유지의 명목으로 경계지역의 영토를 광범위하게 빼앗았고, 현재도 정착촌 건설 활동은 활발합니다. 1992년 마드리드 협약은 물론 최근의 오슬로-카이로 합의 이후에도 정착촌은 꾸준히 증가하고 있지요. 모든 정치적 수사에도 불구하고, 이스라엘의 태도는 변하지 않았습니다. 라빈 총리는 정착촌 문제가 평화과정과는 별개의 문제라고 말합니다."

**5월 4일, 목요일**

이스라엘 독립기념일인 오늘은 종일 자유 시간이었다. 나는 세현이와 함께 예루살렘 구 시가지를 산책했다. 멋모르고 동예루살렘으로 이스라엘 번호

판을 단 채 진입한 차량은 십중팔구 돌팔매 공격을 당한다고 했다. 방향감각 없이 길거리로 나온 우리는 지나가는 현지인을 붙들고 '다마스쿠스 게이트' Damascus Gate가 어디냐고 물었다. 그는 영어가 서툰지 잠시 망설이더니 말없이 따라오라고 손짓을 했다. 그의 뒤를 따라 한참을 걸어갔더니, 성벽 위로 올라가는 개구멍을 알려주며 자기에게 입장료 대신 10세겔Shekel을 달라고 했다. 성벽 위에서는 도성의 동쪽을 조감할 수 있었다.

이스라엘 사람들에게는 과거 솔로몬 성전과 헤롯 성전이 있었던 예루살렘 성전산temple mount을 탈환하는 것이 귀향 및 국가회복의 궁극적 목표다. 그런데 이 자리는 지금 이슬람 사원인 알 아크사 모스크Al Masjid al Aqsa와 황금의 돔 모스크가 차지하고 있다. 그래서 신심 깊은 유태인들은 아직 형태가 남아 있는 성전산의 서쪽 벽에 안식일 전날마다 모여들어 벽을 두드리면서 메시야의 도래를 절박하게 기원한다. 우리가 이 '통곡의 벽'에 갔을 때는 많은 사람들이 모여 있지는 않았다.

베데스다Bethesda 연못에서는 초록색 모자를 하나같이 눌러쓴 한국인 아주머니들과 마주쳤다. 청파동 성당에서 성지순례차 온 신도 분들이었다. 가이드가 이분들에게 'Ecce Homo'라는 표지판을 "여기 이 사람이 있다"는 뜻이라고 설명하기에, 성경에는 "이 사람을 보라"라고 풀이되어 있다고 친절하게 알려주었더니 얼굴을 찌푸리며 기분나빠했다.

예수가 십자가를 지고 걸었다는 비아 돌로로사Via Dolorosa도, 빌라도Pilate 법정 터 위에 지어졌다는 교회도 나에게 별다른 감동을 주지 못했다. 예수 시대의 베데스다 연못이 5~6m 지하인 것으로 미루어, 몇 차례나 무너지고 파괴된

후 그 위에 다시 세워진 예루살렘에서 예수의 발자취를 찾는 것은 무리일 것 같았다. 고요한 감람산의 수도원에서는 경건한 감동이 느껴졌지만, 예루살렘의 구시가지는 모든 것이 과잉이었다. 유대교와 이슬람과 기독교가, 그 상징물들과 신도들이 거리를 가득 채웠고, 골목마다 가득 늘어선 좌판에선 각종 종교의 기념품들을 팔았다. 어느 것이 어느 종교에 속하는 물건인지 분간할 수 없는 지경이었다. 물어물어 찾아간 골고다 언덕은 이제는 전혀 언덕도 아니었다. 그 자리에 웅장한 중세양식으로 지어진 성묘교회聖墓敎會는 왠지 나에게는 부산 용두산의 정든 외갓집을 허물고 그 위에 세워진 사각형 고층빌딩을 연상시켰다. 숙소로 돌아와서도 공연히 스산한 기분에 젖어, 친구에게 엽서를 썼다.

성지聖地에서
- 우하愚下에게

조바심을 죄처럼 품고 살다가
오늘 드디어 요단강을 건넜다.
이승의 검문소에서 네 시간
뙤약볕 받으며 서서
어릴 적 녹번동 우리 집 앞을 흐르던
실개천을 닮은 저 강물이
고달픈 모래바람 속에 파묻히면 어쩌나
걱정했다.

저승의 검문소에서 다시 두 시간

거룩한 기관단총들 사이를 지나
점령지로 들어서자면
국경 속의 국경을 지나고
아우성치는 유랑민들
얼굴 속에 그어진 또 다른 국경을
밟아야 한다.
아이들은 빼앗긴 땅을 맨발로 딛고 다니며
부서진 돌들을 공중으로 던지고 있었지
거룩한 것들이 한데 섞이면
다시 구별해 내기란 무망하다
쿠오바디스
옛 도성에서도 나는 主의 자취를 찾지 못하고
포장지로 싼 전설들이 좌판에 놓인 좁은 길을 걸었다.
걷다가
초록색 모자를 떼 지어 눌러쓴 성지순례단
동포 아주머니들의 사진기 셔터도 눌러주고
목마른 자가 되어
플라스틱 통에 든 생수를 마셨다.
문득

여권과 지갑과 영국에 두고 온 아들
오늘 밤 등짐 속에 다시 챙겨야 할 내 잘잘못들


**5월 5일, 금요일**

아침 일찍 도착한 텔아비브 벤구리온Ben Gurion 국제공항. 항공사 체크인 전에 보안검색대 통과가 먼저다. 보안담당 직원은 짐을 자기가 직접 쌌느냐는 질문 외에도 어딜 갔느냐, 왜, 누구를 만났느냐 등을 꼬치꼬치 캐물었다. 개트윅Gatwick 공항에 도착한 것은 밤이 되어서였다. 학생들은 작별인사를 나누고 삼삼오오 무리지어 택시에 올랐다. 영국의 택시비는 워낙 살인적이기 때문에, 여섯 명씩 짝을 지어 택시를 탔고 23파운드씩을 나누어 냈다. 밤 11시 반에 집에 도착했다. 꼬맹이가 자다 말고 아빠를 부르며 나왔다. 정말 며칠 새 홀쩍 자란 것처럼 보였다. 그러고 보니 어린이날이었다.


**후기**

내가 방문한 뒤로도 이스라엘에서는 많은 일들이 일어났다. 그러나 아직까지 이스라엘-팔레스타인 문제의 최종적 해결을 전혀 기약할 수 없는 상태라는 점을 감안한다면 아무 일도 일어나지 않았다고 말하는 편이 어쩌면 더 정확한 건지도 모른다. 이 글을 2011년 여름에 읽어봐 주신 마영삼 주이스라엘 대사님께서는 "변한 것이 아무 것도 없어서, 가자가 달라진 것만 빼면 여행기가 지금 상황이라 해도 어색함이 없을 정도"라는 격려의 답신을 주셨다.

내가 이스라엘을 방문했던 1995년의 11월, 오슬로 협정의 중심인물이었던 이츠하크 라빈은 오슬로 협정을 혐오하던 유대 근본주의자에게 암살당했다. 그 직후 실시된 선거에서 강성인 베냐민 네타냐후Benjamin Netanyahu가 집권한 것은 오슬로 협정에 대한 이스라엘 국민의 실망감의 표현이었다. 네타냐후의 강성정책이 조장하는 긴장으로 피로감이 누적되자, 그 다음에는 노동당 당수인 에후드 바라크Ehud Barak가 집권했다. 클린턴 대통령의 중재로 열린 2000년 캠프데이비드 협상에서 이스라엘은 동예루살렘의 영유권 문제도 전향적으로 검토할 수 있다는 입장을 표명했지만 아라파트는 이를 거절함으로써 절호의 기회를 놓쳤다. 아리엘 샤론Ariel Sharon은 집권한 뒤 팔레스타인의 자치독립을 적극 추진하는 '양국 공존안'two-state solution을 추진했지만, 샤론의 유고와 하마스의 집권, 치안 상황의 악화로 시계추는 다시 반대방향으로 흘렀고 또다시 네타냐후의 보수파 연합정부가 출범했다. 혁명과 투쟁의 풍운아로 일세를 풍미했던 아라파트는 2004년 75세의 나이로 사망했다.

2006년 팔레스타인 선거에서는 저항세력이던 하마스가 아라파트가 이끌던 파타를 누르고 의회의 다수를 차지하는 이변이 일어났다. 이후 하마스와 파타 간의 갈등이 표면화되었고, 그 결과 하마스가 가자지역 PNA의 행정을 장악하게 되어 팔레스타인은 마흐무드 압바스Mahmoud Abbas 수반(현재는 살람 파예드Salam Fayyad)이 이끄는 서안지구와 하마스가 장악한 가자지구로 갈라진 형국이 되었다. 시간은 흘렀지만 이스라엘-팔레스타인 문제는 아직도 현재형이다. 요즘도 이 지역의 뉴스를 접할 때마다, 이스라엘에서 육성으로 들었던, 도저히 서로 화해할 수 없을 것처럼 보이던 주장들과, 그 주장을 펼치던 울분 섞인 표정들이 생생하게 떠오른다.

사이으 교수가 16년 전에 예견했던 대로, 우리가 가자 난민촌의 천막에서 만났던 하마스의 '젊은 지도자' 이스마일 하니예는 2006년 선거에서 하마스 측이 지명한 총리가 되었다. 그러나 이스라엘을 국가로 인정하지 않고, 테러의 포기를 선언하지 않고, 과거 합의를 존중하겠다는 의사도 밝히지 않는 하마스를 미국과 EU 등 서방국가들은 아직도 정부가 아닌 테러조직으로 간주한다. 2011년 4월, 파타와 하마스는 이집트에서 화해협정을 맺었다. 그해 가을 팔레스타인은 유엔 안보리에 팔레스타인 국가 승인을 신청했다. 짐작하다시피 이스라엘은 펄펄 뛰고 있고, 서방 국가들은 어찌 반응해야 좋을지 조심스럽게 고민하고 있는 상황이다.

▲▲▲▲▲
## 나일 강을 거슬러 오르며

Cairo/Giza/Luxor/Edfu/Kom Ombo/Agilika/Aswan/Abu Shimbel

## 9/11 직후의 이집트를 가다

**2001년 11월 29일, 목요일**

이집트를 구경하는 일은 타임머신을 타는 일과 흡사하다. 헤아리기 어려울 만큼 먼 과거에 살던 사람들의 흔적을, 그들의 꿈과 야망을, 그들의 실패와 좌절을 느껴볼 수 있기 때문이다. 이집트를 여행하는 사람들은 두 번 놀란다고 한다. 첫째, 그토록 오래 전 사람들이 어떻게 이토록 위대한 유적을 만들었을까. 둘째, 그런데 그 후손들은 지금 왜들 이렇게 사나. 오늘날의 이집트는 산유국이지만 최대의 외화수입원은 관광수입, 자국 근로자들의 해외송금, 수에즈 운하 운영수익 순서다. 이집트의 일인당 GDP가 2천불을 겨우 넘은 것은 2008년이 지나서였다. 카이로 시내에는 아직도 우마차들이 다니고, 빈민층을 쉽게 만날 수 있다. 사정이 그러하므로, 이집트를 여행하는 사람들에게 이집트의 어제와 오늘은 더 강렬한 대비를 이룬다.

오만에서 생활한 지도 어느덧 1년 가까이 되어 가던 2001년 11월. 우리는 이듬해의 여름휴가를 당겨 쓰기로 했다. 이집트를 여름의 무더위 속에서 여행하느라 낭패를 경험했던 사람들의 이야기를 들었기 때문이었다. 우리가 몇 달 전까지 살다 떠나온 뉴욕에서 전대미문의 9/11 사건이 일어난지 불과 2달 정도가 지난 무렵이었다. 당시 이집트에는, 지금은 시애틀 총영사이신 송영완 선배께서 참사관으로 근무 중이셨는데, 여행에 유익한 여러 가지 조언을 해주셨다. 여행기를 정리하다 보니 곳곳을 전전하며 폐를 끼친 선배들의 명단을 정리하는 느낌이다.

11월 29일, 오후 12시 반에 우리 식구를 싣고 머스캇 공항을 이륙한 비행기는 오후 4시 50분에 카이로Cairo 공항에 도착했다. 카이로 시내에 미리 예약해 두었던 소피텔 마디 호텔Sofitel Maadi Hotel에 여장을 풀고 시내를 산책했다. 중동에 살면서 중동의 다른 나라로 여행을 온 것이지만, 카이로 시내는 우리가 살던 머스캇과는 비슷한 구석이 하나도 없었다. 우선 사람이 너무나 많았다. 세계에서 가장 한적한 수도 중 하나인 머스캇과는 달리, 카이로는 어느 모퉁이를 돌건 사람들로 넘쳐났다. 아랍어로 '승리자'를 의미하는 알카히라القاهرة라는 이름의 이 도시에는 평방킬로미터당 1만 명에 육박하는 인구가 살아, 수도권 인구밀도는 세계에서 가장 높다.

우리는 촌에서 막 상경한 사람들처럼 사방을 두리번거리며 걸었다. 차도와 인도의 구분이 어려울 만큼 자동차와 마차, 사람이 어지럽게 섞였다. 네거리의 신호등들은 만인의 무시를 받고 있었다. 그 복잡한 도로에서 신호를 무시하고 질주하는 자동차의 행렬이 있었는데, 깜짝 놀라 쳐다보는 우리에게 주변 사람들이 '무바라크' 대통령이 지나간다고 했다. '축복받은 자'라는 뜻의 이름을 가진 무바라크مبارك 대통령은 1981년부터 20년째 이집트를 다스리는 중이었다. 그로부터 다시 10년이 흐른 뒤인 2011년, 그는 이 와자지껄한 카이로의 민중들에 의해 권좌에서 쫓겨나게 된다.

저녁에는 업무를 마친 송 선배께서 우리 식구를 한식당으로 데려가 저녁을 사주셨고, 카이로에서의 이런 저런 경험담과 초행길에 주의해야 할 사항을 자상히 일러주셨다. 요컨대 현지의 문화를 존중하되, 현지 음식은 조심하는 편이 좋고, 으슥한 곳은 다니지 말라는 말씀.

**11월 30일, 금요일**

우리가 예약한 패키지여행은 첫날 카이로와 기자Giza를 구경한 다음, 룩소르Luxor에서 출발하는 배를 타고 나일 강 크루즈를 하는 것이었다. 그런데 뭔가 좀 이상했다. 관광수입이 최대의 외화수입원인 나라 치고 관광객이 별로 눈에 띄지 않았다. 여행사 직원으로부터 비로소 그 까닭을 들었다. 두 달 반 전에 뉴욕에서 터진 9/11 사건 때문에 중동 전역으로 오는 서양인 관광객들의 발길이 뚝 끊겼다는 것이었다. 희한한 시기에 여행을 온 것이었다. 호텔에서 만난 한국인 가이드는 카이로에 살고 계신 주부였는데, 베테랑다운 풍모가 풍겼다. 그분의 뒤를 졸졸 따라 카이로 시내를 구경했다.

1902년에 개관했다는 카이로 박물관으로 갔다. 이곳을 채운 12만여 점 유물의 연혁은 수천 년 세월을 아우르는 무게를 지녔지만, 박물관 시설은 내용물을 따라오지 못했다. 예전에 루브르나 대영박물관을 돌아보면서 유럽인들이 강탈해 모아둔 유적의 규모에 혀를 내둘렀던 기억이 났다. 우리나라도 유적을 도둑맞은 피해자이므로, 거기서 분노와 역겨움이 치밀었다. 하지만 카이로 박물관의 허술한 시설을 구경하고 나서는 좀 복잡한 심정이 되어버렸다. '루브르나 대영박물관이 없었다면 과연 지구상에 현존하는 유물의 몇 퍼센트 정도가 보존되었을까'라는 생각을 떨치기 어려웠다. 삶이 각박한 나라에 남겨진 문화유적은 요행히 전쟁과 동란으로부터 살아남았더라도 상당수는 부유한 개인들의 소장고로 들어가거나 투기와 밀거래의 대상이 되지 않았을까. 그랬다면 나 같은 사람이 구경하기는 어려웠을 것이다.

카이로 박물관에서 단체관광객 안내를 맡았던 이집트인 가이드는 신실한 이슬람 신자인 모양이었다. 꾸란에 기록된 모세의 출애굽 사건은 개괄적으로 보면 기독교 경전의 내용과 큰 차이가 없다. 그것이 이상하다고 생각한 적은 없었는데, 막상 이집트에 와서 파라오의 후예가 파라오를 비난하는 어조로 출애굽 사건을 정열적으로 설명하는 모습을 보고 있자니 뭔가 좀 앞뒤가 안 맞는 것 같은 느낌을 지우기 어려웠다. 그 가이드는 이집트인이기 이전에 무슬림일 수 있고, 그의 정체성은 그의 선택에 속하는 문제일 터이다. 그럼에도 불구하고, 그는 자신의 선조가 물려준 문화유산을 안내하는 일로 생계를 유지하고 있지 않은가. 잘 모르겠다. 이 대목에서 억울한 사람은 죽은 파라오뿐일 것이므로, 나는 빠지기로 했다. 원래 중동은 복잡한 땅이다.

오후에는 기자를 찾아갔다. 모래 지평선 위로 크기가 서로 달라 야릇한 원근감을 주는 세 개의 피라미드가 나타났다. 너무 커서 오히려 현실감이 없는 구조물들. 피라미드는 그 앞에 선 사람들을 비현실적 공간에 놓는다. 그래서 이곳은 무덤이기에 앞서 신전이다. 기원전 2600년경 완성되었을 당시에는 표면이 매끈매끈하고 꼭대기가 금장식으로 빛났다는 피라미드는 지구의 표면에 사람의 손으로 남겨진 가장 인상적인 기념물임에 틀림없다. 나보다 앞서 이집트를 여행했던 친구 장원재 박사는 이집트가 "세월의 절대성과 주관성을 다시 돌아보게 해준 곳"이라고 말했다. 피라미드의 속에서 돌계단을 오르며 내게 떠오른 생각은 이런 것을 만드는 인간이라는 존재가 피라미드보다 더 불가사의하다는 것이었다. 이곳을 방문한 모든 사람처럼, 우리는 피라미드를 배경으로 낙타 등에 올라 사진을 찍었고, 닳고 닳은 상인이 터무니없이 부르는 낙타의 모델료를 치렀다.

### 12월 1일, 토요일

선잠을 깬 아이들을 달래서 공항으로 갔다. 아침 6시에 출발하는 비행기를 타고 한 시간 걸려 룩소르에 도착했다. 박진감 넘치는 눈빛을 가진 이집트 남성 가이드 알리 씨를 소개받았고, 그를 따라 여행사의 승합차로 옮겨 타고 나일강변으로 갔다. 뱃머리에 라다미스Radamis 1호라고 이름이 새겨진 뫼벤픽Mövenpick 사의 유람선이 우리를 기다렸다. 이 배에 오르고서야 9/11 테러사건의 여파를 온몸으로 느낄 수 있었다. 라다미스1호는 선원이 82명에 달하는 호화 유람선이었는데, 12월은 나일 강 크루즈의 성수기임에도 불구하고 손님은 우리 네 식구뿐이었다. 어쩐지 예약이 쉽더라니. 설마 이대로 출발하는 건 아니겠지, 불안해하는데 캐나다인 중년 부부 한 쌍이 더 탑승했다. 우리 여섯 명이 승객의 전부였다.

좀 을씨년스럽긴 해도, 그 덕분에 우리는 아이들더러 굳이 얌전히 지내라고 구박을 하지 않아도 좋았다. 여덟 살, 여섯 살의 두 개구장이는 드넓은 배 안에서 숨바꼭질을 하며 뛰놀았다. 함께 여행한 캐나다인 내외와는 내내 붙어 다니다 보니 친해졌고, 특히 부인인 엘비라Elvira 여사는 다감한 성품으로 우리 아이들을 귀여워 해주었다. 두 부부의 아들은 할리우드에서 배우 수업 중이라고 했다. 승선 첫 날의 압권은 저녁의 선상만찬이었는데, 그 수많은 선원들이 달랑 우리 두 식구를 에워싸고 노래를 불러주었다. 그 환영파티의 뻘쭘함이란! 선장에서부터 요리사까지 전원이 나와서 손뼉을 치면서 환영 노래를 부를 때, 숫기가 없는 우리 두 아이는 얼굴을 붉히며 어쩔 줄을 몰라 했다.

기자의 피라미드는 고왕국 때의 유적이었지만, 룩소르에서는 수백 년의 시간을 훌쩍 뛰어 신왕국의 유적이 모여 있는 왕들의 계곡을 돌아보았다. 도굴을 막기 위해 피라미드가 아닌 터널 형식의 분묘로 변화했다는 설명이었다. 그럼에도 도굴을 면한 묘지는 없는 모양이었다. 유난히 검소하게 무덤을 만들었다는 투탕카멘의 묘 정도가 거의 유일한 예외라고 한다.

룩소르에서 카르낙 신전Karnak Temple을 구경하면서 느낀 충격은 글로 표현하기가 어렵다. 내 친구 장 박사는 카르낙 신전을 가리켜 "존재론적 충격을 안겨준 건물"이라고 말했다. 유럽인들은 여기에 있던 오벨리스크를 뽑아서 자랑스레 자기네 광장에 세워두었다. 그 흔적을 도둑질해 가는 것만으로도 뭔가 위대한 짓을 하고 있다는 착각을 줄 만큼, 이 신전의 분위기는 압도적이었다. 현대에도 독재자들이 만드는 건축물일수록 크고 웅장하다. 속이 빤히 보이는 수법이기 때문에 나는 건축물의 크기에 감탄하는 사람은 어리석다고 생각해 왔고, 그 생각은 지금도 변함이 없다. 하지만 크기라는 것도 정도문제다, 라는 것이 카르낙 신전을 보면서 갖게 된 생각이다. 용도가 뭐든 간에 인공적으로 이런 규모의 물건을 만들 인력과 자원을 동원하는 사람에게라면, 그 누가 두려움을 느끼지 않았을 것인가. 하늘의 소실점을 향해 뻗은 거대한 돌기둥의 숲을 거닐면서 람세스 2세가 꾸었을 꿈의 크기를 가늠해 보았다. 프랑스 소설가 크리스티앙 자크Christian Jacq가 쓴 5부작 소설 『람세스』가 떠올랐다. 그 책은 조금 지나치게 호들갑스러운 신비주의에 젖어 있었다고 기억되는데, 람세스를 주인공으로 소설을 쓰자면 다른 방법도 없었을 것 같긴 하다.

　룩소르 신전도 대단했다. 이곳의 정문 앞을 지키는 것은 두 쌍 중 하나만 남은 오벨리스크였다. 다른 하나는 파리의 콩코드 광장에 있다. 유람선으로 되돌아온 우리는 4인용 선실에서 잠을 청했다. 고대 이집트인들의 기묘한 세계관과 그들의 삶과 죽음, 터무니없이 스케일이 거대한 그들의 꿈이 점점 더 또렷한 모양새를 갖추고 잠자리를 침범해 들어오고 있었다.

**12월 2일, 일요일**

　아침을 먹으러 식당에 내려가 보니 우리가 잠든 사이에 배는 어느새 나일 서안의 가박지假泊地에 매여 있었고, 식사 도중에 다음 목적지인 에드후Edfu를 향해 다시 항해를 시작했다. 아이들을 데리고 갑판 위로 올라갔다. 아직도 나일 강의 강폭은 한강 하류보다 훨씬 넓었고, 배는 그 한가운데를 항해했다. 빈민들이 살고 있음이 틀림없을 허름한 집들이 강변에 바짝 다가선 채 줄지어 있었고, 강변에서 몸을 씻는 사람들도 보였다. "얘들아, 배에서 뛰어내려 강에서 헤엄 좀 쳐볼까?" 허풍을 떨었더니 두 녀석 다 기겁을 했다. "안돼요. 악어가 많대요." 넘실대는 나일 강은 악어들에게 맡기고, 그 대신 갑판 위의 수영장은 우리 식구의 독차지였다. 아무리 중동이지만 12월이다 보니 서늘했다. 그러나 언제 또 타볼 지도 모르는 유람선 위에서 수영 한번 해 보지 않을쏘냐. 우리 세 남자는 오들오들 떨면서 수영도 했고, 수건을 하나씩 걸치고 선상에 길게 누워 일광욕도 했다.

볕이 잘 드는 배의 식당 좌현쪽 창가에 앉아 점심을 먹었다. 아이들은 기차나 비행기를 타고 식사하는 것을 늘 재미있어 하는데, 유람선에서 식사를 하면서는 나와 아내까지 어린애처럼 들떴다. 물결에 반사된 햇살이 우리 얼굴 위로 어른어른 비쳐들었다. 점심 식사 후에는 선실에서 낮잠을 청했다. 수도의 도심을 흐르는 강들의 인상이 저마다 다르면서도 어딘가 비슷한 표정들인 데 비해, 나일 강은 내가 보았던 다른 어느 강과도 달랐다. 하기야, 나일 강을 어찌 "도심을 끼고 있는 강"이라고 표현할 수 있으랴. 악어가 사는 강. 가뭄과 범람을 거듭하면서 독특한 문명 하나를 온전히 길러낸 강. 거대한 대륙의 절반을 종단하며 여섯 나라를 거치는, 세계에서 가장 긴 강. 그 위에 뜬 우리 배는 한밤중이 되어서야 에드후에 정박했다.

### 12월 3일, 월요일

에드후에서 하선하여 호루스Horus 신전을 구경했다. 신전을 걸으며 문득 깨달았는데, 사람의 적응력은 참 간사하다. 이틀간 배를 탔을 뿐인데 벌써 물을 밟는 무릎의 느낌이 어색했다.

호루스는 매의 머리를 한 신으로, 태양신 오시리스와 풍요의 여신 이시스 사이에서 태어났다. 오시리스는 동생인 세트에게 살해당하고, 호루스는 마치 햄릿처럼, 또는 〈라이언 킹〉의 심바처럼 아버지를 살해한 자기 숙부와 길고도 처절한 전쟁을 벌여 승리한다. 혹자는 호루스와 세트의 전쟁이 상이집트와 하이집트 사이에 벌어졌던 정치적 투쟁의 은유라고 해석하기도 하고, 혹자는 호루스의 신화와 예수 그리스도의 생애 사이에서 유사성을 발견하여 기독교가 이집트의 태양신 숭배 신화로부터 일정 부분을 표절했다고 주장하기도 한다. 에드후에 지어진 호루스 신전은 이집트의 모든 고대 신전들 중 가장 잘 보존된 건물이라고 했다. 아니나 다를까 날렵한 매의 모양을 한 커다란 석상이 신전 앞을 지키고 있었다.

여느 때면 붐볐을 에드후에서도 9/11의 여파로 관광객은 거의 보이지 않았다. 그러나 전혀 한산하지는 않았다. 룩소르에서도 그랬지만, 주요 관광지마다 먹이를 기다리는 맹수들처럼 수많은 장사치들이 진을 치고 있다가 몇 되지도 않는 관광객들이 나타나면 엄청난 기세로 달려들기 때문이었다. 파피루스, 알라바스터석으로 만든 미니어처, 목제 기념품, 기타 짝퉁이거나 짝퉁스러운 온갖 물건들로 중무장한 상인들은 모처럼 나타난 손님을 결코 놓칠 수 없다는 단호한 결의로 관광객들을 붙잡고 늘어지기 때문에 가는 곳마다 곤혹을 당하는 형국이었다. 이들 상인들의 집요함은 상상을 초월하는 것이었는데, 아마도 상상을 초월할 만큼 어려운 생계를 이어가고 있는 것이었으리라.

그들의 눈빛과 표정에서, 나는 유적을 건설한 고대의 이집트인이 아닌, 지금 이곳에 살고 있는 이집트 사람들을 보았다. 이들은 수가 많았고, 하나같이 절박해 보였다. 인구가 작고 외화수입의 대부분을 석유, 가스 수출에 의존하는 오만 같은 나라에서는 보기 어려운 모습이었다. 알카에다는 뉴욕에서 마천루를 파괴함으로써 동족에게 뜻하지 않은 불경기를 강요한 셈이었다. 카이로의 인구는 1천 6백만 명이 넘는다. 모든 사람이 가난한 것은 아니겠지만, 이토록 많은 사람들의 절박함이 언제 어떤 방향으로 분출될지를 예측하기는 어려운 노릇이었다. 그로부터 10년이 지난 2011년, 카이로의 민중은 시민혁명을 통해 무바라크 정부를 몰아냈다. 그러나 이들의 장래를 예측하기 어렵기는 지금도 마찬가지다.

에드후를 출발한 배는 다음 경유지인 콤옴보Kom Ombo에 도착했다. 기원전 2세기경에 만들어진 콤옴보의 신전은 매의 머리를 가진 호루스 신과 악어의 머리를 가진 세베크 신을 함께 섬기는 사원이었다. 저무는 태양이 신전의 기둥을 붉게 물들였다. 꽤 상류로 거슬러 왔는데도 나일 강 폭은 좁아질 기미가 없었다. 저녁식사 후에 드디어 배로 여행할 수 있는 종착점인 아스완Aswan 댐 근처에 정박했다. 아스완 댐은 컸다. 댐 남쪽의 강물은 정말 바다 같았다.

**12월 4일, 화요일**

　나일 강에 떠 있는 자그마한 섬 아길리카Agilika에 상륙해서 필라에Philae 신전을 구경했다. 아길리카 섬에 있는 신전의 이름이 왜 필라에냐면, 아스완 댐이 지어지면서 원래 신전이 있던 필레섬이 수몰되는 바람에 신전을 150m 정도 떨어진 아길리카 섬 위로 이전했기 때문이다. 이런 신전을 통째로 옮겼다니 유네스코UNESCO도 만만치는 않다. 이 신전이 여신 이시스에게 봉헌되었다는 사실은 유난스레 물 위에 지어져 있다는 특징과 참 잘 어울렸다. 작지만 개성적이고 아름다운 신전이었다.

　"이집트를 나일 강으로부터 해방시켰다"는 아스완 댐 위를 거닐면서 시원하게 불어오는 강바람을 맞았다. 카르낙 신전에 비할 바는 아니었지만 이 댐도 이집트인이 이룩한 위대한 인간의 역사였다. 강변에 채석장이 있는데, 거기서 큰 돌을 쪼개어 오벨리스크를 만들었다고 한다. 만들다가 실패한 오벨리스크 덩어리가 길게 드러누워 있었다. 고대에는 바위틈을 쪼아 나무 쐐기를 박고 그 나무에 물을 먹여 팽창시킴으로써 큰 일직선 돌탑을 갈라냈다. 유럽 전역에 흩어져 권력과 승리를 상징하는 저 돌탑의 고향은 이렇게도 소박한 모습이었다. 여기서 만든 거대한 돌탑을 하류로 운반하느라 수많은 인부와 배를 동원해서 부산을 떨었을 옛사람들의 모습을 상상하니, 불현듯 모든 것이 다 부질없다는 생각이 들었다. 이래도 한 세상, 저래도 한 세상인 것을.

**12월 5일, 수요일**

며칠 새 정이 들었던 유람선 라다미스1호와는 작별을 고했다. 아침 열 시 반, 우리는 제각각 다른 경로로 아스완에 도착한 여러 명의 여행객들과 함께 조그만 프로펠러 비행기를 타고 내륙의 아부심벨Abu Shimbel로 향했다. 거기에는 실로 엄청난 규모의 신전이 우리를 기다리고 있었다. 람세스2세라는 인간은 이런 신전을 지으면서 수천 년 후 먼 나라의 낯선 사람들이 와서 입을 떡 벌리고 놀라는 광경을 상상하며 혼자 흐뭇해했을까? 람세스2세는 스스로를 오시리스 신과 동일시한 과대망상가였고, 이집트 고대사의 흐름을 바꾸어버린 위대한 정치가였으며, 지구상의 다른 그 누구와도 비견될 수 없는 대형 건축 발주자 겸 설계자였다. 그가 그 시절에 그 자리에 있지 않았더라면 지구의 표면은 지금과는 많이 다른 모습이었으리라.

전날 필라에 신전을 옮겨놓은 것을 보면서 유네스코의 저력에 감탄했는데, 유네스코가 한 일은 그 정도가 아니었다. 아스완 댐 건설로 아부심벨 신전마저 수몰위기에 처하자, 유네스코는 1963년부터 10여년에 걸쳐 이 신전을 원래 위치보다 70m 높은 지점으로 옮기는 대역사를 감행했다. 우리나라도 그 가난했던 시절에 우표까지 발행해서 아부심벨 이전 사업에 기부금을 냈다. 당시 유네스코의 학자들은 한 치의 오차도 없이 복원할 수 있다는 자신감을 피력했다. 원래 아부심벨에는 1년에 딱 두 번, 람세스2세의 생일과 즉위일에 맞춰 신전 중앙 깊숙이 자리 잡은 람세스2세의 석상을 태양빛이 정면으로 비추었다고 한다. (다른 날에는 볕이 석상에 미치지 못했다.) 유네스코가 현대과학의 지

나일 강을 거슬러 오르며 /237

혜를 총동원해서 신전을 이전했음에도, 빛이 신상을 비추는 날은 예전과 만 하루 차이가 난다고 하니, 고대인들의 천문학적, 건축학적 지식이 경탄스러울 따름이다. 아부심벨은 반나절 구경거리로는 너무 넓고 컸다. 오후 한 시 반에 아부심벨을 출발한 비행기는 오후 네 시에 우리를 다시 카이로에 내려 주었다.

**12월 6일, 목요일**

카이로에서의 마지막 날. 우리는 구시가지를 거닐었다. 헤롯왕의 유아 학살을 피해 이집트로 온 요셉과 마리아 부부가 어린 예수를 키웠다는 전설이 전해지는 '예수 피난교회'도 들어가 보았다. 구시가지 뒷골목의 야트막한 문을 통해 들어가니 오래되어 보이는 교회의 내부가 나타났다. 그러나 첫눈에 봐도 2천년 이상 된 건물은 아니었다. 이 근방이 예수의 아동기와 연관이 있을 수는 있겠지만 이 건물에서 어린 예수가 피난생활을 했을 턱은 없었다. 오후의 구시가지 거리는 스피커에서 울려나오는 이슬람 기도 소리로 가득했다. 골목길 어귀를 돌자 우아한 모습의 교회가 나타났다. 성 조지 St. George 교회라는 걸 금방 알아볼 수 있었다. 정문 계단 앞에 성 조지가 용을 창으로 찌르는 모습이 부조되어 있었기 때문이다. 그리스 정교회 아타나시우스 Athanasius 파 감독이 7세기에 세운 교회였다. 산들바람이 부는 교회 앞마당에 앉아 아쉬운 대로 샤프펜슬로 교회를 스케치해 보았다.

지금은 당연히 이슬람 국가로 여겨지는 이집트도, 7세기경 아랍 군대가 점령하기 전까지는 기독교의 중심지 역할을 했던 적이 있다. 사도 마가에 의해 이집트에 전해진 것으로 알려진 원시기독교는 콥틱Coptic교라는 이집트 특유의 교파를 이루었다. (이집트 출신 유엔 사무총장이던 부트로스 갈리Boutros Ghali가 콥틱교도였다.) 2세기경에는 기독교가 거의 이집트 전역으로 확대되어 다수의 이집트인이 기독교도가 되었다. 카이로 구시가지의 성 조지 교회는 그런 육중한 역사를 깔고 앉아 있는 것이었다. 로마, 안디옥Antioch과 더불어 기독교의 3대 중심지였던 알렉산드리아Alexandria는 예수의 인성보다 신성을 중시하던 단성론을 신봉했는데, 451년의 칼케돈Chalcedon 공회의에서 이단으로 선고받았다. 단성론과 삼위일체론의 격돌을 실제보다 더 실감나고 재미있게 그려낸 해리 터틀도브Harry Turtledove의 대체역사소설 『비잔티움의 첩자』가 떠올랐다. 알렉산드리아에 가보지 못하는 것이 아쉬웠다. 알렉산드리아에는 로마의 유적도 많이 남아 있다는데….

거기에 생각이 미치자, 내가 이집트에 와서 보지 못한 것이 무엇인지를 깨달았다. 로마제국의 흔적이 그것이었다. 이집트는 독특한 문명의 발상지였다. 선사시대부터 압도적으로 전승되어 오던 이집트 특유의 전통이 모든 것을 압도해 버린 것인지도 모르겠다. 클레오파트라가 스스로 목숨을 끊을 때까지 300년 동안 이집트를 지배했던 프톨레미Ptolomiosis 왕조는 헬레니즘 왕국이라는 이름이 무색할 만큼, 철저히 이집트화 되었다. 로마제국이 지배하는 동안 이집트는 황제 직할 속주였지만, 문화적으로는 비잔티움보다도 더 철저한 '동방'으로 남아 있었다. 문화는 물과 같아서 높은 곳에서 낮은 곳으로 흐른다. 문화적 공백상태와도 같던 갈리아, 이베리아, 다키아 같은 곳은 금세 로마의 문화에 동화되었지만 이집트에는 이미 무언가가 가득 들어차 있었다. 로마인들은 이집트가 간직한 '이국적 색채'를 있는 그대로 즐기고 싶었던 것이 아닐까. 만일 그랬다면 저 옛날 이탈리아 반도로부터 이곳을 방문하는 로마인들도 고대의 유적을 둘러보며 나와 비슷한 감상을 느꼈을지도 모르겠다.

저녁 여섯 시쯤 카이로를 출발한 걸프항공 비행기는 자정이 넘어서야 오만에 도착했다. 이집트의 12월은 제법 한기가 느껴졌는데, 머스캇에 내리니 낯익은 온기가 우리를 맞는다. 카이로에 비하면 머스캇은 평온하고 조용한 도시다. 남은 근무기간 동안 그 조용함과 여유를 감사하며 지내기로 했다. 이집트를 방문한 지 3년이 흐른 2004년 성탄전야에, 갑자기 우리 생각이 났는지, 유람선을 함께 탔던 엘비라 여사가 안부메일을 보내 왔다.

"당신들도 그러리라고 생각하지만, 나일 강을 거슬러 크루즈 여행을 한 기억은 우리에게 영원히 남을 거에요. 멋진 당신 가족과의 만남을 그 기억의 온전한 부분으로 가질 수 있었던 것을 매우 큰 행운으로 생각하고 있답니다. 좋은 일이 많기를 기원하며, 엘비라 씀."

## 오만에서의 2년

Muscat / Sohar / Sur / Jabal Akhdar / Wadi Bani Khalid
Wadi Shab / Sumail / Ramlat al-Wahiba

## ✈ 무더위의 결정판

오만Oman, عمان은 페르시아만의 전략적 요충지인 호르무즈Hormuz 해협에 면해 있는 나라로, 사우디아라비아, 아랍에미리트, 예멘 등 세 나라와 인접해 있다. 남한의 세 배 가까운 땅에 인천시 인구와 비슷한 260만 명이 사는 나라. 걸핏하면 기온이 섭씨 50도를 오르내리고 습도도 높은 곳. 그런 혹독한 환경에도 불구하고 여유롭고 유머러스한 사람들이 사는 곳. 2001년부터 2년간 오만에 살면서 나는 좋은 친구들을 만났고, 서둘지 않는 법을 배웠으며, 그간 미뤄 두었던 몇 권의 책으로 허기진 머리를 달래기도 했다. 김의식 대사님으로부터 바다낚시를 배운 다음부터는, 잠 못 이루는 밤을 바닷가 절벽 위에서 보내곤 했다. 내가 벗 삼았던 머스캇Muscat, مسقط의 밤바다와, 그 위를 말없이 비추던 따뜻한 달빛.

오만의 더위는 엄청난 것이었다. 5월에서 10월 사이에는 낮 동안 수은주가 섭씨 50도를 심심찮게 넘는다. 특히 여름에는 수도 머스캇 지역의 습도가 95%를 웃돌아, 세상천지가 사우나장 같다. 자동차 안에서 듣던 카세트테이프를 대쉬보드 위에 올려둔 채 깜박 잊고 차에서 내려 한 시간쯤 볼일을 보고 차에 돌아왔다. 시동을 걸던 나는 대쉬보드 위에

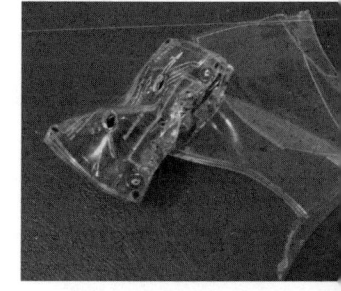

놓인 정체불명의 물건을 보고 깜짝 놀랐다. 그것은 태양열에 녹아, 구겨진 휴지처럼 우그러져버린 내 카세트 테이프였다. 흡연자들은 자동차 안에 라이터를 흘리지 않도록 매우 조심해야 한다. 아까운 자동차를 통구이로 만들지 않으려면.

수도관이 얕게 매설된 탓도 있겠지만, 수도꼭지를 틀면 열기로 달궈진 상수도관은 한밤중에도 뜨거운 물을 토해냈다. 미지근한 정도 가지고 엄살을 떠는 거 아니냐고 핀잔을 줄지도 모르겠는데, 정말 방금 대접받은 커피만큼 뜨거웠다. 채소를 씻으면 바로 데쳐져 버리기 때문에, 아내는 물을 따로 받아서 식혀 사용하곤 했다. 샤워를 하기에도 너무 뜨겁기 때문에 물을 식혀서 씻어야 한다. 오만에도 겨울은 있다. 12월에서 2월경 오만의 날씨는 우리나라의 4~5월 날씨와 비슷하다. 그 두어 달 동안 물을 데워 쓰기 위한 소형 온수기가 집집마다 욕실에 달려 있다. 일 년 중 대부분 이 온수기를 꺼 두고 지낸다. 그러면 온수 통은 뜨거운 물이 들어와서 식는 통이 된다. 수돗물을 파란 쪽으로 틀면 뜨거운 물이 나오고, 빨간 쪽으로 틀면 상온으로 식은 물이 나온다. 온수 통의 크기는 대략 한 사람이 샤워할 분량 정도일 뿐이라서, 식은 물을 다 쓰기 전에 얼른 샤워를 마쳐야 한다. 느긋하게 샤워를 즐겼다가는 갑자기 나오기 시작하는 뜨거운 물에 살이 익을 수도 있다.

인간의 적응능력은 놀라운 것이어서, 처음에는 어쩔 줄 몰라 하던 이런 더위에도 적응을 하고 지내게 된다. 더위 자체에 좀 더 익숙하게 되는 것이기도 하고, 더위를 참을 비법들을 강구하게 되기 때문이기도 하다. 낯선 더위를 한동안 접하게 되면 우리 신체는 살아남기 위해 닫혀 있던 땀샘을 일제히 연다. 오만에 살기 전까지 땀이라고는 잘 흘리지 않던 나는 오만 근무 이후로 조금만 더우면 겉옷까지 푹 젖는 인간 폭포수로 변신했다. 더울 때 반소매 반바지를 입을 수 있는 기온은 진정한 더위에 해당하지 않는다는 사실도 깨우쳤다. 중동의 직사광선은 무자비하기 때문에 더운 날일수록 긴 바지에 긴 소매가 필수고, 바깥에서 오래 활동하려면 모자나 장갑까지 착용하는 편이 좋다.

가장 중요한 비결은 참을성을 늘이는 것이다. 못 참겠다고 생각할수록 더위는 사람을 갑갑하게 만들어, 급기야 폐소공포와도 흡사한 패닉 현상을 불러오기도 한다. 내가 자주 사용하던 피서법은 한 달에 두어 번씩 가게에서 얼음을 사서 욕조의 물속에 풀어놓고 그 속에 들어가 독서 같은 것을 하는 방법이다. 그래도 견디기가 어려워지면, 우리 가족은 산과 바다를 찾았다. 물론 산이나 바다라고 해서 거기에 더위가 없는 것은 아니었지만, 그래도 대자연의 일부가 되는 것이 자연의 시련을 견디기에 가장 좋은 방법이었다.

알고 보면, 세상에 나쁘기만 한 일이란 그리 많지 않다. 중동에서 만난 뜨거운 태양도 그랬다. 영국에 사는 동안에는 흐린 날씨를 견디는 데 정신력의 소모가 컸다. 특히 길고 춥고 어두운 겨울을 나는 동안 가슴속에 쌓여 가는 우울함을 떨쳐버리기가 쉽지 않았다. 인간은 스스로에게 '만물의 영장'이라는 광오한 별명을 지어 붙였지만, 영국에서 겨울 한 철 지내고 보면 대번에 알게 된다. 인간은 햇볕을 며칠만 못 쬐어도 비참한 심정이 되어버리는 대자연의 미천한 일부라는 사실을. 반면에, 중동에서 2년을 지내는 동안에는 더위에 지친 나머지, 잔혹한 태양에다 대고 주먹이라도 휘두르고 싶은 심정이었다. 그래서 그때는 미처 깨닫지 못했지만 돌이켜보면 오만에 살면서는 이유 없이 기분이

울적해지는 날 따위는 없었다. 따뜻한 남국에 사는 백성들이 낙천적인 데는 다 이유가 있었던 것이다. 2년간 나의 정신건강을 지켜준 것을 생각하면, 나는 뜨거운 태양에게 불평보다는 감사할 일이 더 많은 셈이다.

## ✈ 처용과 신밧드의 고향

　　오만이라는 나라는 2,092km의 해안선을 가졌고, 인도양과 페르시아 만에 면해 있다. 오만의 북쪽 끝 무산담Musandam, مسندم은 페르시아 만이 가장 좁아지는 지점에 있어서 이란 땅까지 헤엄쳐서 건너갈 수 있을 정도다. 당연히 이곳은 지중해의 지브롤터에 비길 수 있을 만큼 전략적으로 중요한 지점이다. 호르무즈 해협은 걸프지역에서 바다로 나가는 관문의 역할을 한다. 당연히 오만에는, 유럽의 제노아나 베네치아에 그러했듯이, 예로부터 뱃사람들이 많았다.
　　페르시아와 오토만 제국이 전쟁을 했을 때도, 아라비아에서 차출된 해군의 대부분은 오만에서 나왔던 것으로 알려져 있다. 유목민이 대다수인 아라비아에서 유독 오만인은 바다 사나이들이었던 셈이다. 1998년에는 인도네시아 근해에서 9세기경 침몰한 것으로 추정되는 오만 선박의 잔해가 발견되었다. 오만 정부는 이 배를 복원하여 '머스캇의 보석'이라 명명했고, 2010년에 이 배는 전통 항해기술만을 사용해서 오만에서 싱가포르까지 항해에 성공했다. 아라비아에서 선박으로 동아시아와 무역을 한 사람들이 있었다면 그것은 오늘날의 오만에 살았던 부족이었을 가능성이 크다. 예로부터 아시아와 유럽에서 인기가 높은 무역 품목이던 유향frankincense이 오만의 남부에서 다량으로 생산되어 왔다는 점도 그러한 심증을 굳혀준다. 신라시대 서라벌을 활보하던 처용의 정체가 아라비아인이었다는 일설이 사실이라면, 처용도 오만 사람이었을 가능성이 높다는 말이 된다.

　19세기의 전성기에 오만의 사이드 빈 술탄Said bin Sultan은 서쪽으로는 동아프리카의 몸바사Mombasa, 잔지바르Zanzibar(지금의 탄자니아)부터 동쪽으로는 파키스탄의 발루치스탄Balochistan 까지를 아우르는 해상제국의 수장이었다. 잔지바르는 1964년 현지인들의 혁명에 의해 탄자니아라는 국가가 수립될 때까지 오만 사람들이 통치하던 곳이었다. 로버트 카플란Robert Kaplan은 그의 최근 저서 『몬순』Monsoon에서 오만의 해상활동이 '고대의 세계화' 현상을 이끌었다는 점에 주목하기도 했다.

　이런 배경을 알고 나면, 옛 이야기의 주인공 신밧드Sinbad의 고향이 오만 북동부의 어촌 소하르Sohar, صحار라고 굳게 믿는 오만인들의 주장이 근거 없는 허풍이라고 단정하기는 어렵게 된다. 장보고의 발자취를 추적하던 소설가 최인호 선생이 오만을 방문하게 된 것도 당연한 일이었던 셈이다. 2002년 오만에서 근무 중이던 나는 국영방송사의 협조 요청에 따라 최인호 선생께 머스캇 인근 바닷가와 전통 목선 조선소를 안내한 적이 있었다. 환갑을 목전에 앞둔 연세에도 불구하고, 최인호 선생은 주변 사람들을 휘어잡는 재담과 넘치는 에너지를 가진 청년이셨다. 선생의 취재 노력은 이듬해에 『해신』海神이라는 작품으로 결실을 맺었다. 그러니까 눈곱 만큼일지언정, 이 작품에는 나도 기여한 바가 있는 셈이라고 믿는다.

　뱃사람들의 나라답게, 오만의 수도 머스캇은 바다를 면하고 있다. 외국

대사관과 외무성, 외교관들의 주택이 밀집한 주택가의 명칭은 샤티 알쿠룸 Shatti Al-Qurum, 그러니까 '쿠룸의 해변'이라는 지역인데, 내가 살던 집에서 슬리퍼를 끌고 나가면 2분만 걸어가도 모래사장이 나왔다. 오만에서 내가 여가 시간의 상당부분을 할애한 취미활동이 낚시였다. 해가 저문 뒤 집 앞의 모래사장에 낚싯대를 드리우고 퍼질러 앉아서 바닷바람을 맞기도 했지만, 모래 해변에서는 큰 고기를 낚기 어려웠다. 차를 몰고 알쿠룸 뒷산으로 가면 불빛 한 점 없는 캄캄한 절벽이 파도를 맞고 있었다. 그곳이 내가 가장 좋아하던 낚시터였다. 뒷주머니에 소주를 한 팩 차고, 이마에 전등을 달고, 허리에는 수건을 걸고, 무협지를 두어 권 챙겨서 캄캄한 절벽을 찾아가곤 했다. 오늘은 저 시커먼 바다 속 어떤 생명이 내 모진 낚싯대에 걸려들까 궁금해하면서 파도 소리를 듣다 보면, 돌고래가 짝을 지어 휘영청 밝은 달빛 속으로 뛰어오르곤 했다.

생각해 보면 낚시는 특이한 활동이다. 딱히 운동이 되는 것은 아닌데도 스포츠의 일종으로 취급된다. 낚시는 수렵과 사색과 취미의 특징을 다 지닌다. 절벽 위에서 인도양을 바라보며 낚시를 하는 동안, 나는 지나간 그 어느 시절보다 나 자신과 더 길고 많은 대화를 나누었다. 생명을 낚아 올린다는 점에서 공격적인 취미지만, 수렵활동 치고는 꽤나 수동적인 방식이어서 기다리는 행위가 중요한 부분을 이룬다. 낚시에서는 내가 도모하는 부분과, 물고기에게 맡기고 기다리는 부분이 확연히 나뉜다. 낚시를 하면서, 나는 마음대로 할 수 없는 일은 참을성 있게 기다려야 한다는 진리를 몸으로 배웠다. 아이들에게도 기다림의 미학을 알려주고 싶어서 자주 데리고 낚시를 나갔다. 그러나 아이들의 인내심이란 한계가 있는 법이어서, 녀석들은 고기가 입질을 하지 않으면 이내 싫증을 내며 낚싯대를 팽개치고 바닷가를 뛰어다니곤 했다. 그래도 소금을 먹어본 놈이 물을 켠다던가. 어려서 낚싯대 좀 잡아 봤다고, 두 아들은 열서너 살 무렵에 바다에 데려가니 제법 진중한 낚시꾼 행세를 했다.

우리가 제일 반기던 생선은 중동 사람들이 '하무르'hamour라고 부르는 그루퍼grouper의 일종이었다. 몸에 붉은 반점이 있는 농어목 생선으로, 중국인들이 좋아하는 석반어石斑魚나 제주도 남쪽에서 잡히는 다금바리와도 닮은 놈이다. 하무르를 잡고 싶어 했던 것은 당연히 회 맛이 좋기 때문이었다. 내가 혼자 낚은 하무르 두어 마리를 들고 의기양양하게 나타나면, 함께 근무하던 김동기 서기관은 소주 한 잔 하자며 반겨 맞아 주었고, 김 서기관의 부인께서는 어느새 가지런히 회를 쳐서 내 오시곤 했다. 간혹 마을 어부에게 삯을 내고 나룻배를 빌려 타고 난바다 가까이로 나서면 도미나 다랑어가 낚이기도 했다. 현대건설과 대우건설이 만든 소하르 방파제 근처에서는 잔챙이들을 미끼삼아 바라쿠다barracuda를 여러 마리 잡기도 했다. 만화영화 〈Finding Nemo〉 초반부에서 열대어인 네모 엄마를 잡아먹는 광폭한 물고기가 바로 바라쿠다인데, 구워 먹으면 살집이 좋은 삼치 비슷한 맛이 났다.

기회가 있으면 낚시를 빙자해서 오만 북단의 무산담에서 예멘과 접경한 남단의 살랄라Salalah, صلالة까지 해안지역을 훑으며 여행했다. 알아슈카라Al-Ashkhara에서는 해변에 텐트를 치고 밤새워 낚시하며 동네 청년들과 노닥거리기도 했고, 미군과 영국군이 주둔하는 오만 최남단의 마시라 섬Masirah, مصيرة까지 배를 타고 가서 폭풍우 속에서 상어를 세 마리 낚기도 했다. 잔인하게 들릴지도 모르겠지만, 그렇게 살생을 일삼는 동안 꿈틀대는 모든 비린 것들이 내가 지금 이곳에 살아 있음을, 살아보아야 함을 가르쳐 주었다. 아미타불.

생선만 잡았던 것이 아니었다. 머스캇 북부 소하르 근처에는 망그로브mangrove 나무가 가득 자라는 뻘밭이 있다. 한 번은 이곳에 교민들과 어울려 게를 잡으러 갔는데, 무릎까지 푹푹 빠지는 갯벌을 헤집으며 괴물처럼 거대한 머드 크랩mud crab을 여러 마리 잡았다. 게가 어찌나 컸던지, 통째로 요리할 냄비가 없어서 여러 조각으로 나눠서 며칠을 두고 찌게를 해 먹었던 기억이 있다. 진흙투성이가 되었던 보람이 있었으니, 게는 살도 많고 맛도 좋았다.

중부지방의 수르Sur, صور에서는 특이한 경험도 했다. 수르는 천연가스 생산시설이 있는 도시여서 한국가스공사 직원들이 파견근무를 하는 곳이기도 했지만, 수르의 세계적 명성은 정작 다른 데서 왔다. 지구상에 몇 남지 않은 바다거북의 산란장소인 것. 여름 휴가철에 우리 가족은 KOTRA의 윤 관장님 가족과 함께 수르의 해변에서 텐트를 치고 하루 묵으며 바다거북의 힘겨운 산란 현장을 견학했다. 한밤중에 바다에서 뭍으로 나온 거북은 여러 시간 걸려 산란 장소까지 올라와 모래구멍을 파 거기다 알을 낳았다. 아침이 되니 일찌감치 낳았던 알에서 부화한 새끼거북들이 종종걸음으로 바다를 향해 달음박질했다. 수많은 새끼거북 중에 성체가 되는 것은 2천 마리에 한 마리 꼴. 사막 여우들이 모래를 헤집어 거북 알을 먹이로 삼았고, 해변에는 덩치 큰 게에게 붙들려 눈알을 빼 먹힌 새끼거북의 사체도 있었다. 운 좋게 여우와 게와 갈매기를 피해 바다로 뛰어들면 이번에는 수중의 포식자들이 새끼들을 기다린다.

멸종 동물 보호를 위해서, 오만 당국은 해안에서 새끼거북이 보이는 족족 사람 손으로 거두어 모아두었다가 바다로 풀어주곤 했다. 우리 아이들은 신나

게 거북을 잡아다가 보호소의 물통 속으로 날랐다. 어린 짐승들은 다 귀여운 법이라지만, 파르스름한 새끼 바다거북은 꼭 일부러 귀엽게 만든 인형처럼 생겼다. 초등학교 1학년이던 둘째가 눈썹을 팔자로 만들면서 물었다.

"딱 한 마리만 집으로 데려가면 안 될까요?"

"어젯밤에 쟤네 엄마가 얼마나 힘들게 알을 낳는지 봤지? 얘들은 바다에 풀어줘야 살 수 있단다."

인생이라는 고해 속에서 힘겨운 삶을 사는 것이 어찌 바다거북뿐이겠나. 요 꼬마 녀석들이 제 새끼를 낳고 살아가려면 또 얼마나 고단한 일들을 많이 겪어야 하겠나, 방정맞은 생각이 머리를 스쳤지만 그건 굳이 말로 하지 않았다.

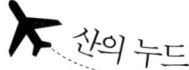 산의 누드

한반도의 1.5배쯤 되는 오만의 국토는 80%가 사막과 바위산으로 이루어져 있다. 오만의 산은 여러 면에서 특이하다. 구글 어스google earth나 사회과부도를 찾아보면 금세 알 수 있듯이, 드넓은 아라비아 반도에 산이라는 산은 죄다 남쪽에 몰려 있다. 고산지대로서 늘 푸르른 예멘을 예외로 친다면 (예멘은 여러 차원에서 예외라서, 걸프협력기구GCC에 속하지도 않는다.), 걸프 국가들 중 해발 2천 미터 이상의 산을 가진 나라는 오만뿐이다. 자발 아흐다르Jabal Akhdar, الجبل الأخضر, 자발 샴스Jabal Shams, الجبل شمس 등 높이가 3천 미터에 달하는 산들도 있다. 그것만으로도 특이하달 법한데, 오만의 산이 지닌 가장 큰 특징은 '누드'라는 점이다.

오만 전국을 남북으로 가로지르는 알 하자르 산맥Jabal Al Hajar, الجبل الحجر 덕분에 오만 어느 지역에서도 험준한 바위산을 볼 수 있다. 처음 오만에 도착하는 사람들은 그 박력 있는 풍경에 압도된다. 2002년 말에 2주간 다녀가셨던 아버지께서는 "야아, 이거 달나라 같구나!"라고 탄성을 지르셨다. 사실 좀 더 정확하게는, 영화 〈Total Recall〉에 나오는 화성의 풍경과 흡사하다. 작은 관목조차 찾아보기 어려운 바위산이 대부분이라서, 모험을 즐기는 유럽의 산악인들이 암벽등반을 하러 몰려오곤 한다. 우리 가족이 더위를 피해 종종 찾아갔던 자발 알 아흐다르의 이름은 '초록색 산'이라는 뜻이다. 정상 가까이 올라가면 석류나 대추야자나무 같은 유실수들을 포함하여 녹색을 제법 볼 수 있기 때문에 붙여진 이름일 텐데, 우리나라의 산에 비하면 이름이 부끄러울 정도로 대부분은 헐벗은 바위로 이루어져 있다.

처음 오만의 바위산을 보며 나는 황량함이라는 단어를 떠올렸다. 그것은 뭔가 중요한 것을 결핍하고 있는 산의 모습이었다. 그러나 2년간 생활하면서 어느 순간, 바위산을 바라보는 나의 느낌이 변했다. 지질학적 견지에서, 오만의 산들은 산의 원래 모습에 더 가까운 것이었다. 그것은 마치, 누드화를 그리기 시작한 화가가 모델의 벗은 몸을 보면서 부끄럽다거나 음탕한 기분을 더이상 느끼지 않고 순수한 아름다움을 느끼게 되는 것과도 비슷한 경험이었다. 신밧드의 모험담 중에, 섬인 줄로만 알고 상륙했더니 그곳은 엄청나게 큰 고래의 등이더라는 이야기가 나온다. 고래가 너무나 크고 늙었기 때문에 등 위에 풀과 나무가 자라고 있었다는 이야기다. 오만의 산은 나무와 풀이라는 이물질이 뿌리 내리지 않은 젊은 산의 모습을 그대로 간직한 셈이다. 지구라는 행성의 입장에서 보자면, 어쩌면 오만의 바위산은 갓 뽑아낸 자동차처럼 깔끔한 상태를 오래도록 유지해온 셈인지도 모를 노릇이다.

오만에 2년간 살면서 비가 내리는 것은 딱 한 번 보았다. 그런데 그 비란 것이 내가 알고 있던 자연현상이 아니었다. 허공이 아예 잠수하는 것처럼 퍼붓는 것이었다. 열대우림지역인 인도네시아에 살면서도 그런 비는 경험하지 못했다. 오만처럼 뜨거운 나라에서 비가 내리면 얼마나 반가울지 상상해 보시라. 나는 아이들과 함께 웃옷을 벗고 마당으로 뛰어 나갔다. 그런데 본격적으

256/ 중동, 지중해의 아랫동네

로 퍼붓기 시작하자 밖에 있을 수가 없었다. 빗줄기가 너무 세차서 숨을 쉬기가 어려웠고, 웃통의 살갗이 아파서 견딜 수가 없었다. 오만의 집들에는 방수나 방한의 개념이 없다. 이런 비를 만나자, 우리 집의 모든 창틀은 일제히 수도관으로 변신한 듯 물줄기를 집 안으로 쏟아놓기 시작했다. 2층 전체가 삽시간에 복사뼈 높이까지 물에 찼다. 1층과 2층을 잇는 계단은 구룡폭포로 변했다. 어쩔 줄 몰라 하다가, 아차, 감전의 위험이 있다는 생각이 퍼뜩 떠올랐다. 집 바깥쪽 창고에 있는 두꺼비집을 향해 뛰었다. 앞을 분간할 수 없는 빗줄기를 다시 한 번 뚫고 가서 두꺼비집 스위치를 내린 다음에도 아이들에게는 소파 위에서 내려오지 말라고 호통을 쳤다. 그리 오래 내린 비도 아니었건만, 젖어버린 가재도구를 정리하느라 아내와 나는 고생깨나 했다.

머스캇은 바다에 면해 있지만 병풍 같은 바위산에 둘러싸여 있다. 비가 오던 날, 창밖을 내다보니 나무 한 그루 없는 바위산의 모든 골짜기들은 폭포로 변해서 시내를 향해 붉은 물줄기를 쏟아냈다. 시내가 물에 잠기는 것은 당연했다. 사막의 나라에는 와디(wadi, وادي)라는 것이 있다. 계곡을 일컫는 단어인데, 평상시에는 물이 없기 십상이므로 건천乾川이라고 번역되곤 한다. 비가 오던 날, 우리는 머스캇 시내 전체가 무섭게 흐르는 탁류로 가득 찬 계곡으로 변하는 모습을 목격했다. 도시 전체가 하나의 거대한 건천이었던 셈이다. 시내의 저지대까지 차량이 다시 통행하게 되기까지는 비가 그친 후로도 며칠 더 걸렸다.

오만에는 다른 사막 지역에서는 구경하기 어려운 것이 한 가지 더 있다. 그것은 사시사철 물이 흐르는 와디다. 산이 있는 곳에 물이 있다는 것은 만고의 진리여서, 오만이 멋진 호수와 시냇물을 가지게 된 것도 바위산 덕분이다.

수량이 풍부한 와디 근처에는 운치 있는 관개 수로가 만들어져 있고, 울창한 대추야자 농장이 들어서 있는 것이 보통이었다. 바위산 덕분에, 오만은 대추야자, 콩, 바나나, 석류 등 농산물을 다소간 생산하고 있기도 하다.

더위에 지쳐 더 이상 못 견딜 지경이 되면, 우리 가족은 머스캇에서 가장 가까운 해발 3천 미터의 초록색 산, 그러니까 자발 아흐다르로 도피했다. 아슬아슬하고 가파른 자갈길을 따라 4륜구동 차를 한참 몰다 보면 정상까지 갈 수 있었다. 이 산은 선사시대에 바다 밑이었다가 솟아오른 땅이어서, 정상에서도 조개껍질을 심심찮게 주울 수 있었다. 풀과 나무로 뒤덮인 산이었다면 눈에 띄지 않았을, 지질학적 시간의 침전물이었다. 정상에는 여관이 한 채 있었고, 다른 무엇보다 반가운 서늘한 바람이 있었다. 여관의 정원에 놓인 테이블

에 둘러앉아서 모처럼 선선한 바깥공기를 쐬다 보면 건너편 산봉우리 사이로 붉은 해가 저물어갔다. 밤이 되면 한기가 느껴져 오랜만에 두꺼운 겉옷을 걸쳐야 했다. 자발 아흐다르에서 보내는 밤은 뜨거운 여름에 수영장 속으로 뛰어든 것처럼 상쾌한 시간이었다. 그러나 길이 멀고 험해서 자주 올 수 있는 곳은 아니었다. 2001년 여름에는 무리한 경사를 이기지 못한 자동차가 중턱에서 고장나는 바람에 온 사방에 전화를 걸어 견인차를 부르고 바위 그늘에 하릴없이 앉아 한나절을 지내는 고생도 해본 터였다.

기온이 떨어지는 곳은 아니지만, 좀 더 손쉽게 접근할 수 있는 피서장소로는 앞서 말한 '물 있는 계곡', 즉 와디를 꼽을 수 있다. 그중에서도 머스캇에서 200km쯤 떨어진 산 중턱의 와디 바니 칼리드Wadi Bani Khalid는 압권이었다. (인터넷 이미지 검색을 권하고 싶다.) 처음에 갔을 때는 정말 놀랐다. 웬만한 사륜구동도 버거워할 만큼 울퉁불퉁한 바윗길을 한참 지나 완만한 경사길을 구불구불 올라가는 동안, 나는 식구들을 데리고 길을 나선 것을 후회하기 시작했다. 이런 곳에 무슨 대단한 계곡이 있다고 이토록 힘들게 찾아가나 싶었다. 그러나 막상 목적지에 도착하니 그런 불평은 씻은 듯이 사라졌다. 그 뒤로도 몇 번 더 이 계곡을 찾아왔다. 산등성이 사이로 믿을 수 없이 맑고 고요한 호수가 숨어 있었다. 아이들은 일제히 함성을 지르며 옷을 벗고 물속으로 뛰어들었다. 호수에는 틸라피아를 비롯해서 천렵을 즐길 물고기들도 많았다. 건너편 구석에서는 동네 청년들이 양을 잡아 고기를 손질하면서 꼬치에 굽고 있었다.

일본 대사관의 친구 나이토內藤 씨 가족과 함께 놀러 갔던 와디 마자라Wadi Mazara는 어린 시절의 송추 계곡을 연상시키는, 넓은 개활지를 흐르는 널찍하고

얕은 개울이다. 머스캇 북쪽으로 공항을 지나 올라가다가 내륙 방향으로 접어들면 나칼Nakhal이라는 마을 어귀에는 온천수가 샘솟아 흐르는 시냇물도 있었다. 뜨끈뜨끈한 시냇물이었지만 햇살보다는 시원했으므로 그것도 특이한 피서가 되었다. 그 물속에 사는 피라미를 닮은 신기한 물고기를 잡아다 어항에 기르기도 했다.

특이하기로는 와디 샤브Wadi Shab가 으뜸이다. 머스캇과 수르 사이 티위Tiwi라는 동네에서 강변을 거슬러 걷다 보면 가파르게 솟은 돌산의 암벽 사이로 흐르는 강, 그 양쪽으로 드리워진 열대 수목의 그늘이 나타난다. 그 풍경은 마치 〈The Mummy〉 같은 영화 속에나 나옴직한 신비감을 자아낸다. 숨이 찰 만치 산길을 오르다 보면 더 이상 전진할 길이 없어져 버린다. 거기서부터는 절벽 5~6미터 아래의 물로 뛰어내려 물길을 따라 헤엄쳐 가야 한다. 깊어서 시퍼런 물속으로 처음에는 누구나 뛰어내리기를 주저하지만, 초등학생인 아이들도 용감하게 뛰어내렸다. (하산할 때는 더 낮은 지점까지 물길을 따라 내려온다.) 발이 바닥에 닿지 않을 만큼 깊은 계곡물 속에서 헤엄을 치거나 암벽을 손으로 붙들고 한동안 다시 전진하다 보면 정면이 암벽으로 가로막힌 막다른 곳이 나온다.

거기가 끝이 아니다. 자세히 보면 암벽에는 한 사람이 머리를 들이밀 수 있을 정도의 동굴이 뚫려 있다. 동네 사람들은 이것을 '열쇠구멍'이라고 부른다. 길잡이의 안내 없이는 도저히 찾아갈 수 없는 이곳을, 우리는 머스캇에서 수산업을 하시던 김점배 사장님 가족을 따라 갔다. 김 사장님이 하는 모습을 쫓아서, 머리만 물 밖으로 내 놓은 채 줄지어 그 비좁고 캄캄한 바위구멍 속으로 들어가 십 미터 쯤을 허우적대며 전진하다가, 우리는 차례로 탄성을 질렀다. 동굴이 갑자기 환해지면서 널찍한 '실내수영장'이 바위 동굴 속에 나타나는 것이었다. 동굴의 천장 위 어딘가 바깥으로 구멍이 나 있는지 빛이 스며들었고, 동굴 속 바위를 타고 작은 폭포수가 물 위로 떨어져 내렸다. 카메라를 가진 채로 도착하기는 어려운 곳이다 보니 사진을 한 장도 남길 수 없었던 것이 아쉽다.

머스캇에서 티위로 가는 길 중간 쯤 바닷가에는 또 다른 명물이 있다. 비마 싱크홀Bimah Sinkhole이라고 부르는, 평지가 쑥 꺼져 들어간 곳이다. 어림잡아 직경이 50미터 정도 되는 타원형 꼴로 지하를 향해 30~40미터 깊이의 '구멍'이 뚫려 있고, 바닥에는 수심이 최고 17미터에 달하는 에메랄드 빛깔의 호수가 자리 잡은 곳이다. 석회암이 함몰되어 생긴 신기한 지형으로서, 산에서도 바다에서도 가깝기 때문에 산에서 흘러나온 지하수와 바다에서 스며드는 해수가 섞여 짭짤한 맛이 나는 물이 호수를 이룬다. 이 물속에서 헤엄치며 사는 물고기들도 있다. 미야자키 하야오宮崎駿의 만화영화 〈붉은 돼지〉紅の豚에 등장하는 주인공 마르코의 비밀아지트를 연상시키는 지형이었는데, 간혹 운이 좋으면 우리 식구가 이 낙원을 독차지할 수도 있었다. 지하의 작은 모래사장에서 도시락을 먹은 다음 튜브를 타고 바위 그늘 드리운 물 위에서 노닐면 신선놀음이 따로 없었다. 동굴 속에서처럼, 우리가 떠드는 소리는 웅웅 울리는 메아리를 만들었다.

2002년 1월에는 부모님께서 오만에 다니러 오셨다. 두 분을 모시고 우리 식구는 사막에도 갔고, 와디 바니 칼리드와 와디 마자라에도, 비마 싱크홀에도 갔다. 아버지는 여행 중에 쉬이 피로해지곤 하셨다. 연로하신 탓이겠거니 했는데, 귀국하신 다음 달에 폐암 진단을 받으셨고, 돌아가실 때까지 2년간의 투병을 시작하셨다. 그 여행이 양친을 함께 모신 마지막 여행이 될 줄이야 어떻게 알았으랴.

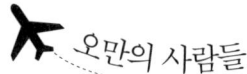

## 오만의 사람들

파르티아와 사산조 페르시아 제국의 지배하에 있던 오만은 7세기에 이슬람화 되었고, 수도인 머스캇을 포함한 일부 해안지역은 1508년부터 1648년까지 약 140년 동안 포르투갈의 지배를 받기도 했다. 바스코 다 가마의 항로를 따라 대양에서 세력을 넓혀 가던 포르투갈은 호르무즈 해협 입구에서 자국의 항로를 지키기 위해 해안 도시에 성채를 짓고 포대를 건설했던 것이다. 머스캇의 바닷가를 산책하다가 뜬금없이 포르투갈의 유적과 마주치게 되는 이유는 바로 그 때문이다. 그러던 오만은 19세기부터 1970년대 중반까지 영국의 강한 영향력 아래 있었다. 오늘날에도 오만 군은 영국군과 합동훈련을 실시하곤 한다. 그러나 외세가 오만 전역을 지배한 적은 한 번도 없었고, 오만 왕실은 동아프리카와 파키스탄 지역까지 강역을 넓히기까지 했다. 이런 역사가 보여주듯이, 오만 사람들은 독립심과 자존심이 강하다.

아랍지역은 이슬람 양대 종파인 순니سنّي와 시아شيعة간의 갈등이라는 잠재적 분쟁요인을 안고 있다. 대부분의 지역에서 순니파가 지배적인 정치구조를 갖춘 반면, 이란은 시아파의 종주국과 같은 역할을 자처해 왔다. 종파 간 갈등이 표면화되면 아랍 국가들이 "이란이 분열을 조장한다"고 비난하는 이유가 거기에 있다. 실제로 레바논 내 무장 시아파 조직인 헤즈볼라حزب الله는 이란으로부터 물심양면의 지원을 받는 것으로 알려져 있다. 왜 이런 설명을 하느냐면, 오만은 아랍 국가 치고는 특이하게도 이란과 상당히 우호적인 관계를 유지하고 있기 때문이다.

60년대에 도파르 지역에서 왕실에 항거하는 반란이 시작되었을 때, 오만 왕실은 영국 및 이란 군대의 도움을 받아 1975년이 되어서야 반란을 완전히 진압한 경험이 있었다. 좁은 해협을 사이에 두고 가까이 마주보는 이웃나라이므로 오랜 원망과 갈등의 앙금이 없지는 않지만, 또 그렇다고 죽기 살기로 싸우는 사이가 되기도 어려울 터. 오만은 특이하게도 순니도 시아도 아닌 이바디(Ibadi)가 주류를 이루어서 종파분쟁의 긴장으로부터 조금 비켜나 있는 덕분에 이란을 비교적 덜 적대적으로 대할 여유도 있는 것처럼 보인다.

이슬람 경전에서는 유대교 및 기독교 경전과 상당히 많은 서사적 공통점을 찾을 수 있다. 구약성서에 등장하는 예언자들은 대부분 이슬람의 예언자이기도 하다. 아랍식 발음과 성서식 표기를 비교해 보면, 지브릴은 가브리엘, 이프라임은 아브라함, 유누스는 요나, 아유브는 욥, 무사는 모세, 하룬은 아론, 다우드는 다윗, 술래이만은 솔로몬 하는 식이다. 오만의 살랄라 근처에 성자 욥의 무덤으로 전해지는 유적지가 있다. 아랍어로 '나비 아유브'라고 부르는 곳인데, 가 보았더니 '욥의 발자국'이라는 전설이 내려오는 커다란 발자국 화석과 고대 무덤 유적이 사적지처럼 보존되고 있었다. 이것을 믿는다면, 온갖 고난의 시험 속에서도 신심을 버리지 않았던 구약의 등장인물 욥은 오만 사람이었다는 이야기다.

예수 그리스도를 이슬람에서는 '이사 이븐 마리암', 즉 '마리아의 아들 예수'라는 예언자로 취급한다. 이사ﷺ는 앞에 붙은 강조 자음 때문에 마치 '아이사'처럼 들리는 발음인데, 내가 머스캇에서 세 들어 살던 집주인의 이름이 바로 이사였다. 예수의 집에 세를 들었던 것이다. 집주인 이사 씨는 화통한 성격의 40대 남성이었다. 절약정신이 강한 탓인지, 집에 에어컨 같은 물품이 고장 나거나 수도관이 새는 등 말썽이 생기면 기술자를 부르기 전에 몸소 공구를 챙겨 와서 수리하려 들곤했다. 덕분에 수리는 언제나 늦어지기 마련이었지만, 싸구려 야외용 테이블을 주면서 생색을 내곤 할 때 보여주던 그의 악의 없는 애교가 밉지는 않았다. 어느 날, 그는 일부러 집에 들러 나를 불러내더니 그답지 않게 쑥스러운 말투로 자기 고향 마을 수마일ﺳﻤﺎﺋﻞ의 집에서 동생이 결혼을 하니 하객으로 와줄 수 있냐고 물었다. 세 들어 사는 처지에 집주인의 부탁을 거절하는 것은 지혜로운 일이 아니다. 그런데다 결혼식 초대를 거절하는 것은 우리 예의범절에도 어긋나고, 낯선 풍습에 대한 호기심도 일어서, 먼 곳까지 낯선 길을 운전해야 하는 모험을 무릅쓰고 흔쾌히 수락했다.

표지판을 따라 수마일 시로 진입한 다음, 동네 사람에게 물어 미스터 예수의 널찍한 본가를 찾아갔다. 결혼식이 있는 집이 누구네인지 동네 사람들은 다 아는 것 같았다. 차를 세워두고 기웃거리며 안으로 들어서다가 깜짝 놀랐다. 흰 전통의상을 입고 넓은 마당을 가득 메운 수백 명의 사내들이 검은 양복에 넥타이를 매고 들어서는 동양인을 일제히 쳐다보았다. 집주인 이사 씨가 어디선가 나타나 만면에 웃음을 지으며 나를 자기 친척들에게 일일이 인사시켜 주었다. 가만 보니, 그는 일가친지에게 외국 대사관 직원까지 하객으로 방문한다는 것을 은근히 자랑하고 싶어 하는 것처럼 보였다. 진땀이 흘렀지만, 나는 마당에 깔아둔 자리 위로 그들 틈에 앉아 여인네들이 내어주는 양고기를 손으로 뜯어먹으면서 최대한 예의 바르게 담소를 나누었다. 떠들썩한 잔치자리에 술이 빠져 있어서 낯설었다. 다들 밤을 지샐 태세처럼 보이기에, 적당한 대목에서 공손히 양해를 구하고 빠져 나왔다. 나오면서도 수많은 사내들과 일일이 인사를 나누어야 했음은 물론이다.

아랍의 문화는 가부장주의적이라고 알려져 있다. 공동체에서 족장의 권위, 가정에서 가장의 권위가 중시된다는 것은 맞지만, 우리 사회처럼 연장자에게 무조건적으로 경의를 표하는 풍습은 없는 것처럼 보였다. 수마일의 결혼 전야제에서 느낀 점이었는데, 아랍인은 남녀간의 예법에는 그토록 예민하게 굴면서도 나이에는 크게 구애받지 않는 것처럼 행동했다. 연장자가 나타났다고 해서 젊은 사람들이 자리를 비키거나 고개를 숙이는 법도 없었고, 연장자가 위세를 부리며 젊은이들을 고갯짓으로 부려먹는 모습도 볼 수가 없었다. 모스크에서 개최된 장례식장에 가보았는데, 거기서도 상주들이 둘러앉은 순서는 나이 순서와는 무관했다. '세대 간의 관계'라는 면에서 아랍문화는 우리보다 훨씬 더 '민주적'이다. 한 가지 의문이 떠올랐다. 연장자를 떠받드는 우리 문화의 어떤 측면이 혹시 우리 사회의 비민주적 특질의 일부를 이루고 있지는 않은가?

이슬람 율법은 한 남자가 아내를 네 명까지 두는 걸 허락한다. 그러나 모든 남자가 여러 명의 부인을 두는 것은 아니다. 게다가 이슬람의 일부다처는 우리 옛날의 처첩제도와는 전혀 다르니, 부인이 네 명이라도 전원이 본처로서 동등한 대접을 받는다. 성경에 등장하는 아브라함은 부인 사라로부터 아들을 얻지 못하자 하나님의 약속을 불신하고 사라의 여종인 하갈과 동침하여 이스마엘이라는 아들을 얻는다. 중동지역의 정서에 비추어보면 사라와 하갈은 동등한 부인이다. 사라의 아들 이삭이 이스마엘보다 어린데도 장자의 권한을 누렸다는 구약성서의 내용은 이삭이 '약속의 아들'이었다는 점에 근거를 둔다. 우리나라 기독교인들은 이삭이 장자란 걸 매우 자연스럽게 받아들이는 경향이 있는데, 이는 처첩과 서얼의 문화에 대한 익숙함 때문인 것처럼 보인다.

본부인 네 명과 한 집에서 생활하는 일이 즐겁기만 할 턱이 없다는 점은, 결혼생활을 해본 사람이라면 누구나 짐작할 수 있는 일이다. 율법이 허용하는 일이지만 정작 서너 명의 부인을 둔 사람은 아랍에서도 돈이 많거나 남달리 활력이 많은 남자들뿐이다. 그럼에도, 오만의 가정은 대가족이 많다. 여러 세대가 함께 생활하거나, 출가한 형제들이 한 집에서 산다거나, 또는 부인이 여러 명이거나, 핵가족이더라도 자녀들이 다수인 경우가 많아서다. 이들 대가족은 금식월 라마단Ramadhan, رمضان이 되면 다 함께 식사를 즐긴다. 금식월에 식사라니 이상하게 들릴지도 모르겠다. 정확히 말하면 라마단은 일출에서 일몰 사이의 시간 동안 금식을 하는 기간이다. 대신, 해가 지고 나면 온 식구가 함께 둘러 앉아 '금식해제'breakfast를 의미하는 이프타르Iftar, افطار라는 식사를 함께 나눈다. 한 달 내내 식구들끼리의 오순도순한 저녁식사가 이어지는 셈이다.

오만에서는 막부스Maqbous라고 부르는 쌀밥을 먹는다. 노란 물이 든 찰기 없는 밥이다. 보통 그 위에 양념해서 구운 닭고기나 양고기가 얹힌다. 이것을 수저 없이 오른손을 사용해서 요령 좋게 흘리지도 않고 먹는데, 여간해서는 흉내 내기 어렵다. 루할Rukhal이라는 얇은 빵도 자주 먹는다. 라마단이 끝나는 이드 알 피트르Eid Al Fitr, عيد الفطر 축제 기간에는 특별한 명절음식을 만든다. 첫날에는 금식을 마치면서 소화에 무리가 가지 않도록 닭죽 비슷한 하리스Harees 등 부드러운 음식을 먹고, 둘째 날에는 양고기 꼬치구이인 미쉬칵mishkak을, 셋째 날에는 슈와shuwa라고 부르는 특별한 명절음식을 즐긴다. 땅에 구덩이를 파고 불을 지핀 다음, 향신료와 허브로 양념을 한 양고기를 여러 날 동안 익혀 부드럽게 만든 것이다. 이 때문에 이드 축제가 시작되면 온 동네에서 양을 잡느라 법석이 벌어진다. 우리 식구가 가장 그리워하는 오만 음식은 간식에 해당하는 샤와르마shawarma, شاورما다. 터키의 시시케밥과 흡사한 음식으로, 얇은 전병처럼 생긴 밀빵에 야채와 양고기 또는 닭고기를 썰어 넣은 음식이다. 야외에 놀러 갈 때 김밥처럼 몇 개 싸가지고 가면 훌륭한 식사가 되었다.

　　오만의 특산물인 대추야자는 넘치는 일조량을 함뿍 받고 자란 탓에 한 알만 먹어도 뒷골이 당길 만큼 달다. 오만 사람들은 낱알의 대추야자나, 버터와 꿀과 향신료를 대추야자와 섞어 만든 할루와Helwa라는 약밥처럼 생긴 간식을 커피와 함께 식후에 즐긴다. 대추야자가 달디 단 대신, 오만의 커피Qahwa에는 카르다뭄이라는 향신료가 섞여 있어 독특한 맛이 나면서 쓰디쓰다. 소주잔만 한 크기의 작은 종지에 끝도 없이 따라주는데, 이제 그만 마시겠다고 사양하려면 잔을 좌우로 몇 번 까닥이면 된다. 이 동작 이외의 다른 어떤 제스처도 사양의 뜻으로 이해되지 않기 때문에 처음에는 멋모르고 몇 잔이나 받아 마시느라 곤욕을 치르기도 했다. 나는 커피를 즐기지 않지만, 지금 돌이켜보면 이 쓴 커피의 독특한 향기도 그립다. 낮은 의자에 비스듬히 기대 앉아 물담배 Shisha, شيشة를 빨아들이면서 커피를 즐기던 오만 사람들의 여유로운 모습도 그립다. 오만 사람들의 여유로운 생활태도는 뿌리 깊은 유목문화의 영향이 크겠지만, 그들의 경제 구조와도 무관해 보이지는 않는다.

오만 국민의 1인당 GDP는 무려 2만 불에 육박한다. 그러나 300만이 채 되지 않는 인구를 감안하면 규모가 큰 경제랄 수는 없다. 오만의 농작물은 주로 대추야자와 몇몇 채소에 한정되어 있는데다 농경지는 전 국토의 1%에 불과하고, 어업은 전통적인 연안어업이어서 자급자족 이상의 생산은 거의 이루어지지 않는다고 보면 된다. 1인당 국민소득이 높은 것은 역시 석유와 가스 수출 덕분이다. 그런데 석유 매장량이 머지않아 고갈될 것으로 보인대서 걱정들이 많다.

머스캇에서 생활하다 보면 이 나라의 경제구조가 뭔가 좀 야릇하다는 느낌이 든다. 수도에 거주하는 오만인의 상당수는 본업이 '집주인'landlord인 것처럼 보였다. 내외국인에게 집을 세내어 그 수입으로 생활하는 사람의 수가 꽤 많았다. 관리직종의 상당 부분은 인도인들 담당이었고, 건설현장, 거리 청소 등 육체노동은 인도 아대륙이나 중앙아시아 출신의 외국인들 몫이었다. 오만에서 일하는 외국인 근로자들은 해마다 300억불 이상을 자기 나라로 송금한다. 오만 입장에서 보자면 국민들이 허드렛일을 하지 않는 대신, 매년 300억불 이상의 국부가 해외로 유출되는 셈이다.

화석연료 덕분에 얻는 높은 국민소득은 오만 국민의 근로의욕을 깎아내리는 주범이었는지도 모른다. 실제로 오만 정부는 상당히 높은 수준의 실업수당을 자국민에게 지불했다. 오만 왕실은 산업의 다변화와 '오만화'Omanization를 위해 많은 노력을 기울였는데, 그 성공을 위해서는 오만 국민 개개인의 의식의 변화가 필요할 것처럼 보였다. 정부의 '오만화' 계약조건 때문에 오만에서 활동하는 외국기업은 일정 비율 이상의 내국인을 채용할 의무가 있는데, 내가 만나본 외국인 기업가들은 이렇게 채용된 오만인들의 근로의욕이 낮다고 불평하는 경우가 많았다. 손쉽게 얻은 일자리에서 열심히 일하는 사람은 어디에도 없는 법일 테니….

머스캇 시내를 돌아다녀 보면, 흰 옷을 입은 사내들과 검은 옷을 입은 여성들이 흑백의 대조를 이룬다. 남자들은 디시다샤Dishdasha라고 부르는, 발목까지 내려오는 흰 옷을 입는다. 통풍이 잘 되는 합리적인 복장이고 운치도 있긴 한데, 민첩함을 요하는 현대적 노동에 어울리는 복장은 아니다. 머리에는 쿠마르Kummar라는 모자를 쓰거나 그 위에 무자르Muzzar라는 헝겊을 두르고, 허리에는 칸자르Khanjar라는 은제 단도를 차는 것이 정장이다. 기역자로 꺾어진 칸자르는 오만의 상징물이어서 국기에도 그려져 있다. 오만의 여인네들은 화려한 색깔의 전통 복식을 즐겨 입지만, 바깥나들이를 할 때는 여느 아랍 지역 여인네들이 그러듯이 머리 위에서 발끝까지 검은 히잡Hijab과 아바야Abaya를 뒤집어쓰는 경우가 많다. 재미난 사실은 남자들이 입는 디시다샤는 치마에 가까운데, 여자들이 입는 시르왈Sirwal이라는 옷은 바지라는 점이다.

전통음식이나 의복 따위를 구하려면 재래시장 '수크'Souq로 가면 된다. 어느 도시에서든, 음식과 옷, 수공예품 따위를 파는 재래시장을 볼 수 있다. 니즈와Nizwa나 루스탁Rustaq처럼 오래된 석조 성곽이 있는 도시에서 시장의 미로 속을 걷다 보면 어느 좌판에선가 천일야화 속의 요술 램프라도 만날 것만 같은 기분이 되곤 했다. 머스캇의 해변에 자리 잡은 무트라Muttrah 시장이 제일 컸다. 이곳에는 금은 세공품, 목각 장식품, 이름과 용도를 알 수 없는 온갖 향신료, 양모 양탄자와 스카프, 큼지막한 항아리들이 골목을 가득 채우고 있었다.

해변에는 언제 어디서나 웃통을 벗어 붙이고 모래사장 위에서 축구를 하는 청년들을 만날 수 있었다. 나는 학창시절에도 축구는 별로 해본 적이 없었는데 오만에서는 축구 덕을 톡톡히 보았다. 축구를 주제로 국영 라디오에 출연까지 했다. 내 축구 실력을 익히 아는 친구들은 "네가 라디오에 나가서 축구 이야기를 했단 말이냐?"며 나를 놀렸다. 한국축구가 월드컵 4강 신화를 빚어내던 2002년이었기 때문에 가능한 일이었다. 적어도 그 한 해 동안 대한민국은 오만을 포함한 모든 아시아인의 자존심이었다. 한국인이라고 내 소개를 하면 상대방은 빙그레 웃으며 엄지를 내 보이기 일쑤였다. 오만 외교부와 투자보장협정 협상을 할 때도, 법규를 위반한 한국인 선원에 대한 재판 때문에 법원을 방문했을 때도, 우리 건설업체의 유보금 반환교섭을 할 때도, 정유공장 입찰에 참여한 우리 기업에 대한 선처를 부탁할 때도, 축구 강국 대한민국은 축구장 밖에서도 존중과 인정을 받았다. 나라가 빛날 때 비로소 빛을 발하는 직업, 그것이 외교관이다.

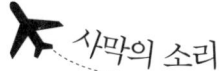 사막의 소리

하마터면 사막 이야기를 빼놓을 뻔했다. 사막은 거대한 초현실의 공간이다. 사막은 삶의 진공상태를 우리 눈앞에 펼쳐 보인다. 역설적인 사실은, 그럼에도 불구하고, 그곳이 존재론적 영감으로 충일하다는 점이다. 머스캇에서 차를 몰고 두 시간쯤 남쪽으로 달리면 넓이가 12,500km²에 이르는 와히바 사막Ramlat al-Wahiba의 입구에 당도한다. 자갈과 바위투성이의 보통의 평지와는 달리, 와히바에 들어가면 거대한 사구가 느린 춤을 추는 모래사막을 만나게 된다.

수동 사륜구동 차를 숙련된 운전기사와 함께 렌트하여 가족들과 함께 이곳을 찾았다. 잘 생긴 청년 운전사 압둘라는 모래사막이 시작하기 직전에 자동차 정비소로 차를 끌고 갔다. "어디가 고장 났느냐?"고 걱정스레 묻는 나에게, 그는 빙그레 웃으며 대답했다 "사막에서 모래에 빠져 움직일 수 없게 되지 않으려면 타이어 공기를 많이 빼고 가야 해요." 오호라. 그런 요령이 있었군. 모래밭 같은 세상을 살면서 오도 가도 못 하게 발목을 잡히지 않으려면 적당히 힘을 빼야 하는 것과 비슷한 이치렷다.

사막에 들어서니 제일 먼저 느껴지는 것은 360도 파노라마로 시야를 압도하는 누런 모래의 빛깔과 거기에 대비를 이루는 짙푸른 하늘색이었다. 이 두 색깔이 원래 이렇게 서로 잘 어울리는 것이었던가, 하고 놀랐다. 인위적인 것이라고는 아무 것도 눈에 띄지 않는, 그 절대적인 무無의 엄청난 스케일에 주눅이 들었다. 압둘라가 장난스러운 표정을 지으며 나에게 운전대를 내주었다. 식구들을 싣고 가파른 사구砂丘 위로 차를 모는 것이 과연 안전한 일인지 확신이 서지 않아 긴장하면서 운전석에 앉았다. 걱정한 것만큼 어렵지는 않았다. 모래 위로 차를 모는 느낌은 흡사 조용한 배를 몰거나 푹신한 매트리스 위를 뛰어가는 것 같았다. 사막의 언덕은 모래로 이루어진 산처럼 보이지만, 실은 그것은 산보다는 파도와 비슷하다. 바람에 출렁이는 파도와 사구는 서로 유사한 파장과 파동을 가지고 움직인다. 단지 모래가 물보다 훨씬 느리게 움직일 뿐이다. 그러니, 사륜구동 차량을 모래 위에서 몰았을 때 배를 타는 경험이 연상되었던 것은 어쩌면 적절한 느낌이었는지도 몰랐다.

압둘라는 좀 더 장난기를 발동했다. 경사가 60도 이상은 족히 되어 보이는 사구 위에서 차를 몰아 마치 롤러코스터처럼 아래로 곤두박질하는 놀이가 시작되었다. 절벽 아래로 질주하는 느낌이라 처음에는 간담이 서늘했지만, 보기보다 위험하진 않았다. 자동차가 밑으로 내려갈수록 가속도가 붙는 대신, 모래가 바퀴를 붙들어주어 차츰 낙하속도가 줄기 때문이었다. 특히 아이들은 이른바 '사구 타기'Dune Bashing라는 이 독특한 놀이의 즐거움을 만끽했다.

나는 방향감각을 잃었건만, 압둘라는 길도 없는 모래 위를 거침없이 달렸다. 그는 다시 우리에게 물었다. "베두인Bedouin족을 만나보고 싶나요?" 내가 그렇다고 말하자 그는 우리를 어느 천막 앞으로 데려갔다. 허허벌판 위에 나무와 헝겊으로 만든 간이주택이었다. 남의 집 앞을 이렇게 멋대로 찾아와도 되나 망설이는 찰나, 집안에서 나온 사내가 인사를 하더니 말을 걸었다. 한국에서 왔다니까 아니나 다를까, 다짜고짜 축구공을 차는 시늉을 한다. 그는 우리를 자기 집안으로 데리고 들어가더니 커피를 내왔다. 그곳이 안방인 것 같았는데, 모래 바닥 위에 양탄자 한 장을 깔아둔 것이 전부였다. TV가 한 대 있었다. 살펴보니 저만치 구석에 자동차 배터리에 연결되어 있었다. 주인장이 커피를 가지러 간 사이에 양탄자 위에 누워 보았다. 그렇게 편안할 수가 없었다. 몸을 움직이면 양탄자 밑의 모래가 내 몸의 모양대로 함께 움직였다. 밀가루처럼 고운 모래라서 그런 모양이었다. 이런 곳에서의 삶은 사막처럼 스스로를 비우고, 모래처럼 단조로워져야만 가능할 것이었다.

아이들은 사구 위에서 발목까지 푹푹 빠지는 모래 위를 걸어 다니면서 장난치고, 널빤지를 타고 모래 스키를 즐기더니 급기야는 모래 위를 뒹굴기 시작했다. 고운 모래가 옷의 섬유 속으로 스며들어가는 것인지, 나중에 아내의 말을 들어보니 사막에서 입던 옷은 몇 번을 빨아도 붉은 색 흙탕물이 나오더란다. 이렇게 놀다 보면 어느 새 해가 진다.

와히바 사막에는 민간회사에서 지어둔 작은 캠프가 있다. 미리 예약해 두면 샤워가 딸린 조그만 흙집에서 하루를 묵을 수 있다. 열 채 남짓한 캐빈이 모래 마당을 가운데 두고 원을 그리며 서 있는 야영장이다. 우리는 짐을 풀고 양고기와 닭고기를 모닥불에 구워 먹었다. 모닥불을 끄고 하늘을 쳐다보니, 똑바로 노려보기 어려울 만큼 눈부신 달이 떠 있다. 서늘한 바람이 분다. 달마저 지고 나니 비로소 별이 뜬다. 달빛이 너무 밝아서 별들이 보이지 않았던 게다. 하늘 한쪽 끝에서 반대쪽 끝까지 큰 붓으로 칠해 놓은 강물처럼 선명하게 은

하수가 흐른다. 은빛 강물이라는 이름은 사색적인 비유가 아니라 정직한 묘사였던 것이다! 심심찮게 뚝뚝 떨어지는 별똥별 뒤로 수많은 별들이 저마다 다른 박자로 가물가물 빛을 뿌리고 있었다. 모든 조명이 다 꺼지고 난 뒤의 별빛은 어찌 또 그리 밝은지. 광원은 별빛뿐인데도 땅에는 어른어른 그림자가 졌다. 별 그림자! 들어본 적도 없던.

사막에서 보내는 밤의 압권은, 사실은 모래도 아니고, 지는 해도, 뜨는 별도 아니다. 잠들 무렵이 되어서야 그것을 깨달았다. 우리가 별빛에 한참 취해 있을 무렵, 캠프 직원들은 탈탈거리며 돌아가던 발전기를 끄고 호롱불을 나누어 주었다. 발전기 소리가 막아주고 있던 절대적인 고요가 우리를 덮쳐 왔다. 바람소리도, 물소리도, 풀벌레소리도, 다른 어떤 두런거림도 없던 그 정적은 손으로 만져질 것처럼 짙었다. 밀실에서라면 모를까, 야외에서 이런 고요함을 경험하는 일은 더없이 낯설었다.

고요한 모래 위를 혼자 산책했다. 초롱초롱한 별들이 내 속을 다 들여다보는 것만 같아서 고개를 들 수가 없었다. 어찌나 조용한지, 별들이 반짝이는 소리가 들려오는 것처럼 느껴졌다. 사막은 사방의 지평선을 향해 열린 공간이지만 그 한 가운데에 선 사람으로 하여금 바깥쪽이 아니라 하염없이 내면을 바라보도록 만드는 이상한 공간이다. 이러한 곳에서라면 필부필부匹夫匹婦라 할지라도 일상을 넘어서는 철학적 질문을 떠올리지 않을 도리가 없을 터였다. "산다는 것은 무엇인가," "왜, 무엇을 위해서 살아야 하는가"와 같은 대책 없는 질문들이 나를 에워쌌다. 거기서 깨달았다. 어째서 선지자들은 하나같이 사막 출신이어야 했던 것인지.

## 빠르게 변하는 아랍에미리트

Dubai / Abu Dhabi / Al-Ain / Sharjah

## 머나먼 돼지고기

오만에 사는 동안 우리 가족은 풀 방구리에 쥐 나들듯이 이웃나라인 아랍에미리트UAE를 방문했다. 오만에서는 한국 식료품을 조달할 방도가 없어서 서너 달에 한 번 꼴로 두바이를 방문하지 않을 수 없었다. 머스캇에서 자동차로 네 시간 반쯤이면 두바이에 다다른다. 정겨운 변두리 도시 풍경인 머스캇과는 달리, 두바이는 마천루가 숲을 이루는 대도시다. 두바이에 가면 짜장면, 삼겹살, 감자탕을 파는 한국식당들이 즐비했다. 한창 많이 먹을 나이가 되어가던 나의 두 아들은 먹고 싶은 음식을 연습장에 적어 두었다가 두바이에 갈 때면 입맛을 다시며 따라나서곤 했다.

나는 내가 돼지고기를 그다지 좋아하지 않는 줄로만 알았다. 오만에 살면서 돼지고기 기갈에 시달리게 될 때까지. 이슬람 국가에서는 돼지고기가 금기시되기 때문에 오만에서는 좀처럼 질 좋은 돼지고기를 구하기 어려웠다. 오만의 외교단 중에서 돼지고기를 즐겨 먹는 사람들이 손꼽아 기다리는 행사가 있었으니, 바로 독일 국경일 리셉션이었다. 10월 3일 독일 통일기념일에 개최되는 독일 리셉션 행사장에는 "이것은 돼지고기입니다"라는 주의 팻말 뒤로 햄과 소시지 등이 푸짐하게 마련되어 있었다. 거기서 나는 독일의 통일을 진심으로 축복하며 육식을 즐기곤 했다. 행사장에 와서 너무 음식을 밝히는 것처럼 보이지 않으려고 나름 조심했는데, 나중에 들어 보니 일본, 중국, 심지어 미국의 외교관들도 같은 이유로 이날을 기다렸다는 게 아닌가.

유대교와 이슬람이 돼지고기를 부정한 음식으로 금기시 하게 된 이유에 대해 다양한 이론이 있지만, 내가 들어본 중에 가장 설득력이 있는 설명은 미국의 인류학자 마빈 해리스Marvin Harris의 저서『음식문화의 수수께끼』속에 있었다. 그의 주장에 따르면, 돼지고기는 더럽고 맛이 없기 때문이 아니라 사회의 안정을 깨뜨릴 위험이 있을 만큼 맛있기 때문에 종교로 금제할 수밖에 없었다고 한다. 더구나, 사람이 못 먹는 풀을 단백질로 바꾸는 소나 양과는 달리, 잡식성 동물인 돼지는 먹이사슬에서 사람과 경쟁해야 하는 동물이다.

"고대 중동 지방에서는 처음부터 돼지고기가 사치스러운 식품이었다. 돼지고기는 즙이 많고 부드러우며, 기름기가 많은 귀한 식품이었다. 기원전 7천 년에서 기원전 2천 년에 이르는 동안, 돼지고기는 더욱 사치스러운 식품으로 변했다. 이 기간 동안 중동의 인구는 거의 60배로 증가했다. 산에 있는 나무는 인구가 증가함에 따라 점점 더 많이 벌채되었고, 특히 수많은 양, 염소떼로 말미암아 치명적인 손실을 입고 말았다. (생략) 중동은 돼지 사육에 적합한 지역이 아니다. 그러나 돼지고기는 아주 맛이 있는 고기로 귀하게 여겨지고 있다. 사람들은 돼지고기를 먹고 싶은 유혹에 시달린다. 따라서 야훼는 돼지가 불결하니 먹지도 만지지도 말라고 명령했다. 알라신도 똑같은 이유에서 똑같은 명령을 내렸다. 중동 지방은 먹기에 충분할 만큼의 돼지를 기르기에는 생태학적으로 적절하지 못한 지역이었다. 소규모의 사육은 유혹만 크게 할 뿐이었다.

그러므로 차라리 돼지고기의 식용을 전면 금지하고 양, 염소, 소 등을 치는 데 모든 정성을 다 바치는 것이 더 나았다."     - 마빈 해리스, 〈음식문화의 수수께끼〉

    두바이에서 이틀쯤 지낸 후, 우리는 자동차 트렁크에 냉동된 돼지고기를 잔뜩 싣고 국경을 넘곤 했다. 국경 검문소에서 돼지고기라고 실토하면 아랍인 관리들이 불결하다는 듯한 시선으로 아래위로 쳐다보는 바람에 공연히 쑥스러워지곤 했다. 그러나 두바이가 가진 것은 돼지고기만이 아니었다. 당연한 얘기지만.

## 두바이의 수직성장

붉은 사막을 지나 두바이를 향해 차를 몰다 보면 저물어가는 태양을 배경으로 사막 위에 수직으로 솟아난 스카이라인이 지평선 너머 나타난다. 그것은 마치 사막의 신기루 같은 비현실감을 자아낸다. 이 엉뚱한 도시는 두바이의 지도자였던 셰이크 막툼 빈 라시드 알 막툼 مكتوم بن راشد آل مكتوم 의 작품이다. 두바이 부족의 군주이자 아랍에미리트의 부통령 겸 총리였던 그가 2006년 작고한 뒤, 그의 지위는 왕세자이던 모하메드 빈 라시드 알 막툼이 이어받았다. 아랍에미리트는 아부다비Abu Dhabi, 두바이Dubai, 아지만Ajman, 푸자이라Fujairah, 라스알카이마Ras al-Khaimah, 샤자Sharjah, 움알카이완Umm al-Quwain 등 일곱 개 토후국의 연합국가다. 그중 석유 부존량과 인구, 영토 면에서 압도적인 우위를 가진 아부다비가 대통령을 배출하는 수도 역할을 한다.

규모에서 아부다비에 버금가지만 석유가 나지 않는 두바이는 사막의 대상caravan로를 주름 잡던 전통을 따라 교역에 승부를 걸었다. 그리고 대규모 해외투자를 끌어다가 두바이를 중동지역의 허브로 건설하는 데 성공했다. 두바이에는 넓은 강의 하류를 닮은 기다란 소만小灣, Creek이 있다. 이 두바이 만Dubai Creek을 1960년대에 준설하기 시작해서 70년대에는 라시드 항Port Rashid을 건설했다. 두바이에 불어 닥친 부동산 개발 열풍은 주로 두바이 만의 서남쪽 지역을 중심으로 이루어졌다.

두바이에서는 정작 석유가 생산되지 않음에도 불구하고, 중동산 석유는 전부 '두바이유'라고 불린다. 세계 모든 지역에서 중동으로 오는 항공기는 두바이 공항을 거치게 되었다. 대규모 면세점들이 입점한 두바이 공항은 지금도 편리하고 매력적인 공항이고, 2011년 완공을 목표로 세계최대 규모의 또 다른 국제공항(알 막툼 공항)이 건설 중이다. 2000년대에 들어서면서 두바이는 금융자유구역을 출범시키면서 금융 허브로도 변모를 꾀한다. 최근에는 카타르와 바레인이 두바이의 성장전략을 벤치마킹하고 있지만, 우수한 인프라와 개방적인 사회 분위기에서 두바이는 우위에 있다.

중동 산유국의 속사정을 살펴보면 석유가 반드시 축복이기만 한 건 아니라는 점을 깨닫게 된다. 80년대 이래 줄곧 걸프연안 국가들의 정부는 적자재정을 운영해 왔다. 90년대 후반까지 8개 걸프 연안국의 GDP 총액은 스위스 한 나라의 GDP 규모에 맞먹을 정도에 불과하고, 94년 기준으로 모로코에서 아프가니스탄에 이르는 북아프리카 및 중동국가 전체의 GDP 총액은 같은 해 프랑스 GDP의 절반에도 못 미쳤다. 90년대 말 유가 상승 이후 수년간 몇몇 국가들이 흑자재정으로 돌아서기는 했지만, 그런 현상은 오히려 재정이 유가라는 단일 요소에 과도하게 의존한다는 점을 증명해줄 뿐이다. 이들의 경제구조는 대체로 70년대 오일쇼크 때 완성된 것이어서, 치유가 어려운 문제점들을 안고 있다. 유가의 등락에 따른 예산운용의 불확실성이 지나치게 크고, 석

유가스사업을 필두로 하는 공공부문이 과대하며, 비석유 제조업부문이 거의 전무한 불균형적 산업구조를 보이며, 빈부격차의 심화, 해외인력의 과다 고용, 내국인의 만성적인 실업, 조세수입의 저조, 정책의 투명성 부족 등의 고질병에 시달린다.

우리 식구가 두바이 여행에 설레었던 것이 먹거리 때문만은 아니었다. 두바이에는 대형 실내 스키장도 있다. 주메이라Jumeirah, 버르 두바이Bur Dubai, 구레어Ghurair 등 두바이의 도심에는 넓고 현대적인 쇼핑센터들도 즐비하다. 두바이 만 이북의 데이라Deira에 있는 전통시장인 수크의 골목을 누비며 서아시아 지역의 다양한 특산물을 구경할 수도 있다. 여담이지만, 백화점 따라 다니기에는 질색인 나도 두바이에서는 제법 얌전히 집사람의 뒤를 따라 구경을 다녔다. 두바이에서는 냉방시설이 잘 되어 있는 드넓은 쇼핑 몰 전체가 흡연구역이어서, 담배를 문 채로 유유자적 에스컬레이터를 타거나 상점 앞 의자에 앉아 있을 수도 있었다. 쇼핑이라면 질색인 나는 서울에 살면서도 옷을 사러 백화점에 간 적이 거의 없다. 그런데 두바이의 '흡연자 친화적'인 쇼핑 몰을 돌다 보면 너그러운 마음이 되어버려서, 2005년에 혼자 방문했을 때는 멋들어진 흰색 재킷을 사버렸다. 아마 담배연기에 홀려 지갑을 열었겠지만 공무원이 흰 재킷을 입을 기회란 흔치 않은 것이어서 어쩌다 친한 친구들을 만날 때나 폼을 잡는 데 쓰고 있다. 최근 두바이 출장을 다녀온 후배의 이야기를 들으니 흡연자 천국도 이제는 옛말이 되었다고 한다. 두바이 주민들의 건강을 위해서 잘 된 일이긴 한데, 진작 그랬다면 내가 흰 재킷을 가져볼 일은 없었겠다.

우리 집 꼬마들을 가장 열광시킨 시설은 '와일드 와디'Wild Wadi라는 대규모 야외수영장이었다. 신흥개발지역인 주메이라Jumeirah 지구의 해변에는 이른바 '세계 최초의 7성급 호텔'을 자처하는 돛단배 모양의 부르주 알 아랍Burj al-Arab 호텔을 비롯해서 고급 호텔들이 즐비하다. 부르주 알 아랍은 일박에 2~3만 불짜리 객실을 가진 사치스러운 호텔이라서 살아생전에 투숙해볼 일이 없겠지만, 그 바로 앞에 있는 주메이라 비치 호텔의 경우는 시설도 훌륭할 뿐더러, 투숙객에게 와일드 와디 무료 이용권도 제공한다. 그처럼 사치스러운 물놀이 공원은 본 적이 없다. 날씨가 워낙 더워서 바닷물조차 뜨끈뜨끈하지만, 와일드 와디는 냉수기를 작동시켜 물이 언제나 차가웠다. 여러 갈래의 대형 미끄럼틀이 있었는데, 높은 출발지점까지 계단으로 올라가는 것이 아니라 튜브를 탄 채 누워 있으면 아래서 위로 쏘아 올리는 물의 힘으로 거슬러 올라가게끔 만들어져 있었다.

두바이 시내는 언제나 활기찼고, 중동지역의 고정관념을 깬 두바이의 고속성장은 전 세계 언론의 이목을 진작부터 끌었다. 우리나라의 정치인과 사업가들도 두바이를 배워야 한다며 너 나 할 것 없이 이곳을 방문했다. 그러나 두바이의 성공담은 여기까지다. 2005년에 다시 방문해본 두바이는 예전 같지 않았다. 뭔가 잘못 되어가고 있다는 느낌이었다. 3년 사이에 벌써 길을 몰라볼 만큼 고층건물들이 더 들어서 있었다. 삼성건설은 전 세계에서 가장 높은 건축물이 될 부르주 칼리파Burj Khalifa를 건설했다. 초고층 마천루는 원래 인구밀도가 높은 지역에 건설되는 것이 상식이다. 수평으로 얼마든지 확장할 수 있는 빈 땅을 가진 두바이는 지금처럼 고층건물에 집착할 필요가 없었다. 미국의 서부지역처럼 넓고 평퍼짐한 형태로 확장해 나가는 편이 더 쾌적한 도시를 만드는 길이었을 것이다.

그러나 두바이 정부는 고층건물을 번영의 상징으로 받아들였다. 교통영향평가나 환경영향평가에 신경을 쓴 흔적은 보이지 않았다. 예전 구시가지 인근의 주택가는 주변부로 밀려나고 있었다. 그 결과, 인구가 불과 2백만 남짓한 도시가 아침저녁으로 극심한 교통체증을 경험하는, 이상한 고생을 사서 하는 꼴이었다. 밤낮 없이 활력이 넘치던 두바이의 시내에서는 이제 밤이 되면 도심 공동화 현상이 일어나 을씨년스러운 분위기가 연출되었다. 시내 주변에 거주하면서 노동력을 제공하던 저소득 인구는 값이 치솟은 집세를 감당할 길이 없어 샤자Sharja 등지의 인근 에미리트에서 먼 길을 오가며 출퇴근을 한다. 지속적인 투자를 위해 건전성 여부를 확인할 수 없는 온갖 정체불명의 자본이 두바이로 쏟아져 들어온다는 이야기가 들렸다. 거대한 인공 섬 위에 상가와 호화 별장을 지어 분양하겠다는 팜 아일랜드Palm Island 프로젝트 따위는 견실한 도시개발 계획이라기보다는 세계 졸부들의 값싼 취향에 호소하려는 발상처럼 보였다. 두바이는 '부동산의 카지노'가 되어버린 것이었다. 이런 두바이를 염려하는 마음으로, 나는 2009년에 출간한 책에 이렇게 썼다.

"수요에 의해 뒷받침되기보다 거품이 키워내고 있는 대도시 두바이는 사막 위의 신기루처럼 언젠가 많은 사람들의 환상을 환멸로 바꿔놓을 걸로 생각한다. 두바이에 대해서 기대를 걸어볼 부분이 있다면, 그것이 (생략) 중동의 세속화를 선도하고 있다는 점이다. 성聖과 속俗이 분화되지 않은 아랍의 땅에서, 두바이는 금단의 열매 같은 역할을 하게 될 운명인지도 모른다."

(졸저 『별난 외교관의 여행법』)

그 책이 나온 지 불과 넉 달 뒤인 2009년 11월, 두바이의 국영기업 두바이 월드가 과다한 부채를 견디지 못하고 모라토리엄을 선언하면서 건설과 부동산 경기의 동반침체가 시작되었다. 중동지역에 아직 두바이를 대체할 만한 도시가 없는데다, '아랍의 봄'으로 인한 중동지역의 정치적 격변 덕분에 중동의 잉여자본은 상대적으로 정치가 안정된 두바이로 다시 몰리기 시작했으므로, 두바이에게 주어진 기회가 영영 사라진 건 아닌 듯하다. 하지만 두바이가 부가가치를 창출하는 데 힘쓰는 대신 화려한 외형에만 계속 치중한다면, 이 도시가 보여주던 번영의 가능성은 도리어 스스로의 장래를 어둡게 만드는 족쇄가 될지도 모르겠다.

# 아랍에미리트의 다른 도시들

아랍에미리트의 일부는 19세기부터 영국의 보호령이었고, 1971년에 헌법이 제정되고 지금의 국호가 만들어지기 전까지는 '협정국 오만'Trucial Oman이라고 불렸다. 1960년대에 석유가 개발된 이후에 급속도로 도시와 인구가 팽창했는데, 인구의 팽창은 주로 외국인의 유입으로 이루어진 것이었다. 이때부터 두바이를 비롯한 아랍에미리트의 해안이 가진 상업적, 전략적 중요성이 재조명되었고, 진주 조개잡이로 연명하던 어촌 마을들은 마침내 중동의 상업, 교통, 관광, 금융의 허브로까지 성장했다.

아랍에미리트에 도착하면서 상공에서 내려다보면, 광막한 사막의 한 모퉁이에 인공으로 조성된 녹지가 보인다. 두바이나 아부다비에 심어진 나무들은 저절로 자라는 것이 아니다. 주로 해수를 담수화한 물을 공급받는다. 석유를 팔아서 만든 물을 먹고 자라므로, 어찌 보면 '석유로 크는 나무'라고 부를 수도 있겠다. 아랍에미리트의 일인당 GDP는 무려 4만7천 불에 육박하지만, 인구가 적은 관계로 경제규모로 따지면 세계 35위 정도의 순위를 차지한다.

### 토후국연방의 수도, 아부다비

국가수반이 대통령이라고 해서 UAE의 정치체제가 민주공화정인 것은 아니다. 일곱 개 토후국의 에미르Emir들은 각자 자기 영토 내에서 전제군주나 다름없으며, 1971년에 만들어진 헌법에 따라 아부다비의 통치자가 대통령이라는 이름으로 국가원수 역할을 맡는다. 비록 두바이가 더 널리 알려지긴 했지만, 아랍에미리트의 경제와 정치의 중심을 이루는 토후국은 어디까지나 아부다비 أبو ظبي 다.

두바이처럼 화려하고 활발한 맛은 없어도, 무려 6만 불 이상의 1인당 GDP 수준을 자랑하는 아부다비는 엄연히 '세계에서 가장 부유한 도시'이며, 연합국의 수도답게 의젓하고 점잖은 풍모이다. 아부다비의 중심지역은 도시계획으로 잘 정비되어 있어서, 수평으로 난 도로들은 해변에서부터 차례로 홀수로, 수직 도로들은 짝수로 매겨져 있으므로 길을 찾기 수월하다.

두바이에 뒤질세라, 아부다비도 초호화 호텔이며 초고층 건물, 테마 파크 따위를 건설 중이다. 셰이크 자예드 모스크Sheikh Zayed Mosque는 세계에서 가장 큰 이슬람 사원에 해당한다. 나처럼 걸프 지역의 난개발을 걱정 어린 눈으로 바라보던 한 후배는 이런 얘기를 전해 왔다.

"제가 편협한 탓인지는 모르겠지만, 이태리 대리석, 유럽 디자이너의 유럽풍 장식, 스와로프스키Swarovski의 초대형 크리스털 샹들리에… 그랜드 모스크는 그들이 주장하는 것처럼 세계 각국 건축의 장점을 모아 놓은 예술 작품이라기보다는, 세계 최고가 되어야 한다는 강박관념이 만들어낸 국적불명의 건물처럼 보였습니다."

우리 식구들이 아부다비에서 가장 즐거운 시간을 보낸 장소는 칼리디야 Khalidiya 거리에 있는 〈카페 세라믹〉Café Céramique이었다. 초벌구이가 된 여러 가지 모양의 도자기를 구비해 놓고 손님들이 유약 색깔을 골라 그림을 그리면서 시간을 보내는 독특한 카페였다. 다 그린 접시들을 카운터에 맡겨 놓으면 사흘쯤 후에는 깔끔하게 구워진 자신만의 작품을 찾을 수 있는 곳이다. 우리는 여기서 그린 접시들을 아직도 가지고 다닌다.

### 접경지역의 도시들

우리 식구는 아랍에미리트의 동부, 오만과의 국경 근처에 있는 알 아인 Al-Ain, العين에도 종종 들렀다. 아부다비에 소속된 이 도시는 전국에서 네 번째로 큰 규모인데, 지도상에서 아부다비와 두바이, 알 아인을 이어 보면 대략 한 변이 약 130km쯤 되는 정삼각형이 된다. 알 아인은 초대 대통령 셰이크 자예드 Sheikh Zayed bin Sultan Al Nahyan의 고향으로서, 아랍에미리트에서 자국민의 비율이 가장 높은 도시이기도 하다. 도시 하나를 두 나라가 나누어 가진 형국으로, 국경선 오른쪽은 아랍에미리트에 속한 알 아인이고, 왼쪽은 오만의 도시 알 부라이미Al Buraimi, البريمي다.

아랍어로 '알 아인'은 보통명사로서, '샘'the spring을 뜻한다. 이곳의 오아시스에 4천 년 전부터 사람들이 모여 살기 시작했으므로 아주 오래 전부터 야자

농업이 발달했다. 언필칭 'UAE의 경주' 같은 곳이라고 해도 과언이 아니겠다. 내륙에 있다 보니 해안처럼 습도가 높지 않아서 여름을 견디기에도 유리하다. 이곳에서 풍성하게 자라나는 나무들은 담수화한 바닷물이 아니라 지하에서 샘솟는 단물을 자양분으로 삼는다. 미국의 팜 스프링스Palm Springs 처럼 '샘'이라는 이름이 붙은 많은 도시가 그렇듯이, 알 아인은 사람들이 물과 휴식을 찾아 모여드는 휴양지가 되었다. 알 아인을 방문하면 두바이에서와는 달리 뭘 해야 겠다는 부담도 없어서, 수영장에서 하루 종일 첨벙대며 노는 두 아이들을 바라보며 한가로운 심정이 되곤 했다. 사막을 횡단하던 대상이 오아시스를 만나 하룻밤을 지낼 때도 그런 기분이었으리라.

알 아인을 거치는 대신 오만에서 최단거리로 두바이를 가려면 아랍에미리트의 소도시 하타Hatta를 지난다. 아랍에미리트와 오만 사이의 국경선은 매우 복잡해서, 하타를 거쳐 두바이로 뻗은 도로는 다시 오만 땅을 통과한다. 오만 북단의 무산담을 가려면 일곱 에미리트의 하나인 푸자이라Fujairah를 통과해야 한다. 사막의 국경들이 자를 대고 그은 것처럼 일직선인 데 반해서, 아랍에미리트와 오만의 국경이 이렇게 꼬불꼬불 복잡하게 된 이유는 아라비아 반도의 동쪽 끝이 험준한 산악지역이기 때문이다. 푸자이라를 지나 라스알카이마로 가는 북쪽의 도로는 마치 미국의 자이언 캐년Zion Canyon을 가로지르는 것처럼 험준한 바위산 사이로 이어진다. 흡사 아라비아 전설에 나오는 로크새roc.가 알을 낳으러 찾아옴직한 기묘한 분위기다. 이 바위산 덕분에 북부의 마사피Masafi라는 동네에서는 아라비아 전역에서 애용되는 생수가 생산된다. 알 아인에 오아시스가 생겨난 것도 바로 이 바위산 덕분이다.

### 샤자, 두바이의 엄격한 이웃

가령 두바이를 방문했는데 시내 호텔에 방을 구할 수 없는 상황을 만났다 치자. 그러면 십중팔구 두바이 바로 북쪽에 인접한 토후국 샤자Sharjah, الشارقة를 찾아가야 할 것이다. 샤자 토후국의 영토는 아부다비와 두바이에 이어 세 번째로 크다. 2002년 오만에서 프랑스로 출장을 가던 날, 두바이에서 연결 항공편의 기체고장 때문에 예정에 없이 하룻밤을 머물게 되었다. 이때 항공사에서 잡아준 호텔이 샤자에 있었다.

두바이가 상업도시로 급속한 팽창을 거듭하는 바람에 기존 주거지역들은 점점 더 외곽으로 밀려나는 신세가 되었다. 두바이에 근무하는 사무직 종사자들 중에는 샤자와 아지만에 살면서 두바이까지 출퇴근하는 인구가 날로 늘고 있다. 두바이에서 버스를 타고 샤자까지 가는 도중에 두 도시의 경계가 어디인지 알아챌 수는 없다. 두바이와 샤자와 아지만은 점점 하나의 거대도시 metropolis로 융합되어 가고 있는 것처럼 보였다.

두바이를 방문하는 관광객들은 가끔 실수를 저지른다. 거기가 엄연히 이슬람국가라는 사실을 잊어버리는 것이다. 이웃나라인 사우디아라비아에서는 술을 파는 유흥업소 따위는 있지도 않고, 사람들은 그런 것을 기대하지도 않는다. 여자들은 머리를 드러내고 다닐 수도 없고, 운전을 할 수도 없다. 그런데 두바이는 특유의 상업적 감각으로 외국인들에게 너그럽게 대하기 때문에 이곳에서는 음주와 가무를 즐기는 업소들도 많고, 그 업태도 다양할 뿐더러, 심지어 성매매조차 성업 중이다. 그러다 보니 술김에, 또는 무의식중에 이슬람의 예법을 공공연히 어기고 공권력의 제재를 당하는 경우도 심심찮게 벌어진다. 해변에서 남유럽에서처럼 토플리스 차림을 했다가 경찰에 체포되는 사례도 늘고 있다고 한다.

두바이에서 술을 마시고 샤자에 가서 해롱댔다가는 정신이 번쩍 날 만큼 엄한 대접을 받을 각오를 해야 한다. 샤자는 일곱 개 에미리트 중에서 알콜의 판매, 소유 및 소비를 전면 금지한 유일한 곳이다. 이곳에서는 복장에 관한 규정도 훨씬 보수적이고, 미혼 남녀들이 수상쩍은 시간에 공공장소에 함께 있는 것도 불법이다. 샤자는 집안에 모시고 사는 엄한 할아버지처럼, 두바이의 흐트러진 모습에 눈살을 찌푸리고 경계하는 역할을 떠맡은 셈이다. 이런 역할이 가능한 것은 누구나 샤자를 '문화의 도시'로 존중하기 때문이다. 시내에만 열일곱 개의 박물관을 보유한 샤자는 유네스코에 의해 '가장 문화적인 중동 도시'로 선정되기도 했다. 문화에 큰 흥미를 느끼지 못하는 관광객이라면 굳이 찾아갈 일이 없는 곳인지도 모르겠지만.

## 전쟁 직후의 이라크

Baghdad / Mosul / Arbil / Sulaymaniah / Altun Kopru

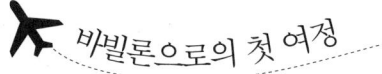
바빌론으로의 첫 여정

이라크Iraq, العراق를 방문한 것은 2004년이었다. 공무로 다녀왔기에 그때 보고 들은 이야기를 자세히 적지는 않을 작정이다. 게다가 전쟁 직후의 혼란기에 대한 기록이 장차 이라크를 여행할 독자들에게 참고가 되기도 어려울 터이다. 모두가 자유롭게 다녀올 날이 온다면, 이라크는 이미 내가 본 모습과는 판이하게 달라져 있을 것이다. 그럼에도 불구하고, 이라크 출장은 내가 경험한 중동의 중요한 부분이므로 간략한 인상비평만이라도 남기려 한다.

이라크는 금세기 들어 여러 차례의 전쟁을 경험했다. 1980년 사담 후세인이 이란을 침공하면서 시작된 이란-이라크 전쟁은 8년간이나 지속되면서 두 나라를 피폐하게 만들었다. 바빌론 제국과 페르시아 제국의 후예가 힘을 겨룬 전쟁이었고, 중동의 두 대국이 지역패권을 두고 벌인 쟁패였다. 그 전쟁이 끝난 지 불과 2년 뒤, 그리고 독일이 통일됨으로써 냉전이 실질적으로 종식되기 불과 2달 전인 1990년 8월, 사담 후세인은 쿠웨이트가 이라크의 영토라며 침략했다. 미국, 영국, 프랑스, 사우디아라비아, 소련 등 30여개 국가가 유엔의 결의 하에 다국적군을 결성해 쿠웨이트를 지원함으로써 1차 걸프전쟁이 벌어졌다. 이라크는 쿠웨이트에서 물러났지만, 다국적군은 사담 후세인을 축출하지는 않았다. 이라크에 권력 공백이 발생하면 이란이 너무 급속하게 세력을 확대할 우려도 있었다.

　권력을 유지한 후세인은 국제사회로부터 불법적인 대량살상무기를 보유하거나 개발한다는 의심을 샀다. 실제로 1998년까지 250여 차례 시행된 유엔무기사찰단UNSCOM의 현장조사 결과, 이라크는 무려 48기의 장거리 미사일과 690톤의 화학무기 원료를 폐기했다. 군사적으로 민감한 지역도 조사하겠다는 요구를 후세인이 거절하자 UNSCOM은 1998년에 이라크에서 철수했고, 미국과 영국은 그해 12월 대량살상무기 개발의 의심이 가는 시설물을 폭격했다. 유엔은 다시 이라크에 대한 무기사찰을 위해 사찰위원회UNMOVIC를 발족하고 사찰을 요구했지만 후세인은 끝내 이를 수용하지 않았다. 후세인의 핵무기 개발 야심은 가상적인 것이 아니었다. 1977년 이라크는 바그다드 북동부의 원자력연구시설에 40MW급 경수로인 오시라크Osirak 원전을 지었다가 1981년 이스라엘의 공습을 받은 적도 있었다. 80년대 이후 만약 지구상에서 누군가가 다른 나라를 상대로 대량살상무기를 실제로 사용한다면 그런 짓을 저지를 가장 강력한 후보는 사담 후세인이었다. 그는 86~89년간 '안팔 작전' Al Anfal Campaign이라는 이름으로 자행한 인종청소를 통해 20만 명에 가까운 쿠르드인을 학살했고, 그 작전에는 다량의 화학무기가 동원되었다.

　2차 걸프전 결과 미국이 이라크의 대량살상무기 개발 정보를 과장한 것으로 드러나 사담 후세인이 마치 부당한 박해를 받은 듯한 이미지가 생겨났지만, 90년대 말부터 2003년까지 이라크의 대량살상무기 개발 의혹은 전 세계 문명국가들의 실존적인 안보 우려였다. 때마침 북한도 영변 비밀핵시설에서 은밀히 핵 프로그램을 진행 중임이 드러났기 때문에, 2차 세계대전 이후 국제

질서를 지탱해온 핵 비확산 체제가 무너질 위기에 직면하고 있었다. 2차 세계대전의 승전국들이 수립한 새로운 세계 질서의 한 축은 5개 강대국의 핵 기득권을 인정하는 국제연합 상임이사국 체제다. 이것은 1967년 이전에 핵실험을 실시한 다섯 나라들에게만 핵무기 보유 권리를 인정하는 핵 비확산 조약 Nonproliferation Treaty, NPT 체제로 귀결되었다. NPT체제는 그 불평등성 때문에 비판의 대상이 되기도 하지만, 불평등성이야말로 NPT체제의 요체다. 그것은 다섯 나라가 핵무기를 보유한 세상이 수십 개 국이 핵무기를 가진 상태보다는 낫다는, 합리적인 합의 위에 수립된 질서이기 때문이다.

2001년 9월 미국은 이라크에 대량살상무기의 즉각 폐지, 테러 지원 중단, 국민 억압 중지 등 5개항을 요구하며 이것이 이루어지지 않을 경우 후세인 정권을 축출하겠다는 의지를 표명했다. 이라크가 요구에 응하지 않자, 미국은 2003년 3월 이라크 공습을 개시했다. 2003년 미국의 대이라크 공격은 1차 걸프전 당시처럼 폭넓은 국제사회의 지지를 얻지 못한 채 시행되었다. 미국이 13년 전에 비해서 조급해진 데에는 2001년 뉴욕에서 벌어졌던 9/11 사건의 영향도 있는 것처럼 보였다. 논란 속에서 시작된 전쟁은 바그다드가 함락되고 후세인이 체포됨으로써 이내 종결이 선언되었다.

그러나 미국은 정작 종전 후 이라크 사회의 재편성과 질서 회복을 위한 역량을 충분히 발휘하지 못했다. 과거 이라크는 소수파인 순니가 다수파인 시아를 힘으로 누르던 불안정한 구조였다. 이라크의 시아파는 이른바 시아파의 종주국 이란과 언제든 연대할 가능성이 있었다. 북부지역에는 쿠르드족이 자치에 대한 열망을 불태웠다. 이라크의 혼란은 그 후로도 수년간 이어졌다. 이라크 침공을 지지한 뉴욕타임스의 칼럼니스트 토마스 프리드먼조차 미국이 "옳은 일을 그른 방식으로 했다"(Did the right thing in the wrong way)며 아쉬워했다. 내가 2004년 봄에 목격한 것은 독재자의 철권통치가 사라진 진공상태가 어떻게 메워질지 걱정스러워 보이던 거대한 나라의 모습이었다.

마닐라를 거쳐 쿠웨이트로 가니, 공항에 우리를 바그다드까지 실어줄 군용기가 기다리고 있었다. 군용 수송기에는 밖으로 난 창이 없다. 그러나 비행 중이라는 사실을 온 몸으로 느낄 수 있었다. 대공화기의 공격에 대비해 갈지자로 비행하거나, 위로 치솟았다가 갑작스러운 곤두박질을 반복하는 식으로 날았기 때문이다. 이른바 '전술비행'이었다. 바그다드 공항에 내렸을 때는 이미 캄캄한 밤이었다. 그 밤에도 바그다드 공군기지는 소란스러웠다.

알고 보니, 밤이라서 소란스러웠던 것이다. 박격포나 대공포 공격을 피하려고 군용기의 이착륙은 주로 밤에 이루어졌다. 나는 조금 전까지 누군가가 사용했던 것처럼 보이는 천막 막사로 안내되었다. 낯선 침대에 누웠다. 나는 메소포타미아의 심장부에 와 있는 것이었다. 티그리스와 유프라테스 두 강이 인류 초기의 문명을 배양했던 곳. 아카드, 수메르, 아시리아, 바빌론, 파르티아 등등 거대 제국이 명멸한 곳. 이 땅은 지정학적으로 중요했으므로, 스스로 제국을 이루지 못했던 시기에는 먼 곳에서 발원한 제국의 지배를 받았다. 사산조 페르시아, 로마, 움마야드, 몽골, 오토만 제국, 그리고 최근에는 대영제국 등이 이 땅을 정복하거나 통치했다. 이 사연 많은 나라가 한 번 더 가파른 역사의 변곡점을 지나는 중이었다.

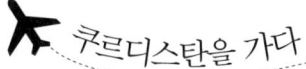 쿠르디스탄을 가다

아침의 바그다드 공항은 밤보다 차분했다. 우리는 헬기를 타고 북부지역의 모술Mosul, الموصل까지 갔다. 헬기도 전술비행을 했고, 열어젖힌 헬리콥터의 양쪽 문에는 기관총 사수들이 지상을 노려보며 앉아 있었다. 이라크 제 2의 도시인 모술은 본래 쿠르드족이 살던 도시였는데, 사담 후세인이 아랍인을 대거 이주시켰다. 석유가 많이 생산되는 곳이고, 현재 쿠르드 거주지역의 남쪽 경계선에 면해 있는 도시다. 이 도시의 고대 이름은 니느웨Ninewe였다. 구약성서에서 선지자 요나가 경고를 전하라는 하나님의 명을 어기고 도망 가다가 결국 물고기 뱃속에 갇혀 끌려왔던 그곳이다. 오늘날 하나님은 이 도시에게 무엇을 원하는가. 모술은 저항세력의 유력한 은신처인 동시에 중무장한 미군의 거점이 되어 있었다.

사막이나 심해저 등 극한 환경 속에서 번성하는 특이한 종의 생물처럼, 전쟁터에서 번창하는 종류의 사람들도 있다. 목숨을 걸고 비싼 보수를 받는 사람들이다. 나는 두 부류를 마주쳤는데, 우선 미군 부대의 건설에서부터 급식까지 병참의 상당부분을 하청 받은 민간업체 KBRKellogg Brown & Root Inc.의 직원들이었고, 민간인의 경호는 물론 정규군과 함께 순찰 임무까지 하는 블랙워터 월드와이드 사Blackwater Worldwide 소속 용병들이었다. 다양한 국적의 전직 특수부

대 출신 용병들은 옷차림새와 개인화기도 제각각이었고, 가벼운 보호장비에 야구모자나 스카프 차림이었다. 살상을 경험해본 사람들 특유의 무표정한 얼굴에서 서늘한 기운을 뿜어내는 그들은, 치열한 전투의 한복판에 떨어뜨려 놓아도 제 한 몸 정도는 능히 지켜낼 것처럼 보이는 사내들이었다.

모술을 벗어난 우리는 쿠르드족Kurds의 자치구로 들어갔다. 오늘날 쿠르드족은 세상에서 나라를 갖지 못한 최대의 민족이다. 이들은 수천 년 동안 자신들이 사는 땅을 '쿠르디스탄'Kurdistan이라고 불러왔지만, 쿠르디스탄은 아직도 그들 가슴속에만 존재할 뿐이다. 민족자결주의가 유행하던 1차 세계대전 무렵 그들은 독립을 약속 받고 연합국의 일원으로 참전했으나, 국제정치의 현실은 냉정했다. 결국 인구의 절반 정도인 1,200만 명은 터키 동부에, 나머지는 이란, 이라크, 시리아, 아르메니아 등지에 흩어져 살게 되었다.

터키로부터 분리독립을 염원하던 쿠르드족은 테러리스트의 오명을 쓰게 되었고, 이라크와 터키가 힘을 합쳐 쿠르드와 벌인 무력 충돌에서 4만 명이 넘는 쿠르드인이 사망했다. 한 번도 독립국가를 이루지 못하고 여러 나라에서 핍박을 받아온 쿠르드인들의 독립운동사는 처절하다. 우리는 먼저 아르빌Arbil 시를 방문했다. 모술에서 아르빌로 가는 길에는 이라크의 '해방'을 자축하는 쿠르드인들의 벽보와 낙서를 많이 볼 수 있었다. "미군을 환영한다"는 커다란 글씨와 함께 미군 병사의 그림이 그려진 곳도 있었다. 쿠르드인들의 정치적 희망이 새로운 국면에 접어든 것만은 분명해 보였다.

우리 일행은 만일에 대비하여 무장병력의 경호를 받았다. 우리를 지켜주는 그룹은 분대급 미군병력과 미군에 배속된 사설 경호업체 용병들이었다. 그런데 '쿠르디스탄'에 들어서면서 한 그룹이 더 합류했다. 쿠르드족 병사들이었다. 이들은 스스로를 페쉬메르가 Peshmerga, پێشمەرگە 라고 불렀는데, 이 단어는 "죽음과 맞서는 사람들"이라는 뜻이었다. 대부분 앳되어 보이는 청년들이었고, 허름한 군복에 AK 자동소총을 들고 있었다. 그러나 외모만 보고 가벼이 여길 상대는 아니었다. 페쉬메르가는 최소한 오토만 제국이 멸망하던 1920년대 초부터 터키와 이라크를 상대로 무장투쟁을 벌였으므로, 이 앳된 전사들은 늘 죽음을 가까이 접하면서 살아왔을 터였다. 함께 다니던 청년에게 사진을 찍자고 했다. 함박웃음을 머금고 기꺼이 촬영에 응하던 그는 스물한 살이라고 했다.

AK 소총은 모든 쿠르드인들의 생필품처럼 보였다. 산악 민족인 쿠르드인들은 성격이 화끈하고 자존심이 강해서 남의 간섭을 싫어한다. 이런 사람들이 수천 년 동안 타민족의 지배를 받았으니 그 울분이 오죽했으랴. 역설적이지만, 쿠르드인이 산악지역에 거주하는 것은 적어도 부분적으로는 그들이 독립국가를 이루지 못한 원인 중 한 가지가 되었다. 터키, 이란, 이라크 등 주변국들이 이웃나라와의 경계선 근처에 산악 민족으로 이루어진 완충지대가 있는 것을 유리하게 여겼기 때문이다. 타민족의 지배 하에 있었지만, 접근이 어려운 산악지대의 폐쇄적인 환경 덕분에 쿠르드인들은 예로부터 상당한 자치를 누렸다. 그러나 그 자치는 통합을 낳는 대신 부족장의 명령에 절대 복종하는 분파성으로 귀결되었다. 부족 단위의 결속을 중시하는 산악지대의 전사들이라는 점에서, 쿠르드의 페쉬메르가는 예멘이나 아프가니스탄의 무장 그룹을 연상시키는 면도 있었다.

쿠르드의 양대 정치세력은 무스타파 알 바르자니가 이끄는 쿠르드민주당KDP와 잘랄 탈라바니가 이끄는 쿠르드 애국동맹PUK이었다. 90년대 후반에는 양대 세력 간의 무장 충돌로 수천 명의 사망자가 나오기도 했다. 그 결과, 쿠르드 자치지역은 두 개의 영역으로 구분되어 있었다. 북서부의 다후크Dahuk와 아르빌 주는 KDP의 영역이었고, 남서부의 술레마니아Sulaymaniah는 PUK의 영역이었다. 아르빌은 경기도 북부 휴전선 근처의 병영도시를 연상시키는 곳이었다. 바그다드 탈환을 중심으로 벌어졌던 전쟁의 포화에 직접 피해를 입지는 않은 것처럼 보였다. 이곳에서 만난 쿠르드인들은 우리를 환영했고, 환대했다. 한국과의 협력에 기대감을 표하는 이들도 많았다. 이들이 쓰는 말은 쿠르드어였고, 우리와는 영어로 소통했다.

✈ 술레마니아의 산악

　아르빌을 떠나 찾은 곳은 술레마니아 주의 도읍인 술레마니아였다. 아르빌에서 술레마니아 주 경계 근처까지는 푸른 초원이 끝없이 펼쳐졌다. 초원의 군데군데에 무너진 흙집들이 마치 고대의 유적처럼 남아 있었다. 술레마니아 주로 접어들었음을 단박에 알 수 있었으니, 저공비행 중이던 헬기 앞을 가파른 산이 가로막아 섰기 때문이다. 전술비행을 하면서 산의 능선을 따라 급상승과 급하강을 반복하는 헬기 속에 앉아 있기란 쉬운 일이 아니었다. 멀미를 참느라 애를 먹었다.
　크고 작은 산을 여러 개 넘어서야 술레마니아 시에 도착했다. 몸에 와 닿는 공기가 서늘했다. 그곳에 머물며 PUK 측 사람들을 접촉하는 며칠간 우리는 텐트에서 지냈다. 고양이 세수를 하고 화장실도 땅을 파서 만든 간이화장실을 써야 했기 때문에, 샤워나 목욕은 생각할 수도 없었다. 아르빌이 철원이나 동두천을 연상시키는 곳이었다면, 술레마니아는 횡성을 떠올리게 했다. 주민들도 '산山 사람'의 풍모를 강하게 풍겼다. 이라크의 '국민'이 된 지 어언 80년이 넘었건만, 쿠르드인들이 이라크 정부, 특히 후세인에 대해서 품은 반감은 상상보다 컸다. 그들은 '쿠르드'를, 그것이 마치 국가의 이름이기라도 하다는 듯이 말했고, 자신들을 이라크인이라고 부르지 않았다.

1983년 이란-이라크 전쟁이 발발하자 이란은 쿠르드 지역에 25만의 대군을 주둔시켰다. 후세인은 사막지역의 쿠르드 주민에게 대사면령을 내리고 이란과의 국경지역 수비를 맡겼다. 전쟁이 확대되면서 이라크 북부지역은 치안공백 상태에 접어들었고 쿠르드족의 독립운동은 정점을 향해 치달았다. 탈리바니의 PUK가 술라이마니야 지역을 장악하고 알 바르자니의 KDP가 시리아 국경지역까지 세력을 확장한 것도 이 무렵이었다. 이란-이라크 전쟁이 막바지에 접어들던 1987년 PUK와 KDP는 쿠르드 연합전선IKF을 결성하고 이란의 지원 하에 후세인 정권에 대항했다. 후세인은 이에 격분해서 대대적인 쿠르드 소탕작전을 벌였다. 50만 명이 넘는 쿠르드 난민이 사막지역으로 추방되었고, 키르쿠크에서도 수천 명의 쿠르드인이 추방되었다. 1987년 4월부터 11월까지, 사담 후세인은 술레이마니아 지역에 수차례에 걸쳐 조직적으로 화학무기를 사용했다. 정확한 사망자의 규모는 알려지지 않았다. 정부가 자국민을 대상으로 대량살상무기를 사용했던 것이다.

우리는 자동차편으로 할랍자Halabja라는 마을로 갔다. 이란과의 접경지역에 자리 잡은 이 도시에서는 후세인의 화학무기 공격으로 5천 명 이상이 희생되었다. 할랍자 학살은 후세인이 자행한 안팔 작전 중에서도 가장 악명 높은 대량살상행위였다. 평화로운 산골 마을에 들어서니, 이 마을의 비극적인 연혁이 몽땅 거짓말이 아닌가 싶었다. 진정한 비극은 풍경에 남는 것이 아니라 가슴속에 남는 것이리라. 실제로 와 보니, 이란과 이라크 사이의 국경은 자연적인 경계임이 분명했다. 하얗게 눈을 인 높다란 산맥이 두 나라 사이를 병풍처럼 가로막고 있었다. 할랍자는 그 산맥의 서쪽 자락 끝에 놓여 있었다. 이 마을

2004. 4. 13
Sadam's Fortress,
Altun Koppu, Iraq

의 페쉬메르가들은 눈 덮인 산맥의 능선을 돌면서 이란과의 국경을 순찰한다고 했다. 할랍자의 주민들은 활짝 웃는 얼굴로 우리를 맞았고, 마을 공터로 데려가 양을 잡았다. 우리는 장작불에 구운 양고기 꼬치 요리를 대접 받았다. 공터 옆으로 개울물이 도란도란 흘렀다.

　다시 아르빌로 돌아온 우리는 지친 몸을 헬기에 실었다. 무거운 방탄복을 양복 위에 입고 다니느라 체력 소모가 컸다. 바그다드로 돌아오는 길에 이라크의 초원과 황토 위로는 이지러진 헬리콥터의 그림자가 줄창 우리를 따라붙었다. 바그다드 인근에 다다르니 알툰 코프리Altun Kopru의 구릉 위로 사담 후세인이 지어 놓은 군사기지가 보였다. 밖을 향해 여러 층으로 총구를 만들어둔 성채가 누가 누구로부터 누구를 방어할 목적으로 지은 것인지 아리송했다. 또 다시 한밤중에 바그다드 공항에서 쿠웨이트로 떠나는 수송기에 올라탔다. 활주로 위로는 모래 맛이 나는 바람이 불어오고 있었다.

2004년 9월부터 2008년 12월까지, 우리나라는 2,800명 규모의 자이툰 부대를 아르빌에 파병했다. 자이툰 부대는 주로 쿠르드 지역에서 평화유지 및 재건 활동을 전개했고, 지역 주민들에게 한국의 좋은 이미지를 심어 주었다. 2005년에 처음 시행된 이라크 선거에서 PUK를 이끌어 온 잘랄 탈라바니가 대통령으로 뽑혔다. 저항운동을 이끌던 지도자가 국가원수가 된 것이다. 이라크에서 살아가는 수많은 국민들이 장차 그들의 나라를 어떤 모습으로 가꾸어 갈 것인지는 그들에게 남겨진, 희망적이기도 하고 위험스럽기도 한 과제다.

책꼬리에
▲▲▲▲▲

# 미래의 여행자들에게

　스물여섯 살의 모하메드 부아지지Mohamed Bouazizi는 대학을 졸업했지만 제대로 된 일자리를 구할 수 없었다. 나라의 살림이 말이 아니었기 때문이다. 그는 튀니지아Tunisia의 소도시 시디부지드Sidi Bouzid의 거리에서 무허가로 청과물을 팔았다. 2010년 12월 17일, 모하메드는 경찰의 단속에 적발되어 청과물을 모두 빼앗겼다. 그는 시 당국을 찾아가 민원을 제기했지만 소용이 없었다. 시청 앞 도로에서, 그는 휘발유를 온몸에 뿌리고 분신자살을 시도했다. 이 소식은 트위터와 페이스북을 통해 튀니지 전역으로 퍼져나갔고, 곳곳에서 시위가 일어났다. 2주 뒤 모하메드가 병원에서 끝내 사망하자 시위 물결은 수도 튀니스Tunis까지 들불처럼 번졌다. 만성적인 물가고와 실업에 시달리던 민심이 폭발해 일어난 들불이었다. 1월 14일, 벤 알리 대통령은 철옹성 같던 23년간의 권력을 내놓고 사우디로 망명을 떠났다. 이 사건에는 튀니지의 국화 이름에서 따온 '재스민Jasmine 혁명'이라는 명칭이 붙었다.
　이것은 시작에 불과했다. 2월 들어 북아프리카와 중근동 거의 전역으로 반정부 소요사태가 번졌다. 그 어떤 중동전문가도 예측하지 못했던 현상이었다. 어디가 먼저고 나중이랄 것도 없이, 알제리, 바레인, 이집트, 이란, 요르단, 리비아, 모로코, 예멘, 시리아에서 대규모 반정부 시위가 일어났고, 이라크, 쿠웨이트, 모리타니, 사우디아라비아, 소말리아, 수단, 오만에서도 보다 작거나 덜 폭력적인 시위가 발생했다. 재스민 꽃이 '아랍의 봄'을 불러온 것이다.

그 봄이 어떤 모습으로 귀결될 것인지는 장담하기 어렵다. 독재자들이 물러난 진공상태를 무엇이 채울 것인지는 아직 오리무중이다. 9/11 사건 이후 중동지역에서 반미, 반서구, 반유대주의 정서는 꾸준히 높아져 왔다. 극단주의자들은 제도권에 진입할 기회를 엿보고 있다. 불안정 요인은 많고, 희망적인 요인은 얼른 눈에 띄지 않는다. '아랍의 봄'이 시민참여로 촉발된 정치변혁이므로 본격적으로 시민사회가 주도하는 민주주의가 싹틀 것이라는 희망 섞인 관측도 있기는 하다. 그러나 중동은 복잡한 땅이다. 그곳에는 고대적 전통, 중세적 정신, 근대적 체제, 현대적 도구가 공존한다.

"그런 의미에서 (어쩌면 그런 의미에서만) 오늘날의 중동은 중세적 삶을 담고 있는 거대한 그릇이다. 사람들은 집에 있건 직장에 있건 공동사회게마인샤프트, Gemeinschaft에서처럼 행동한다. 대인관계는 전통사회의 풍습에 따라 규율되고, 사람들은 단순하고 솔직하게 직접 상대하는 관계를 맺으며, 이러한 관계는 감정과 정서의 표현들에 의해서 좌우된다. 진정한 의미에서의 이익사회게젤샤프트, Gesellschaft를 찾아보기는 쉽지 않다. 최고급 핸드폰을 능숙하게 조작하고 주식시세에 관심을 갖는 중세인을 상상해 보라. (생략) 그 원인이 무엇이건, 아랍세계는 매우 느린 천이과정 속에 있는 저수지와도 같았다. 이제 세계화의 거센 해일이 이 둑을 허물려 하고 있는 것이다."

(졸저, 『별난 외교관의 여행법』)

중동의 주민들이 자신들의 세속적인 삶을 합리적으로 뒷받침해줄 철학과 사상을 생산하는 게 무엇보다 중요하다. 그 일에 실패한다면, 모든 정치적 진공상태는 아쩔하게도 이슬람 근본주의로 채워지고 말지도 모른다. 이슬람 세계의 현대적 삶을 지탱해줄 공동체적 합의는 아직 보이지 않는다. 중동에서 진행 중인 민주적 자치를 향한 거대한 실험은 우리에게도 적지 않은 함의를 가진다. 그러한 고민을 거쳐 갖게 될 지혜는, 그리 머지않아 북한을 포함하는 동북아시아 지역에서도 긴요하게 될 것이다.

9/11 사건 직후, 전 세계가 헌팅턴Samuel Huntington의 저서 『문명의 충돌』The Clash of Civilizations을 인용했다. 그러나 유럽과 중동의 문명이 중세처럼 적대적으로 격돌하리라는 전망은 시대착오적인 면이 있었다. 우리가 실제로 경험 중인 현상은 문명이 대립하고 대결하는 과정이 아니라, 어쩌면 서로 닮아가는 과정인지도 모른다. 지중해를 사이에 두고, 유럽은 너무 앞서 갔고 중동은 너무 뒤처져 있었다. 유럽이 이룩한 후기산업사회적인post-industrial 통합은 아마도 미국의 안전보장이 없었다면 이루기 어려웠을 상태라는 점에서, 어딘가 가상적인 virtual 측면이 있었다. 유럽의 통합이 더 진전하려면, 이제껏 겪어보지 못한 시련을 이겨내야만 할지도 모른다.

2011년 그리스에 이어 포르투갈까지 구제금융을 신청하자, 유럽은 불안에 떨었다. 유로존 3, 4위 경제대국인 이탈리아와 스페인에서까지 금리가 폭등하자 위기감은 한층 더 커졌다. 상대적으로 부유한 나라에서는 왜 자기네가 못 사는 나라의 낭비벽을 책임져야 하느냐고 불평하고, 재정위기에 빠진 나라의 사람들은 단일통화로 독일 등 제조업 강국만 이득을 보았다고 불평하는 상황이 되었다. 살림이 넉넉할 때는 완전한 통합을 목전에 둔 것처럼 굴던 유럽에서, 이제 급속도로 배타적인 정서가 번지고 있다. 아랍의 봄으로부터 영감을 받은 것처럼 보이는 청년들의 시위가 유럽을 휩쓸었다. 영국에서 벌어진 무정부적 폭동은 특히 놀라운 것이었다. 이럴 때 가장 먼저 화살이 향하는 과녁은 다문화주의. 유럽 전역에서 꾸준히 세력을 키워 온 극우세력은 자유로운 이민정책을 펼친 북유럽에서 특히 번성했다. 덴마크, 핀란드, 노르웨이의 선거에서 극우파 정당이 약진했다. 근래에는 프랑스, 독일, 영국의 정상들도 공공연히 다문화주의에 대해 부정적인 발언을 함으로써 배타적 정서에 편승하려 드는 실정이었다.

  2011년 7월 22일. 노르웨이 오슬로 시내에서 동시다발적 폭발로 8명이 사망했다. 세계 언론은 무조건반사처럼 알카에다의 소행을 의심했다. 그러나 두 시간 뒤, 우퇴이아Utøya 섬에서 32세 노르웨이인 브레이비크Anders Behring Breivik는 총기를 난사하여 69명의 청소년을 추가로 살상했다. 수십 년 만에 서유럽에서 인종주의를 내세운 살상행위가 재연된 것이었다. 이 얼토당토않은 잔혹극이 미치광이에 의한 고립된 사건으로 끝나기를 빌어 마지않지만, 불길한 마음을 지울 수는 없다. '다른 것'에 대한 증오는 '다른 것'에 대한 동경보다 뿌리가 더 깊고 강렬하다. 탈근대적 통합을 향해 전진하는 길은 달콤했어도, 그로부터 후퇴하는 유럽의 발걸음은 쓰디쓸 것이다.

  '세계사'라는 여행지에서는, 한 순간 좋게만 보이던 일이 실망스러운 결과를 낳거나, 힘들고 비참한 경험이 찬란한 성공을 꽃피우는 일이 다반사다.

그러므로 역사 속을 여행하는 여행자에게 가장 중요한 지참물은 배낭이나 물이 아니라, 불굴의 용기와 냉철한 평정심이다. 세계가 빠르게 변하고 있으므로, 장차 지중해 주변을 둘러볼 여행자들은 내가 보고 기록한 것과는 사뭇 다른 유럽과 중동을 보게 될 것이다. 그 흥미로운 여정에 오를 미래의 여행자들에게, 부디 행운을 빈다. 〈끝〉